Kohlhammer

Psychodynamische Psychotherapie mit Kindern, Jugendlichen und jungen Erwachsenen

Perspektiven für Theorie, Praxis und Anwendungen im 21. Jahrhundert

Herausgegeben von Arne Burchartz, Hans Hopf und Christiane Lutz

Eine Übersicht aller lieferbaren und im Buchhandel angekündigten Bände der Reihe finden Sie unter:

 https://shop.kohlhammer.de/psychodynamische-psychotherapie

Der Autor

Arne Burchartz, Diplom-Pädagoge und Theologe, ist Kinder- und Jugendlichen-Psychotherapeut mit eigener Praxis, Dozent und Supervisor am Psychoanalytischen Institut Stuttgart, am Würzburger Institut für Psychoanalyse und Psychotherapie und an der Süddeutschen Akademie für Psychotherapie sowie KBV-Gutachter.

Arne Burchartz

Traumatisierung bei Kindern und Jugendlichen

Psychodynamisch verstehen und behandeln

2., erweiterte und aktualisierte Auflage

Verlag W. Kohlhammer

Dieses Werk einschließlich aller seiner Teile ist urheberrechtlich geschützt. Jede Verwendung außerhalb der engen Grenzen des Urheberrechts ist ohne Zustimmung des Verlags unzulässig und strafbar. Das gilt insbesondere für Vervielfältigungen, Übersetzungen und für die Einspeicherung und Verarbeitung in elektronischen Systemen.
Pharmakologische Daten verändern sich ständig. Verlag und Autoren tragen dafür Sorge, dass alle gemachten Angaben dem derzeitigen Wissensstand entsprechen. Eine Haftung hierfür kann jedoch nicht übernommen werden. Es empfiehlt sich, die Angaben anhand des Beipackzettels und der entsprechenden Fachinformationen zu überprüfen. Aufgrund der Auswahl häufig angewendeter Arzneimittel besteht kein Anspruch auf Vollständigkeit.

Die Wiedergabe von Warenbezeichnungen, Handelsnamen und sonstigen Kennzeichen berechtigt nicht zu der Annahme, dass diese frei benutzt werden dürfen. Vielmehr kann es sich auch dann um eingetragene Warenzeichen oder sonstige geschützte Kennzeichen handeln, wenn sie nicht eigens als solche gekennzeichnet sind.

Es konnten nicht alle Rechtsinhaber von Abbildungen ermittelt werden. Sollte dem Verlag gegenüber der Nachweis der Rechtsinhaberschaft geführt werden, wird das branchenübliche Honorar nachträglich gezahlt.

Dieses Werk enthält Hinweise/Links zu externen Websites Dritter, auf deren Inhalt der Verlag keinen Einfluss hat und die der Haftung der jeweiligen Seitenanbieter oder -betreiber unterliegen. Zum Zeitpunkt der Verlinkung wurden die externen Websites auf mögliche Rechtsverstöße überprüft und dabei keine Rechtsverletzung festgestellt. Ohne konkrete Hinweise auf eine solche Rechtsverletzung ist eine permanente inhaltliche Kontrolle der verlinkten Seiten nicht zumutbar. Sollten jedoch Rechtsverletzungen bekannt werden, werden die betroffenen externen Links soweit möglich unverzüglich entfernt.

2., erweiterte und aktualisierte Auflage 2024

Alle Rechte vorbehalten
© W. Kohlhammer GmbH, Stuttgart
Gesamtherstellung: W. Kohlhammer GmbH, Stuttgart

Print:
ISBN 978-3-17-044118-7

E-Book-Formate:
pdf: ISBN 978-3-17-044119-4
epub: ISBN 978-3-17-044120-0

Geleitwort von Frank Dammasch
Es gibt kein Trauma außerhalb der Omnipotenz

Ein Ursprung der Psychoanalyse liegt im Verstehen und Behandeln von Patienten, deren psychische Integrität früh durch übergriffige, traumatische Beziehungserfahrungen gestört wurde. Sigmund Freuds Erkenntnis, dass seine Patientinnen im Kern an den Erinnerungsspuren früher sexueller Überstimulationen ihres Körpers und ihrer Seele leiden, brachte ihn zur Entwicklung der analytischen »talking cure«, die in der Aufdeckung bisher unerkannter Reminiszenzen bestand. Betonte er zunächst die große Bedeutung der familiären Außenwelt für die Entwicklung des Kindes, so fügte er später die Bedeutung der Innenwelt und ihrer Phantasien hinzu. Aus der Psychoanalyse als detektivischer Ereignisanalyse wurde eine hermeneutisch szenische Erlebnisanalyse. Die Aufdeckung der objektiv zu erfassenden Erfahrungen wurde abgelöst durch die interaktive Erkundung der inneren Erlebniswelt. Dieser Paradigmenwechsel basierte auf der auch durch die Selbstanalyse erwachsenen Erkenntnis, dass die Seele sowohl von innen als auch von außen überstimulierende Reize erhalten kann, die zum Bestandteil unseres bewussten, vorbewussten und unbewussten Gedächtnisses werden. Mehr noch: Die äußeren Ereignisse treffen auf eine intrapsychische Erlebnismatrix, die durch frühe Erfahrungen geprägt ist und das äußere hoch affektiv aufgeladene Ereignis entsprechend unserer inneren Struktur bearbeitet. So baut sich unser Körperbild, unsere Selbst- und Objektbilder in einem interaktiven Prozess von äußeren und inneren Beziehungserfahrungen auf, die dann wieder als Erwartungshaltung in die nächste Interaktion eingehen.

War der Begriff des Traumas zunächst alleine definiert als eine heftige äußere Stimulation, die den Reizschutz durchbricht, so erkannten Freud und die Psychoanalyse schon früh, dass das Trauma dialektisch als ein Zusammenwirken äußerer Ereignisse und innerer Phantasien zu denken ist, die zu einer subjektiv unterschiedlichen Erlebnisverarbeitung führen. Wir unterscheiden nun also zwischen dem Akt der äußeren Traumatisierung, der in einem überwältigenden Zuviel an Stimulation in zu kurzer Zeit besteht, dem traumatischen Zustand, der Gefühle extremer Ohnmacht und Hilflosigkeit beinhaltet und den anhaltenden strukturellen Veränderungen, die sich in unsere inneren Beziehungsmuster und Erlebnismatrix eingravieren. Die psychischen Auswirkungen des Traumas beinhalten immer den zeitweisen oder dauerhaften Zusammenbruch einer basalen Beziehung und erschüttern dadurch Ich-Stabilität und Selbstgefühl. In der Praxis sehen wir uns weniger mit den Auswirkungen von singulären Extremtraumatisierungen konfrontiert, sondern haben es häufiger mit Kindern und Jugendlichen zu tun, deren Entwicklung anhaltend durch ein schwieriges vernachlässigendes oder missbräuchlich aggressiv bzw. sexuell überstimulierendes Umfeld beeinträchtigt wurde. Obwohl es bei offensichtlichem Versagen der Umwelt manchmal schwerfällt, die eigene Wahrnehmung offenzuhalten für die psychischen Umformungen von objektiven Erfahrungen in subjektive Erlebnisse, ist es unsere professionelle Verpflichtung, das Kind und den Jugendlichen sowohl als passives Opfer der Verhältnisse als auch als aktiven Täter seiner aktuellen und zukünftigen Lebensentwürfe zu betrachten.

Genau so ist D. W. Winnicott zu verstehen, der beeindruckend klar formuliert: Es gibt »kein Trauma, das außerhalb der Omnipotenz des Individuums liegt. Alles kommt am Ende unter die Herrschaft des Ichs und wird so mit sekundären Prozessen verknüpft« (Winnicott 1960, S. 47).

Arne Burchartz nimmt Winnicotts Idee implizit auf und beginnt sein Kapitel über die Definition des Traumas mit einem Zitat von Henri Parens: »Da wo der Schmerz das Erträgliche übersteigt, die Psyche in Schock versetzt, das Gehirn und den Körper außer Gefecht setzt, wie ein Blitz unauslöschlich einschlägt: Dort wird der Schmerz augenblicklich zu einem Teil von uns…« (S. 35) In diesem Geiste ist Arne Burchartz ein wunderbares Buch gelungen, das im Kern die vielfältigen Varianten eines Prozesses beschreibt, wie ein äußeres Trauma in einem intensiven Prozess von Introjektionen, Projektionen, Dissoziationen und Identifikationen langsam und systematisch Besitz von unserem Innenleben ergreift und das Opfer so ohne es zu bemerken allmählich auch zum Täter wird. Die Seele kann absolute Ohnmacht, Hilflosigkeit und dauerhaften seelischen Schmerz nicht repräsentieren und ist als Überlebensstrategie darauf angewiesen, sei es in Schuldgefühlen, sei es in sich zwanghaft wiederholenden Handlungen, sich selbst zum aktiven Gestalter des Erlebten umzukonstruieren.

In sorgfältig recherchierender und differenziert formulierender Art und Weise stellt Arne Burchartz sowohl die Perspektiven und Theorien des psychoanalytischen Umgangs mit dem Trauma dar als auch den praktisch analytischen Umgang mit den Kindern und Jugendlichen, die äußerst schwierige bis schreckliche Erfahrungen mit ihrem Umfeld machen mussten. Anhand vieler kleiner und größerer Falldarstellungen lässt er uns teilhaben an seinem reichhaltigen Erfahrungsschatz psychotherapeutischer Prozesse. Dabei ist er geprägt von einem unerschütterlichen Optimismus: »In psychodynamischen Psychotherapien bemühen wir uns darum, die gegenwärtigen inneren Objekt- und Selbstbilder der traumatisierenden Vergangenheit zu entreißen und zu transformieren, um eine kreative und lebensbejahende Einstellung zum Dasein zu ermöglichen.« (S. 136) Auch wenn ich selbst in Gedanken an junge traumatisierte Patienten, bei denen dieser Transformationsprozess nur begrenzt gelungen ist und wir uns mit der Möglichkeit eines einigermaßen selbstbestimmten Lebens, das auch das Leiden anerkennt, zufrieden geben mussten, so ist seine optimistische Perspektive durch die Fundierung in psychoanalytischen Verstehensprozessen doch sehr nachvollziehbar und ansteckend. Selten habe ich das Glück gehabt, ein theoretisch so anspruchsvolles Buch voll von psychoanalytischem Wissen – komplex und gut verständlich – lesen zu dürfen, das vom Anfang bis zum Ende nicht nur extrem lehrreich, sondern auch spannend ist. Ich jedenfalls habe – was bei Fachbüchern wirklich selten vorkommt – das Buch in einem Stück durchgelesen. Es ist ein aus der Vielzahl der Trauma-Bücher herausstechendes wichtiges Lehrbuch sowohl für die Kandidaten der Ausbildung zum Kinder- und Jugendlichenpsychotherapeuten, die Masterstudierenden der Sozialen Arbeit, Pädagogik und Psychologie als auch für die praktizierenden psychodynamisch orientierten Psychotherapeuten.

Prof. Dr. Frank Dammasch

Inhalt

Geleitwort von Frank Dammasch
Es gibt kein Trauma außerhalb der Omnipotenz **5**

1 Einleitung **13**

2 Das Trauma in der Psychoanalyse **16**
2.1 Die Anfänge: Die Verführungstheorie von Sigmund Freud 16
2.2 Die Triebtheorie 17
2.3 Der Ich-Psychologische Ansatz 20
2.4 Sandor Ferenczi 23
2.5 Objektbeziehungspsychologische Ansätze, Bindungstheorie 28

3 Was ist ein Trauma? **35**

4 Formen der Traumatisierung in Kindheit und Jugend **44**
4.1 Definitionen und Differenzierungen von Traumata 44
4.2 Akuttraumatisierungen 47
4.3 Chronische Traumatisierung in familiären Beziehungen 50
    4.3.1 Trennungstraumata 50
    4.3.2 Psychische Vernachlässigung, Deprivation ... 54
    4.3.3 Sexueller Missbrauch 59
    4.3.4 Körperliche und psychische Misshandlung .. 65

4.4	Kumulatives Trauma, Sequenzielles Trauma	76
4.4.1	Kumulatives Trauma und emotionaler Missbrauch	78
4.4.2	Das sequenzielle Trauma	79

5 Die Psychodynamik der Traumaverarbeitung — 87
5.1	Dissoziation	88
5.2	Identifikation mit dem Aggressor	95
5.3	Das traumatische Introjekt	97

6 Traumafolgestörungen — 104
6.1	Posttraumatische Belastungsstörung oder Persönlichkeitsentwicklungsstörung?	105
6.2	Dissoziative Zustände	108
6.3	Intrusionen, Flashbacks	110
6.4	Wiederholungen des Traumas	111
6.5	Bindungsstörungen	115
6.6	Angststörungen	117
6.7	Depression und Suizidalität	119
6.8	Narzisstische Probleme, Identitätsstörungen	122
6.9	Agieren der Täter-Opfer-Umkehr, Aggressivierung, Sexualisierung	124
6.10	Psychosomatische Störungen	127

7 Die transgenerationale Weitergabe des Traumas — 135

8 Die Therapie des Traumas — 141
8.1	Das Trauma in Übertragung und Gegenübertragung	141
8.2	Die Beziehung als therapeutisches Medium	148
8.3	Halten, Containing und Mentalisierung	150
8.4	Die Entwicklung und Stärkung der Symbolfunktion	154
8.5	Die eigene Geschichte gewinnen: Ich-Stärkung und strukturelle Reifung	159
8.6	Spiel, Kreativität, Bilder, Metaphern, Imagination	170

9	Spezifische traumatherapeutische Techniken	175
10	Resilienz, Ressourcenaktivierung und Posttraumatisches Wachstum	179

Literatur 185

Stichwortverzeichnis 196

1 Einleitung

Das Thema »Trauma« beansprucht Aktualität. Dazu wird häufig angeführt, dass das 20. Jahrhundert besonders reich an schweren Traumatisierungen war – infolge von Kriegen, Verfolgungen, Vernichtungsfeldzügen, Deportationen, Internierungen und Genozid (vgl. Bohleber 2010, Zwiebel 2003). Dem ist zuzustimmen, gleichwohl dürfte ein historischer Vergleich mit anderen Zeitepochen problematisch sein. Denken wir z. B. an den »Dreißigjährigen Krieg«: Ein Konflikt, der die halbe Bevölkerung Europas ausgerottet hat. Es hat ein Jahrhundert gedauert, bis sich die betroffenen Landstriche davon erholt haben. Oder denken wir an die Millionen Opfer antiker und mittelalterlicher Schlachten und Genozide, tyrannischer Schreckensherrschaften, die mit kaum vorstellbaren Grausamkeiten einhergingen. Ist nicht das Kreuz, Symbol für die Christenheit, selbst ein Zeichen größter menschlicher Grausamkeit, ein »memento crudelitatis«?

Der Mensch, eine »wilde Bestie, der die Schonung der eigenen Art fremd ist«, (Freud 1930a, S. 471) diese Diagnose Freuds angesichts der »grausamen Aggression« dürfte über die Zeiten hinweg ihre Gültigkeit haben.

Das komplementäre Pendant der destruktiven Aggression ist das Trauma. Es liegt zunächst auf Seiten derer, welche die Grausamkeit erleiden müssen. Besonders nahe geht uns dieses Leiden, wenn es Kinder und Jugendliche betrifft, sind sie doch besonders wehrlos und schutzbedürftig. Im Trauma begegnet uns beides: Das ohnmächtige Leiden und die Destruktivität. Beides gehört zur conditio humana, und wer sich mit dem Trauma beschäftigt, wird immer mit diesen beiden Seiten auch seiner eigenen menschlichen Existenz konfrontiert. Es fällt uns leichter, uns mit dem überwältigten Kind zu identifizieren. Vergessen wir aber nicht, dass die destruktive Bemächtigung des Anderen auch ein Teil unseres Seelenlebens ist – ein von der dünnen Schicht der Zivilisation oft nur mühsam verborgener Teil.

Aber nicht nur »man-made disaster« wirken traumatisch. Seit jeher sind wir Menschen den Gewalten der Natur ausgeliefert. Unsere Vorfahren sahen sich übermächtigen potenziellen Angreifern ausgesetzt, von denen eine ständige Gefahr ausging. Dafür ist die Natur des Menschen nur unzureichend ausgestattet: Er kann nicht besonders schnell laufen, er kann nicht gut klettern, er hat keine »Zähne und Klauen« wie eine Raubkatze, die Fähigkeiten seiner Sinnesorgane fallen im Vergleich mit anderen Lebewesen eher dürftig aus. Der Mensch kann von allem etwas, aber nichts besonders gut – evolutionär ist er Generalist. Sein Überleben hängt vom Zusammenschluss in Gruppen und Clans ab, innerhalb derer wechselseitige Kommunikation und Beziehungsregulation zwingend notwendig sind. Es ist phylogenetisches Erbe der Menschheit, dass archaische Ängste innerhalb von Beziehungen bewältigt werden, im großen Zusammenhang innerhalb von Kultur. Eigentlich traumatisch ist deshalb die überflutende, nicht regulierbare Angst angesichts der Verluste von sicherheitsgebenden Beziehungen.

Das Wort Trauma entstammt dem Griechischen: traúmatos bedeutet (durch Gewalteinwirkung entstandene) Wunde, Verletzung. Seit dem 18. Jhd. wird das Wort in der Wissenschaftssprache der Medizin verwendet und bezieht sich auf körperliche Verletzungen. Von dort hat es Eingang gefunden in die psychologische Fachsprache i. S. einer seelischen Verletzung.

Das Wort Traum ist fast identisch – etymologisch haben beide Begriffe jedoch nichts miteinander zu tun. Es ist althochdeutschen Ursprungs und bedeutet »im Schlaf auftretende Vorstellung, sehnlicher Wunsch«. Gleichwohl hat Zwiebel (2003) interessante Bezüge zwischen beiden seelischen Phänomenen hergestellt.

Das vorliegende Buch beschäftigt sich mit dem psychoanalytischen Verständnis des psychischen Traumas. Sigmund Freud postulierte ein seelisches Trauma am Grunde psychischer Erkrankungen und hat dies als Erster systematisch ausgearbeitet. Inzwischen ist die psychodynamische Psychotraumatologie um eine Fülle von Verstehensansätzen angewachsen. Traumata im Kindes- und Jugendalter gelten als prägend für das ganze Leben, mit dem Risiko nachhaltiger Erkrankungen, auch im späteren Er-

1 Einleitung

wachsenenleben, wie jüngst die NAKO-Gesundheitsstudie (2024) nachgewiesen hat. Es ist also nur folgerichtig, sich der Therapie gerade in dieser Altersgruppe besonders zuzuwenden.

Inzwischen liegt auch eine psychoanalytische Leitlinie zur Traumatisierung im Kindes- und Jugendalter vor (Burchartz, Kallenbach & Ondracek, 2023, S. 459–522)

Neben dem psychodynamischen Zugang gibt es eine Vielzahl von Konzepten, wie man das Trauma im Kindes- und Jugendalter verstehen und wirksam psychotherapeutisch behandeln kann. Viele dieser Ansätze kommen zu vergleichbaren Ergebnissen und ähnlichen Vorgehensweisen, gleichwohl gibt es auch gravierende Unterschiede. Das vorliegende Werk erhebt nicht den Anspruch, diese Konzepte auch nur ansatzweise darzustellen. Das Interesse des Buches ist zu zeigen, wie man heute das Trauma im Kindes- und Jugendalter psychodynamisch versteht und dass eine sorgfältig durchgeführte Psychotherapie auf der Grundlage der Psychoanalyse eine wirksame und nachhaltige Traumatherapie ist. Wenn es zur Erweiterung des gegenwärtigen Diskurses über psychische Traumata beiträgt und zur Vertiefung in das Thema für Fachleute und Ausbildungskandidaten einlädt, hat es sein Ziel erreicht.

Offensichtlich hat das Werk großes Interesse gefunden, so dass das Buch nun in seiner zweiten Auflage erscheint. Sie enthält neben einigen kleineren Korrekturen und Aktualisierungen v. a. ein Kapitel über psychosomatische Traumafolgen.

Ich habe mich entschieden, den Rechtschreibregeln des Rates für deutsche Rechtschreibung zu folgen. Ein besseres Regelwerk hinsichtlich der Inklusivität gibt es m. E. nicht. Wo eine Differenzierung nötig ist, verwende ich die Doppelformulierung.

Alle Personen sowie deren persönliche Daten und Kontexte in den Falldarstellungen sind nach nationalen und internationalen Standards und Vereinbarungen für wissenschaftliche Fachpublikationen vom Autor anonymisiert worden. Der Autor versichert, dass kein Interessenkonflikt mit Dritten besteht.

Öhringen, im Sommer 2024
Arne Burchartz

2 Das Trauma in der Psychoanalyse

2.1 Die Anfänge: Die Verführungstheorie von Sigmund Freud

Die Psychoanalyse begann als Traumatherapie. Für die Entstehung der Hysterie postulierte Sigmund Freud ein reales sexuelles Kindheitstrauma, das verdrängt wurde und als Symptom in kompromisshafter Weise im Jugend- und Erwachsenenalter wieder auftaucht (Freud 1896c). Diese »Verführungstheorie« beschrieb den traumatischen Prozess bereits als sehr komplexes Geschehen: ein Ereignis, das die »Erregungssumme« im Nervensystem steigert, kann nicht oder nicht vollständig motorisch »abreagiert« werden oder durch »kontrastierende Vorstellungen« kompensiert werden, wie es normalerweise geschieht (Freud 1893 h, S. 192 f). In der Erinnerung bleiben die Affekte, die mit dem Ereignis verbunden waren, von Freud sogenannte »Reminiszenzen« der unvollständigen Erledigung der Traumen.[1] Allerdings ist es nicht das reale Erlebnis allein, welches die Krankheit verursacht. Aktuelle Erlebnisse rufen unbewusste Erinnerungen an das frühere Geschehen hervor und verknüpfen sich assoziativ mit diesen, jedoch nicht als bewusste Vergegenwärtigung, sondern als Symptom, einer gleichsam symbolischen Erinnerung, welche das traumatische Ereignis wachruft, ohne die Verdrängung aufzuheben.[2] Freud nannte diesen Vorgang die »Nachträglichkeit« (Freud 1885/1950a, S. 444 ff)

Gemäß der Verführungstheorie ist das Trauma nicht allein ein überwältigendes Ereignis, sondern ein Zusammenwirken von äußeren Ein-

---

1 »…der Hysterische leide(t) größtenteils an Reminiszenzen« (Freud 1895d, S. 86)
2 »…assoziativ geweckte Erinnerung an frühere Erlebnisse« (Freud 1896c, S. 432)

wirkungen, inneren psychodynamischen und affektiven Vorgängen, Phantasietätigkeit und kompromisshafter Verarbeitung im Symptom, das wiederum in Wechselwirkung zur sozialen Umwelt steht. Dieses Zusammenspiel kann man auch in Form einer »Ergänzungsreihe« beschreiben: Die Intensität der Überwältigung, die Möglichkeiten psychischer Verarbeitung und die Beschaffenheit der Beziehungen ergänzen sich gegenseitig und ergeben dem Trauma seinen je individuellen Charakter auf einer Skala von schwerer, anhaltender Belastung bis zu einer vorübergehenden Irritation. Die Psychoanalyse versteht das Trauma also als *Prozess*.

Viele heute selbstverständliche Erkenntnisse über traumatische Vorgänge und deren Verarbeitung sind in nuce in der Verführungstheorie enthalten (vgl. Hirsch 2011, S. 20). Mit dem Gewicht, das sie auf (rekonstruierte) Traumata in der Kindheit legt, vertrat Freud implizit die Ansicht, dass Kindheitstraumata besonders tiefgreifend und nachhaltig in die Psyche eingreifen und einen entscheidenden pathogenen Faktor für spätere psychische Erkrankungen darstellen. Auch diese Einsicht wird heute in verschiedenen Fachrichtungen eindrücklich bestätigt. (Diepold 2002, Hüther 2003; Streeck-Fischer 2006, Rauchfleisch 2006; 2008, Leuzinger-Bohleber, Roth & Buchheim 2008, Wöller 2011)

2.2 Die Triebtheorie

Freud gab 1897 die Verführungstheorie zugunsten der Trieb-Konflikt-Theorie auf. Nicht jede neurotische Erkrankung konnte auf ein reales Trauma zurückgeführt werden. Es mussten also intrapsychische Vorgänge sein, »Reizmengen«, die der physio-psychischen Sphäre entstammen und nicht adäquat abgeführt bzw. nicht vollständig verdrängt werden konnten. In einem Brief an den Arzt Wilhelm Fließ, damals freundschaftlicher Vertrauter und Diskussionspartner von Sigmund Freud, (Nr. 139 vom 21. September 1897) relativiert er die Verführungstheorie und stellt fest, »daß man die Wahrheit und die mit Affekt besetzte Fiktion nicht unterscheiden kann« (Freud 1986, S. 284; vgl. Gay 1999, S. 108, 112 f). Dies führte zur Ausarbeitung der Triebtheorie mit ihrem zentralen Theorem, dem Ödipuskomplex (vgl. Burchartz, Hopf & Lutz 2016, S. 53 ff). Wiewohl Freud die Möglichkeit realer Traumatisierungen in der Kindheit nie bestritt (vgl. Nitschke 1998, Endres & Moisl 2002), so stellte diese Wende doch einen entscheidenden Einschnitt in der Psychoanalyse und speziell in deren Traumakonzepten dar. Zum einen führte sie zu heftigen Vorwürfen gegen die Psychoanalyse, sie vernachlässige die Dimension der realen Traumatisierungen in der Kindheit, insbesondere der sexuellen Traumata und verrate so die Patienten, ja traumatisiere sie sekundär, indem sie die so wichtige Arbeit an der *Realität des Traumas*, die in dissoziativen und introjektiven Prozessen verloren geht (▶ Kap. 8), vernachlässige. Zum anderen aber bahnt sie die Erkenntnis, dass *innere* ungelöste konflikthafte Vorgänge traumatischen Charakter haben können. Fortan spielte die Phantasietätigkeit, die Ausformung des Begehrens im ödipalen Konflikt sowie der Hass auf die ödipalen Objekte und die Verdrängung beider Triebregungen eine größere Rolle im Verständnis der Ätiologie der Neurosen. Der Schrecken des traumatischen Ereignisses gewinnt seine traumatische Dimension aus der Vermischung mit verpönten sexuellen und aggressiven Regungen. Diese theoretische Konzeptualisierung lässt sich sehr plastisch am Fallbericht »Dora« (Freud 1905e) nachvollziehen (vgl. Burchartz, Hopf & Lutz 2016, S 22–25). In einer Fußnote zu dieser Fallgeschichte betont Freud, dass er die Verführungstheorie nicht aufgegeben, jedoch ergänzt hat (Freud 1905e, S. 185). Der Vorwurf, der gegen Freud erhoben wird, er nehme reale (äußere) Traumatisierungen insbesondere aus dem Beziehungsbereich durch seine Konzepte infantiler Sexualität nicht ernst, lässt sich nicht halten. Im Gegenteil: erst aus dem Zusammenwirken äußerer und innerer Faktoren lässt sich der traumatische Prozess verstehen.

C.G. Jung nahm an der Entwicklung der Freud'schen Theoriebildung lebhaften Anteil. Die Abwendung von der Verführungstheorie, die Hinwendung zur »Psychogenität« der Neurose brachte ihn dazu, das Trauma selbst für unwichtig zu halten. Den realen Inzest und seine Auswirkungen hat er wenig ernst genommen (Wirtz 1992, S. 43 f). Traumata »scheinen bloß wichtig zu sein, indem sie der Anlaß zur Manifestation eines schon längst abnormen Zustandes sind. Der abnorme Zustand ist ... ein anachronistisches Weiterbestehen einer infantilen Stufe der Libidoentwicklung.« (Jung 1971/1913, S. 158). Eine gewisse Tragik liegt darin, dass Jung dies anhand eines Falles darstellt, bei dem ein Trigger für die Wiederbelebung eines ursprünglichen Traumas gesorgt hat. Aber die Zeit war noch nicht reif für solche Erkenntnisse.

Später revidierte Jung seine Ansicht unter dem Eindruck, dass »als eine der Folgen des Krieges, eine wahre Flut von traumatisch bedingten Neurosen in Erscheinung trat«. (Jung 1921/1954, S. 138) »Hier ist das Trauma mehr als nur ein auslösendes Moment; es ist die Ursache im Sinne einer causa efficiens, besonders wenn wir die besondere psychische Atmosphäre des Schlachtfeldes als wesentlichen Faktor mitberücksichtigen.« Damit ist zweifellos die Todesangst der Kombattanten gemeint, eine Angst, der den Reizschutz des Ich überrennt (s. u.). Jung ist hier ganz nahe an einer der Grundbedingungen des Traumas – leider hat er den Gedanken nicht weiterverfolgt.

Schließlich finden wir den Gedanken, die Beschäftigung mit dem infantilen Trauma sei ein Ausweichen vor persönlicher Verantwortung.

> »Die Erinnerungsbemühungen sehen aus wie angestrengte Tätigkeit und haben überdies den Vorteil, daß sie vom eigentlichen Thema (den aktuellen Gründen der Neurose, A. B.) ablenken. Weshalb es auch unter diesem Gesichtswinkel empfehlenswert erscheinen mag, die Jagd nach einem möglichen Trauma noch lange fortzusetzen.« (Jung 1926/1969, S. 130)

Es ist Jung darin Recht zu geben, dass »die Jagd nach einem möglichen Trauma« in pädagogischen und therapeutischen Zusammenhängen nicht außer Mode gekommen ist und manche Zerstörungen in Beziehungen anrichtet. Allerdings schüttet er das Kind mit dem Bade aus, wenn die Möglichkeit kindlicher Traumatisierungen damit ironisierend beiseitegeschoben wird.

2.3 Der Ich-Psychologische Ansatz

Im Strukturmodell (Freud 1923b) richtete Freud sein Augenmerk auf das Ich, dem als organisierende Instanz die Vermittlung von innerer und äußerer Realität, von Triebansprüchen und sozialem Gefüge gelingen muss. Dem Ich kommt die Funktion eines Reizschutzes durch seine regulierende Abwehrtätigkeit und die Einwirkung auf die Außenwelt zu. Sind die Reizmengen aber zu groß, gelingt der Reizschutz nicht: »Solche Erregungen von außen, die stark genug sind, den Reizschutz zu durchbrechen, heißen wir *traumatische*« (Freud 1920 g, S 29). Ist der Reizschutz erst durchbrochen, wird das psychische System von großen »Reizmengen« gleichsam überflutet, es kommt zu einer Gegenwehr: die »Einbruchstelle« wird mit großen Mengen psychischer Energie »gegenbesetzt« – Energie, die anderen psychischen Funktionen entzogen wird, was im Ergebnis auf eine »Lähmung oder Herabsetzung der sonstigen psychischen Leistung« hinausläuft (ebd., S 30). Der Einbruch überflutender Reize wird begünstigt durch eine fehlende Angstbereitschaft: Fehlt die Angst als Signal für die drohende Gefahr, kommt also das überwältigende Ereignis unvorbereitet über den Menschen, so ist es wahrscheinlicher, dass der Reizschutz durchbrochen wird. Diesen Gedanken arbeitet Freud später weiter aus (1926d): er unterscheidet zwischen traumatischer Angst und Signalangst. Die Signalangst entspringt einer antizipatorischen Funktion der Psyche: Sie reagiert auf eine drohende Gefahr, um ihr zu entgehen oder ihr etwas entgegenzusetzen. Die Signalangst hat damit eine wichtige Schutzfunktion gegen das Trauma. Fehlt der antizipatorische Charakter der Angst, so kommt es zu einer traumatisch überflutenden Angst und das Trauma wird sich besonders schädigend auswirken (»Extremtraumatisierung«).

Ist die Widerstandsfähigkeit des Ich durch ungelöste innere Konflikte, neurotische Verarbeitungsformen etc. herabgesetzt, kommt es auch bei geringeren Reizmengen zu einer traumatischen Erregung. So lässt sich erklären, warum ähnliche Ereignisse bei manchen Menschen ein Trauma auslösen, bei anderen jedoch nicht.

Bei der Verarbeitung des Traumas spielt der Wiederholungszwang eine entscheidende Rolle: nicht allein in Träumen (die »Träume (der Unfallsneurotiker) suchen die Reizbewältigung unter Angstentwicklung nach-

2.3 Der Ich-Psychologische Ansatz

zuholen«, [Freud 1920 g, S 32]), sondern auch in sozialen Beziehungen durch »Bemühungen, das Trauma wieder zur Geltung zu bringen, also das vergessene Erlebnis zu erinnern, oder noch besser, es real zu machen, eine Wiederholung davon von neuem zu erleben, wenn es auch nur eine frühere Affektbeziehung war, dieselbe in einer analogen Beziehung zu einer anderen Person neu wiederaufleben zu lassen. Man faßt diese Bemühungen zusammen als Fixierung an das Trauma und als Wiederholungszwang« (Freud 1939a S 180).

Anna Freud hat das Traumaverständnis unter Ich-Psychologischen Gesichtspunkten weiter ausgearbeitet. Wesentlich sei das Merkmal, ob ein schädigendes Ereignis eine »innere Katastrophe« ausgelöst hat, »einen Zusammenbruch der Persönlichkeit aufgrund einer Reizüberschwemmung, die die Ichfunktionen und die Vermittlertätigkeit des Ichs außer Kraft gesetzt hat.« (Freud 1967/1964, S. 1834). Klinische Anzeichen eines Traumas sieht sie – ähnlich wie S. Freud – in der Lähmung und Handlungsunfähigkeit, innerer Erstarrung und im Verlust der Affektsteuerung: eine Ich-Regression. Eine sorgfältige Unterscheidung sei zu treffen, welche Ich-Funktionen geschädigt wurden, welche intakt geblieben sind, wie die Abwehr angegriffen bzw. auf frühere Stufen zurückgeworfen wurden. Dabei spiele die (unbewusste) Bedeutung, welche der Mensch dem Ereignis zumisst, eine entscheidende Rolle. Bei Kindern müsse man auch »das traumatische Ereignis zum Entwicklungsprozess in Beziehung ...setzen« (a.a.O. S. 1837) und den Prozess der »Wiederherstellung« beobachten, inwieweit die Entwicklung wieder aufgenommen werden konnte und auf welchem Niveau. Auch für Anna Freud stellt die Pathologie einer »traumatischen Neurose« den Versuch der Verarbeitung des traumatischen Ereignisses dar.

In diesem Ich-Psychologischen Modell, das überwiegend eine ökonomische Betrachtungsweise enthält, fehlt die Differenzierung der unterschiedlichen Situationen, die ein Trauma auslösen können: -disaster, Naturkatastrophen, Beziehungstraumatisierungen usw. Es scheint lediglich um das Verhältnis von Reizanflutung und psychischer Disposition zu gehen. Gleichwohl sind hier wesentliche Grundlagen des Traumaverständnisses beschrieben: Gegenwehr und reparative Versuche der Psyche gegen das Traumaereignis, die Frage der Ich-Stärke, der Resilienz (etwa

Antizipation und Symbolisierungsfähigkeit), die Rolle der Angst, die Traumaverarbeitung durch den Wiederholungszwang in Beziehungen.

Die Ich-psychologische Betrachtungsweise der Traumatisierung von Kindern und Jugendlichen legt eine Reihe von Überlegungen nahe: Erstens muss die Empfindlichkeit der seelischen Ausstattung berücksichtigt werden. Manche Kinder bringen von Anfang an einen geringen Reizschutz mit und sind deshalb besonders darauf angewiesen, dass ihn die Eltern zur Verfügung stellen. Solche Kinder sind besonders trennungsempfindlich. Wird durch ein schreckensvolles Ereignis diese Beziehung labilisiert, gestört oder in Frage gestellt, oder geht ein solches Ereignis gar von den Bezugspersonen aus, ist ein solches Kind traumatischer Überflutung besonders ausgeliefert.

Zweitens muss der Stand der Triebentwicklung und der Ich-Entwicklung einbezogen werden. Ein Auftreten erschreckender Naturgewalten wie z. B. ein heftiges Gewitter, ein Orkan o. ä. wird auf einen Vierjährigen anders wirken als auf ein Latenzkind, das über ein größeres kognitives Verständnisrepertoire solcher Phänomene verfügt. Eine anale Überwältigung, wie sie z. B. vorkommt, wenn Eltern ihrem Kind bei Obstipationen Klistiere verabreichen, wird in der entsprechenden Entwicklungsphase anders wirken als in späteren Jahren. Gewaltandrohungen, manifeste Gewalt und sexueller Missbrauch wirken umso destruktiver und nachhaltiger, je größer die reale Ohnmacht und Abhängigkeit ist.

Drittens muss gefragt werden, wie sicher Ich-Funktionen in der bisherigen Ich-Entwicklung etabliert worden sind. Gab es hier schon vor dem Trauma Beeinträchtigungen, so dass das Ich dem Eindringen traumatischer Angst wenig entgegenzusetzen hat?

Viertens muss betrachtet werden, welche »Hilfs-Ich«-Funktionen die soziale Umgebung bereitstellt. Wie reagieren die Eltern, die Geschwister, Verwandte, Freunde, Pädagogen? Stellen sie ein vertrauenswürdiges Milieu zur Verfügung? Gibt es – falls die Traumatisierung in der Familie entsteht – sonstige soziale Ressourcen?

Fünftens fragen wir danach, welche Phantasien sich um das traumatische Ereignis ranken. Auch diese werden je nach Entwicklungsstand in unterschiedlicher Weise die Verarbeitung des Traumas prägen. Ein Kind etwa, das noch weitgehend dem egozentrischen Weltbild mit seinem magischen Denken verhaftet ist, wird mit hoher Wahrscheinlichkeit u. a.

selbstdestruktive Verarbeitungsweisen entwickeln, die dann sekundär traumatisch wirken.

Schließlich sechstens lässt sich das traumatische Ereignis nicht von Beziehungen trennen. Auch innerhalb der Ich-psychologischen Auffassung ist der Status der Ich-Funktionen verbunden mit den Beziehungen, auf die der junge Mensch bis in die Adoleszenz für sein psychisches (Über-)Leben angewiesen ist. Innerfamiliäre Traumatisierung bedeutet immer auch Beziehungsverlust und somit Existenzangst.

Denkt man den Ich-psychologischen Ansatz konsequent zu Ende, so muss festgehalten werden: Das Trauma ist immer ein komplexes Geschehen. Es lässt sich nicht monokausal reduzieren.

Allerdings lässt dieser Ansatz auch einen entscheidenden Gesichtspunkt außer Acht: Das Ich des Kindes ist keine primordiale feste Größe in der psychischen Struktur, sondern entwickelt sich aus prärepräsentativen Beziehungserfahrungen. Diese sind entscheidend, denn insbesondere bevor sich die repräsentative und symbolische Fähigkeit des Ich herausgebildet hat, wirkt eine Traumatisierung strukturbildend, und zwar besonders nachhaltig deshalb, weil das Ich noch weder über Vorgänge wie Verdrängung, Abspaltung oder Gegenbesetzung noch über reparative Fähigkeiten verfügt; besser spricht man hier m. E. von Vorläufern des Ich, einem »Proto-Ich«. (vgl. Diepold, 2002, S. 132 f)). Wir müssen dann davon ausgehen, dass sich eine dauerhafte Beeinträchtigung des Ich bereits in seiner Entstehung einnistet.

2.4 Sandor Ferenczi

Sandor Ferenczi gilt als der »Pionier der psychoanalytischen Psychotraumatologie« (Hirsch 2011, S. 31). Er war bis zu seinem Tod ein kritischer Weggefährte Freuds. Ferenczi experimentierte mit Varianten der psychoanalytischen Technik, die offensichtlich Patienten mit frühen Störungen entgegenkamen. Wie sein klinisches Tagebuch von 1932 (»Ohne Sympathie keine Heilung«, Ferenczi 1999/1932) zeigt, beschäftigte er sich in jener

Zeit verstärkt mit dem Trauma (vgl. Eintrag vom 30. Juli 1932, a.a.O. S. 240–246). Mit seinem bahnbrechenden letzten Aufsatz (»Sprachverwirrung zwischen den Erwachsenen und dem Kind«, Ferenczi 2004/1933, S. 303–313) hat sich Ferenczi der realen Traumatisierung im Kindesalter durch Bezugspersonen als Ursache von Pathologien zugewandt. Nicht unintegrierte Triebansprüche und Phantasien stehen demnach am Beginn des traumatischen Prozesses, sondern die Überwältigung durch Erwachsene. Der Untertitel der Arbeit »Die Sprache der Zärtlichkeit und der Leidenschaft« verrät nicht sogleich, worum es geht: Die zärtliche Liebe des Erwachsenen, auf die das Kind angewiesen ist, wird überformt bzw. ersetzt durch die Leidenschaft, womit das sexuelle Begehren und entsprechende Handlungen des Erwachsenen gemeint ist.

Ferenczi geht in seinem Aufsatz von zwei Beobachtungen in der analytischen Praxis aus:

- Manche Analysanden äußern wider Erwarten keine Kritik an den Einstellungen und Äußerungen des Analytikers, auch dann nicht, wenn diese latent feindselig daherkommen. »Anstatt zu widersprechen, ihn gewisser Verfehlungen und Mißgriffe zu zeihen, *identifizieren sie sich mit ihm.*« (a.a.O. S. 304, Hervorhebung S.F.). Er schließt daraus, dass die »berufliche Hypokrisie und die dahinter versteckte Antipathie« (S. 306) eine Neuauflage der pathogenen Situation in der Kindheit ist und zur Wiederholung der Symptombildung führt.
- Der sexuelle Übergriff, das »Sexualtrauma« kommt viel häufiger vor, als gemeinhin angenommen: durch die Eltern selbst, durch Verwandte oder Pflegepersonen aus dem unmittelbaren familiären Umfeld. »Der naheliegende Einwand, es handele sich um Sexualphantasien des Kindes selbst ... wird leider entkräftet durch die Unzahl von Bekenntnissen dieser Art« (S. 307/8).

Identifikation mit dem Aggressor

Das erotische Spiel des Kindes, sich mit dem gleichgeschlechtlichen Elternteil zu identifizieren, ein Spiel auf dem »Zärtlichkeitsniveau«, wird von Erwachsenen, insbesondere wenn diese pathologisch vorbelastet sind, verwechselt mit den »Wünschen einer sexuell reifen Person«, sie lassen sich »zu Sexualakten hinreißen. Tatsächliche Vergewaltigungen von Mädchen, die kaum dem Säuglingsalter entwachsen sind, ähnliche Sexualakte erwachsener Frauen mit Knaben, aber auch forcierte Sexualakte homosexuellen Charakters gehören zur Tagesordnung.«

Die Folgen sind nun nicht etwa manifester Protest oder Gegenwehr, vielmehr ist das Kind aufgrund der Überlegenheit des Erwachsenen »durch eine ungeheure Angst paralysiert«.

»Dieselbe Angst, wenn sie einen Höhepunkt erreicht, zwingt sie automatisch, sich dem Willen des Angreifers unterzuordnen, jede seiner Wunschregungen zu erraten und zu befolgen, sich selbst ganz vergessend sich mit dem Angreifer vollauf zu identifizieren. Durch die Identifizierung, sagen wir Introjektion des Angreifers verschwindet dieser als äußere Realität und wird intrapsychisch.« (Ferenczi 2004/1933, S. 308).

Diese Identifikation führt auch zur »*Introjektion des Schuldgefühls des Erwachsenen*« (Ferenczi 2004/1933, S. 309).

Ferenczi beschreibt hier erstmalig einen bedeutsamen kindlichen psychischen Abwehrversuch der traumatischen Situation: Die *Identifikation mit dem Aggressor*. Er führt zu einer *Verwirrung*, zu Spaltungen, zum Misstrauen gegen die eigene Sinneswahrnehmung und zu massiven Schuldgefühlen. Verstärkt wird diese Konfusion durch das Benehmen des Erwachsenen, der das Geschehen verharmlost, verleugnet und schließlich dem Kind als Schuld in die Schuhe schiebt. Häufig findet das Kind auch in dem anderen Elternteil, beispielsweise der Mutter, keinen Rückhalt, »kraftlose Versuche solcher Art werden von ihr als Unsinn zurückgewiesen« (a.a.O., S. 309).

Auch Ferenczi reflektiert die Wirkung auf das noch unreife Ich. Da es nicht im Sinne einer alloplastischen Reaktionsweise die Lebensumstände aktiv verändern kann, kommt es zu einer autoplastischen Verarbeitung. »Wir gelangen so zu einer Persönlichkeitsform, die nur aus Es und Über-Ich besteht, der also die Fähigkeit, sich selbst auch in der Unlust zu behaupten, noch abgeht…« (a.a.O., S. 309).

Eine weitere Folge des Traumas ist nach Ferenczi die Persönlichkeitsspaltung. »Daß ein Teil der Person in die vortraumatische Seligkeit regrediert und das Trauma ungeschehen zu machen versucht, wird keinen Psychoanalytiker überraschen« (a.a.O., S. 311).

Sodann beobachtete Ferenczi, dass unter traumatischen Druck plötzlich Fähigkeiten erwachsen, die dem Stand der Entwicklung (noch) keineswegs entsprechen. »Höchste Not, besonders Todesangst, scheint die Macht zu haben, latente Dispositionen, die, noch unbesetzt, in tiefer Ruhe auf das Heranreifen warteten, plötzlich zu erwecken und in Tätigkeit zu versetzen. ... Man darf da getrost, im Gegensatz zur uns geläufigen Regression, von *traumatischer* (pathologischer) *Progression oder Frühreife* sprechen« (Hervorhebung S.F.). Und weiter: »Die Angst vor dem hemmungslosen, gleichsam verrückten Erwachsenen macht das Kind sozusagen zum Psychiater...«. (a.a.O., S. 311)

Unter dem Druck sich wiederholender traumatischer Erschütterungen wachse »die Zahl und Varietät der Abspaltungen« (a.a.O., S. 311). Dergestalt kommt es zu einer psychischen Fragmentierung – Ferenczi spricht sogar von *Atomisierung*. Man hat es mit einzelnen voneinander abgetrennten Persönlichkeitsanteilen zu tun, die »einander aber meist gar nicht kennen« (a.a.O., S. 311), ein Vorgang, der in Konfusion mündet.

Schließlich nennt Ferenczi als traumaauslösende Situation nicht allein die leidenschaftliche (missbräuchliche) Liebe und die leidenschaftliche Strafe (die Misshandlung), sondern auch »ein drittes Mittel, ein Kind an sich zu binden, und das ist: *der Terrorismus des Leidens*« (S. 312), unter dem das Kind alle eigene Entwicklung aufgibt und sich der Sorge und der Pflege um das leidende Elternteil hingibt.

Ferenczis konzentrierter Beitrag enthält auch einen Behandlungsansatz. Indem Kindern eine missbräuchliche Liebe aufgezwungen wird, entsteht die »Sprachverwirrung« – eigentlich eine affektive Desorientierung. In der Analyse stehe hinter der »Unterwürfigkeit, ja Anbetung, sowie hinter der Übertragungsliebe ... der sehnliche Wunsch, die sie beengende Liebe loszuwerden« (S. 310). Wie hellsichtig beobachtet! Machen wir doch in der Therapie unserer kindlichen und jugendlichen traumatisierten Patienten genau diese Erfahrung: Sie zerstören liebevolle Beziehungen. Ziel der Behandlung muss es nach Ferenczi sein, dass Patienten diese Identifizierungsreaktion aufgeben und »die ihnen lästigen Übertragungen« abwehren. Dann »kann man sagen, daß es gelungen ist, seine Persönlichkeit auf ein höheres Niveau zu heben« (a.a.O., S. 310).

Der Aufsatz von Ferenczi beruht auf seinem Vortrag zur Eröffnung des 12. Internationalen Psychoanalytischen Kongresses am 4. September 1932 in Wiesbaden. Es ist seine letzte klinische Arbeit, Ferenczi starb am 22. Mai 1933. Sie hat in der psychoanalytischen Gemeinschaft erheblichen Aufruhr und »Sprachverwirrung« ausgelöst, (Rachman 1989/2012). Gleichwohl hat Ferenczi mit dieser bahnbrechenden Arbeit die meisten der heute auch verfahrensübergreifend als gültig anerkannten Erkenntnisse über den traumatischen Prozess beschrieben:

- Identifizierung mit dem Aggressor
- Übernahme des Schuldgefühls
- Lähmung des Ich, der Verlust des Bezugs zur Wirklichkeit, das Misstrauen gegenüber der eigenen Wahrnehmung
- Vertrauensverlust gegenüber den tatenlos zusehenden anderen Vertrauenspersonen
- Unterwerfung und übermäßige Anpassung
- Abspaltung des Affekts: »Das mißbrauchte Kind wird zu einem mechanisch gehorsamen Wesen« (Ferenczi 1933/2004 S. 309)
- autoplastische depressive Verarbeitung bis hin zur Autoaggression
- Persönlichkeitsspaltung und Fragmentierung (in heutiger Begrifflichkeit: Dissoziation)
- pseudoprogressive Verarbeitung
- Parentifizierung
- Entwicklung eines »falschen Selbst« (Winnicott)
- Versuch, mit all diesen Vorgängen die lebensnotwendige »gute« Beziehung zu dem missbrauchenden, misshandelnden Erwachsenen zu erhalten, indem »das Kind sich selbst die Ursache der Gewalt, des Bösen und die Schuld dafür zuschreibt« (Hirsch 2011, S. 39).
- Beitrag des sexuellen Kindesmissbrauchs zu späteren schweren Pathologien
- Ziel der Überarbeitung der pathogenen Identifizierungen

Anna Freud hat die Identifikation mit dem Aggressor aufgegriffen, versteht sie aber – anders als Ferenczi – nicht als Verinnerlichung eines traumatisierenden Objekts, dem man sich unterwerfen muss, sondern als die Bearbeitung einer Objekterfahrung, die nicht traumatisch sein muss. Das Kind übernimmt – spielerisch, in der Phantasie oder in realen Beziehungen – aggressive, strafende, verurteilende Anteile eines Objekts, einer Autorität, um sich an deren Stelle zu setzen. Der Abwehrcharakter speist sich aus dem Wechsel von der Passivität zur Aktivität, vom Erleiden zum Handeln, vom »Bedrohten zum Bedroher« (A. Freud 1936, S. 296). Nun muss das Stofftier, der Gegenstand, müssen andere Kinder usw. das erleiden, was das Kind vormals erleiden musste. Diese Identifikation ist somit bereits eine weitergehende Verarbeitung des Macht-Ohnmachtsgefälles zwischen Erwachsenem und Kind und setzt eine Subjekt-Objekt-Differenzierung voraus, wie sie gerade in der traumatischen Situation nicht gegeben ist. In Kapitel 3 wird deutlich werden, dass deshalb von der Identifikation mit dem Aggressor, wie sie Ferenczi meint, besser als Introjektion gesprochen wird. Freilich wird die *sekundäre* Identifikation mit dem Introjekt die Züge annehmen, die Anna Freud beschrieben hat. Der von einer Traumatisierung getroffene Mensch wird eben diese Beziehungsgestaltungen übernehmen: Er wird andere aktiv so sadistisch, bedrohend, verurteilend und gewalttätig behandeln, wie er selbst behandelt worden ist – mit dem entlastenden Effekt, dass in den anderen die sadistische Qual projektiv hineingezwängt wird, die für das eigene Selbst so unerträglich war und ist.

2.5 Objektbeziehungspsychologische Ansätze, Bindungstheorie

René Spitz

René Spitz (1965) beobachtete die Reaktionen von Heimkindern, denen bei äußerlich »korrekter« Versorgung die affektive Zuwendung durch das Pflegepersonal vorenthalten blieb. Diese Form frühkindlicher Traumatisierung durch psychische Deprivation mündet in der »anaklitischen Depression« oder dem Deprivationssyndrom: Hospitalismus, Gewichtsverlust, Schlaflosigkeit, Starrheit, Kontaktverweigerung, Lethargie, insgesamt ein Absinken des »Entwicklungsquotienten«, körperliche Erkrankungen und später schwere Persönlichkeitsstörungen (vgl. Hellbrügge 2003). Spitz beschreibt diese Phänomene unter objektrelationalen Gesichtspunkten: Generell sind Kinder, die noch sehr der Zuwendung durch Bezugspersonen für ihre Entwicklung bedürfen (anaklisis – griech.: Anlehnung), durch den Verlust des Liebesobjekts bzw. dessen emotionaler Zuwendung (bei äußerlicher Anwesenheit) von einer solchen Traumatisierung bedroht. Die anaklitische Depression verankert sich deshalb so tief im psychischen Leben des Kindes, weil ihm noch keine ausreichend entwickelte Symbolisierung zur Verfügung steht – es kann den Verlust nicht benennen, er persistiert als eine namenlose Leerstelle im psychischen Leben, mit allen daraus folgenden Abwehrmanövern.

Weitere Folgen des Deprivationssyndroms sind eine gestörte Sprachentwicklung (vgl. Papousek 1994), Störungen des Sozialverhaltens, Verwahrlosung, Tendenzen zur Delinquenz und Suchtgefährdung (vgl. Hellbrügge 2003). Die Gefahr einer Zunahme des Deprivationssyndroms durch verfrühte, nicht ausreichend qualifizierte und zu lange außerfamiliäre Betreuung von Säuglingen und Kleinkindern ist gegenwärtig nicht auszuschließen (Brisch 2024).

André Green

In eine ähnliche Richtung geht André Green in seiner Arbeit über »Die tote Mutter« (1983). Das Kind findet in der depressiven Mutter keine affektive Resonanz, sie ist zwar lebend anwesend, aber innerlich tot, erstarrt. Auch das lässt sich als eine Form psychischer Deprivation verstehen und als traumatisierend einstufen. Eine postpartale Depression ist eine tendenziell pathogene Konstellation, weil das Kind im frühen Säuglingsalter besonders auf eine emotional stimmige Matrix des Mutter-Kind-Austausches angewiesen ist. Verschärft wird eine solche Problematik, wenn dem Kind keine anderen Bezugspersonen ausreichend zur Verfügung stehen. Auch hier kommt es zu einer Introjektion – nicht eines Aggressors, wohl aber eines »toten Objekts«, das innere Leere, Fühllosigkeit und emotionale Verarmung nach sich zieht. Die Abwehrvorgänge können vielfältig sein und ähneln den Versuchen, mit einem Trauma fertig zu werden: Aggressivierung, Sexualisierung, Bewegungsunruhe und – wie Ferenczi schon beschrieben hat – pseudoprogressive Forcierung einzelner Entwicklungslinien sowie schizoide Beziehungsgestaltungen.

John Bowlby und die Bindungstheorie

Die Auswirkungen von Trennung und Verlust von Bindungspersonen auf die Entwicklung von Kindern standen im Zentrum der Untersuchungen von John Bowlby (1969/1975, 1976, 1983), der als Begründer der Bindungstheorie gilt. Er knüpfte an die Beobachtungen von Anna Freud und Dorothy Burlingham (1942, 1944) bei der Betreuung von Säuglingen und Kleinkindern in ihrem Kinderheim (»Hampstead Nurseries«) an und führte eigene Untersuchungen über die Trennung zwischen Müttern und ihren Kindern durch. Die Auswirkungen durch langanhaltende Trennungserfahrungen und Verluste von Bindungspersonen ähneln denen schwerer Deprivationen und stellen ein Trauma mit allen Folgen für die weitere Entwicklung dar. Die Bindungsforschung beschreibt diese Auswirkungen im Rahmen der Bindungsentwicklung und der Bindungsmuster: innere Modelle, wie Bindung organisiert wird.

Bindungstraumatisierungen sind solche, die aus gestörten Bindungen hervorgehen und wiederum in Bindungsstörungen münden. Dabei spielen auch (unverarbeitete) Traumatisierungen von Eltern eine Rolle, vor deren Hintergrund sie widersprüchliche Verhaltensweisen und Signale dem Kind gegenüber zeigen und so ein desorganisiertes Beziehungsmuster beim Kind implementieren. Traumatisierungen besonders in früher Kindheit wirken sich ebenso zerstörerisch auf Bindungsmuster aus – bis hin zu einem völligen Verlust erwartbaren Bindungsverhaltens. Solche Menschen haben es aufgegeben, in anderen hilfreiche und schützende Beziehungspersonen zu finden. Traumatisierend können dauerhafte Verluste von Bezugspersonen sein, meist wiederholen sich solche Verluste im Laufe der Kindheit mehrfach: sie werden von Heim zu Heim, von einer Pflegefamilie zur nächsten gegeben, bei der hohen Personalfluktuation in Jugendhilfeeinrichtungen verlieren sie immer wieder Bindungspersonen usw. Verluste können aber auch durch Naturkatastrophen, Unfälle, Flucht und Vertreibung, Krieg und Verfolgung entstehen, als Verlust mehrerer Familienmitglieder oder des sozialen Umfelds. Besonders nachhaltig wirken

2.5 Objektbeziehungspsychologische Ansätze, Bindungstheorie

Traumata, die innerhalb des Beziehungskontextes der Bindungspersonen entstehen: durch sexuelle Übergriffe, physische und psychische Gewalt, Misshandlung, aber auch durch fortgesetzte Demütigung und psychische und körperliche Deprivation. Traumatische Erfahrungen durch Bindungspersonen ziehen meist schwerwiegende psychopatholoische Entwicklungen nach sich, es gibt Hinweise, dass der größte Teil gravierender narzisstischer Störungen und Persönlichkeitsstörungen darauf zurückzuführen sind (vgl. Brisch 2003, Fonagy et al. 2003).

D. W. Winnicott

Donald W. Winnicott untersuchte die Bedeutung der »mütterlichen Fürsorge« für einen Säugling, wobei er dem Vater in diesem frühen Entwicklungsstadium eher mütterliche Funktionen und Qualitäten zuschrieb. Insofern braucht der Säugling eine »Fürsorge der Umwelt« (Winnicott 1974, S. 62). Sie besteht zum einen in der Befriedigung physiologischer Bedürfnisse, die freilich von den psychischen Bedürfnissen noch nicht getrennt sind. Sie erfolgt zuverlässig und mit mütterlicher Empathie.

Zum anderen besteht die Fürsorge im »Halten«, »die eine Form der Liebe ist... vielleicht die einzige Art, wie eine Mutter dem Säugling ihre Liebe zeigen kann.« (ebd., S 63). Auch hier ist ein psycho-physischer interpersoneller Vorgang gemeint: Hautkontakt im Tragen, Wiegen, Wärmen, Liebkosen, in Pflegehandlungen etc. Durch diese Fürsorge entstehen erste Ich-Strukturen, die fortgesetzt gestützt werden und Kontinuität erhalten. Darüber hinaus ist auch ein psychisches Halten gemeint – untrennbar mit den physiologischen Vorgängen verknüpft – also ein Schutz des entstehenden Ich vor Reizüberflutungen, übermäßigen Ängsten, eine Hilfe bei der Moderation von Affekten.

Diese Fürsorge kann durch zwei entgegengesetzte Vorgänge unterbrochen werden:

Zum einen dann, wenn die Mutter den Bedürfnisäußerungen des Säuglings vorzeitig entgegenkommt. Mit zunehmender Reifung ist der Säugling in der Lage, seine inneren Bedürfnisspannungen durch Zeichen – Laute, Gesten, Mimik – deutlich zu machen. Unterbindet die Mutter diese Zeichen, indem sie zu früh weiß oder zu wissen glaubt, wessen der Säugling bedarf, so unterbindet sie die spontane Geste und verhindert eine differenzierende Separation. Der Säugling agiert dann nicht mehr, sondern kann nur noch reagieren, dies wäre der Beginn einer eingeschränkten Ich- und Selbstentwicklung.

Der andere Vorgang ist die (innere) Abwendung der Mutter, deren Fürsorge unterbrochen wird oder gänzlich unterbleibt oder nur mehr mechanisch, ohne emotionale Beteiligung erfolgt. Auch in diesem Fall *reagiert* der Säugling auf die Störung – mit Kompensations- und Abwehrvorgängen.

In der Regel ist der Säugling in der Lage, sich von solchen Unterbrechungen der mütterlichen Fürsorge wieder zu erholen und stabilisieren, wenn die Fürsorge der Umwelt wieder gelingt. Winnicott schreibt:

»Infolge einer geglückten mütterlichen Fürsorge wird im Säugling eine Kontinuität des Seins aufgebaut, die die Grundlage der Ich-Stärke ist. Die Folge jedes Versagens der mütterlichen Fürsorge ist hingegen, daß die Kontinuität des Seins durch Reaktionen auf die Folgen dieses Versagens unterbrochen wird, woraus eine Ich-Schwächung resultiert. Solche Unterbrechungen stellen eine Vernichtung dar, sie sind offensichtlich mit Schmerz von psychotischer Qualität und Intensität verbunden. Im Extremfall existiert das Kind nur auf der Grundlage einer Kontinuität von Reaktionen auf Störungen und von Erholungen von solchen Reaktionen. Dies steht in scharfem Gegensatz zur Kontinuität des Seins, die meine Auffassung von Ich-Stärke ist« (Winnicott 1974, S. 67).

Der von Winnicott beschriebene Vorgang wiederholter Kontinuitätsunterbrechung, die einer psychischen Vernichtung gleichkommt, hat traumatische Qualität. Die anschließenden Reaktionen versuchen, die Kontinuität wiederherzustellen – also das Trauma zu »reparieren« und die Fragmentierung, wie sie die Selbstpsychologie beschreibt, wieder zu einer Kohärenz zusammenzufügen. Im Grunde zeichnet Winnicott hier den Vorgang der Dissoziation nach.

Diesen Gedanken des Rhythmus aus traumatischen Einbrüchen und anschließender Erholung führt Masud Khan mit seinem Begriff des kumulativen Traumas weiter aus (▶ Kap. 4).

Bemerkenswert ist die Erkenntnis Winnicotts, dass nicht nur die Abwendung der Mutter, sondern auch ihre voreilige übermäßige Zuwendung, die Verwöhnung, die Kontinuität des Seins unterbrechen kann. Die Folgen übermäßiger Verwöhnung mit der entsprechenden Ich-Schwächung ähneln verblüffend den Traumafolgestörungen (vgl. Burchartz 2008).

> **Zusammenfassung**
>
> Von Beginn an beschäftigte sich die Psychoanalyse mit dem Trauma. Der Wechsel von der Traumahypothese für die Ätiologie der Neurosen zur Triebtheorie bedeutete einen Einschnitt im Traumaverständnis, wenngleich dies nicht einer Aufgabe der Traumahypothese gleichkam. Fortan gewannen vor allem ichpsychologische Aspekte Bedeutung, in denen die Zerstörung der Ich-Strukturen durch traumatische Reizüberflutung und die entsprechenden Bearbeitungs- und Abwehrmanöver untersucht wurden. In diesen Ansätzen sind wesentliche Grundlagen des heutigen Traumaverständnisses gelegt: Die Entwicklungsabhängigkeit, der Beziehungskontext, Resilienzfaktoren. Die heute noch gültigen und weitgehend schulenübergreifend anerkannten Prinzipen des psychoanalytischen Traumaverständnisses beschrieb Sandor Ferenczi in seinem bahnbrechenden Aufsatz: Eine auf zehn Seiten komprimierte Darstellung des Traumas durch sexuellen Missbrauch und andere Gewalterfahrungen. Dabei beschrieb er erstmalig die Identifikation mit dem Aggressor. Objektrelationale und bindungstheoretische Ansätze sind weitere Meilensteine in der Erschließung des psychoanalytischen Verständnisses kindlicher Traumatisierungen.

Literatur zur vertiefenden Lektüre

Bohleber, W. (2012): *Was Psychoanalyse heute leistet.* Stuttgart: Klett-Cotta.
Brisch, K. H. & Hellbrügge, T. (Hrsg) (2003): *Bindung und Trauma. Risiken und Schutzfaktoren für die Entwicklung von Kindern.* Stuttgart: Klett-Cotta.
Burchartz, A., Kallenbach, G. & Ondracek, I. (2023). Traumatisierung. In: Adler-Cormann, P., Röpke, C., Timmermann, H.: *Psychoanalytische Leitlinien der Kinder- und Jugendlichen-Psychotherapie.* 2., überarbeitete und stark erweiterte Auflage. Frankfurt a. M.: Brandes & Apsel. S. 459–522

Ferenczi, S (1933): Sprachverwirrung zwischen den Erwachsenen und dem Kind. Die Sprache der Zärtlichkeit und der Leidenschaft. In: Ferenczi, S: *Schriften zur Psychoanalyse Bd. II*, Gießen: Psychosozial 2004, S. 303–313.
Fischer, G. & Riedesser P. (2009): *Lehrbuch der Psychotraumatologie*. (4., aktualisierte und erweiterte Auflage). München: Ernst Reinhardt.
Hirsch, M. (2011): *Trauma*. Gießen: Psychosozial.
Rachman, A. W. (2012/1989): *Sprachverwirrung: Ferenczis Metapher für Kindesverführung und emotionales Trauma*. AKJP 156, XLIII. Jg, 4/2012, S. 439–463.

Weiterführende Fragen

- Welche Kritik wird an der Triebtheorie von S. Freud hinsichtlich des Traumaverständnisses geübt? Was ist daran berechtigt?
- Was trägt die ichpsychologische Sichtweise zum Traumaverständnis bei?
- Welche grundlegenden Erkenntnisse über Beziehungstraumatisierungen trug Ferenczi bei?
- Warum sind Verluste von Beziehungspersonen traumatisierend? Wie werden diese Traumata beschrieben?

3 Was ist ein Trauma?

»Da wo der Schmerz das Erträgliche übersteigt, die Psyche in Schock versetzt, das Gehirn und den Körper außer Gefecht setzt, wie ein Blitz unauslöschlich einschlägt: Dort wird der Schmerz augenblicklich zu einem Teil von uns. Das Erleben einer unerträglichen Qual wird in der Amygdala, einen der ältesten unserer Hirnteile, eingebrannt und strahlt von dort auf das Frontalhirn aus: Es wird dauerhaft festgehalten. Oft ist es eine Serie von Körper und Geist verstörenden Ereignissen, wobei jedes Ereignis die Erfahrung des Leids noch tiefer in das Gehirn und die Seele einbrennt« (Parens, 2017, S. 127; s. a. Hopf 2017, S. 83).

Henri Parens beschreibt in diesen paar Sätzen sehr eindringlich das Wesen des Traumas.

Nach psychoanalytischem Verständnis setzt sich ein Trauma zusammen aus drei Elementen:

- Einem Ereignis oder eine Serie von Ereignissen, die den Menschen meist unvorbereitet treffen und mit Lebensbedrohung oder Bedrohung der Integrität der eigenen Person, oftmals samt seiner bis dahin sicherheitsgebenden sozialen Bezüge einhergeht. Solche existenzbedrohenden Ereignisse vernichten Sicherheit in ihren verschiedenen Dimensionen. Das traumatische Ereignis kann von dem Betroffenen nicht kognitiv eingeordnet, verstanden oder bewältigt werden, es kann nicht in bis dahin erworbene Bedeutungszusammenhänge, in Sinnhaftigkeit, eingefügt werden.

Ein Jugendlicher ist mit dem Fahrrad abends auf dem Heimweg von einer Party. Er wird von einem Auto erfasst und auf einen Acker geschleudert, wo er bewusstlos liegenbleibt. Der Unfallverursacher begeht Fahrerflucht. Als der Jugendliche zu sich kommt, sieht er über sich den

3 Was ist ein Trauma?

Nachthimmel und wird von Verzweiflung überschwemmt: er ist überzeugt, dass er jetzt hier allein und hilflos sterben muss.

Ein vierjähriger Junge muss miterleben, wie seine Mutter nach einem Verlusterlebnis in eine schwere Depression fällt. Tagsüber liegt sie starr auf dem Sofa, nachts treibt es sie hinaus in die Kneipen, sie verfällt zunehmend dem Alkohol. Das Kind lebt in einer beständigen Angst, die Mutter – und damit den letzten Rest seiner Sicherheit – zu verlieren. Seinen Vater kennt er nicht, die beiden leben weitgehend isoliert von sozialen Bezügen. In seiner Angst versucht der kleine Junge – physisch und psychisch depriviert – die Mutter am Leben zu erhalten: er kann staubsaugen, Kaffee kochen und telefonieren.

- Das zweite Element des Traumas ist die Art und Weise, wie sich das bedrohliche Ereignis auf die psychische Organisation auswirkt. Diese Auswirkungen des Traumas sind abhängig vom Stand der Entwicklung, der psychischen Konstitution und dem sozialen Kontext. Wesentlich dabei ist, dass die bisherigen psychischen Strategien und Bewältigungsmuster, die Regulation von Angst und anderen Affekten, überfordert sind und zusammenbrechen. Als Resultat hat der Mensch keine Mittel mehr, sich der schädigenden Einflüsse zu erwehren – weder äußere des Protestes, der aggressiven Gegenwehr, der wirksamen Abwehr oder Abwendung des Ereignisses oder der Flucht, noch innere der Angstberuhigung, der Schmerzlinderung, noch soziale wie des Trostes, sicherheitsspendender Beziehungen, des Schutzes usw. Generelles und gemeinsames Merkmal dieser Auswirkungen ist überflutende, alles Innenleben ausfüllende Angst, Schrecken und Schock, Hilflosigkeit, meist gepaart mit einer enormen Wut, die aber nicht in zielgerichtete verändernde Handlungen umgesetzt werden kann. Häufig gehen mit dieser psychischen Situation auch psychosomatische Phänomene unterschiedlichen Schweregrades einher, von Reaktionen des vegetativen Nervensystems, anästhetischen Phänomenen bis hin zu psychisch induzierten Schmerzen (▶ Kap. 6.10). Der Verlust der angstregulierenden Möglichkeiten führt zu einem Zusammenbruch der Ich-Leistungen. Die Funktion der Signalangst wird zerstört, die Angst selbst wird dadurch zu einem bedrohlichen inneren Monster, welches »die Fähigkeit zu einer realistischen und situationsangemessenen Einschätzung der Bedrohung, nebst Planung und Einleitung von hilfreichen Verhaltensweisen« (Rosenberg 2010, S. 36) unterminiert. Hinzu kommt, dass die Angst möglicherweise frühere Bedrohungen aktiviert und sich daraus zusätzlich speist. Die Schutzlosigkeit, das Ausgeliefert-Sein bringt Interpretationsschemata wie etwa überlebensnotwendige Anpassungsversuche hervor, allerdings unter dem Verlust antizipatorischen Vermögens, sich wirksame Hilfe zu organisieren oder an eigene Fähigkeiten aktiver Bewältigung anknüpfen zu können. Auch dies eine häufige Beschreibung von Trauma-Opfern: Sie können nicht mehr »denken«, der Kopf sei wie gelähmt – ein umfassender Kontrollverlust, nicht nur in äußerer, auch in innerer Hinsicht. In der traumatischen Situation geht das Selbstgefühl verloren. Das Opfer »spürt« sich nicht mehr, das altersentsprechende Identitätsgefühl zerbröckelt, die eigene Person zerfällt in einzelne Fragmente, löst sich gewissermaßen auf. Traumatisierte Menschen beschreiben eine innere Leere und Fühllosigkeit, bei Beziehungstraumata auch das Gefühl, der Aggressor »sauge« gleichsam vampirisch das Gute, die »guten inneren Objekte«, aus einem heraus. Insbesondere im Fall des sexuellen Missbrauchs im familiären Kontext stellt sich zusätzlich die Angst ein, den »guten Teil« des Aggressors, also dessen Zuwendung, Liebe, Versorgung, Sicherheit usw. zu verlieren – meist wird diese Angst durch die »Identifikation mit dem Aggressor« in Schach gehalten (s. u.). Kompensatorisch kann sich das Opfer narzisstisch aufgewertet fühlen, sexuell bevorzugt, als »Komplize bzw. Komplizin« zu einem ödipalen Triumph verführt: ein beschämender Verrat auch an sich selbst, den noch unreifen Über-Ich- und Ich-Ideal-Strukturen.

Ein zwölfjähriges Mädchen wird von dem Freund der Mutter sexuell belästigt: Zungenküsse, intime Berührungen und schließlich erzwungener Geschlechtsverkehr. Das Mädchen, verwirrt von dem sie überwältigenden Geschehen, hat nicht nur Angst vor dem Mann, der ihr Entsetzliches androht, wenn sie etwas verrät, sondern auch Angst vor der Mutter, deren Reaktion sie befürchtet, wenn sie sich ihr anvertraut. Würde sie ihr glauben? Zu wem würde sie halten? So hält sie still und erstarrt zunehmend innerlich – wobei sich ihre Wut in autoaggressiven Handlungen äußert – sie beginnt, sich zu ritzen.

- Als drittes Element sind schließlich alle psychischen, physischen und sozialen Manöver anzusehen, mit denen der Mensch das Trauma versucht zu bewältigen, um das Selbst vor weitergehender Desintegration schützen. Solche Abwehrvorgänge sind »Not-wendige« psychische Überlebensmuster und deshalb wie alle Abwehr als kreative Leistung einer um die eigene Integrität kämpfenden Persönlichkeit anzuerkennen. Bei den Abwehrmanövern gegen den inneren Zusammenbruch infolge eines Traumas beobachten wir jedoch, dass sie nun sekundär zu weiteren Problemen führen, die den traumatischen Prozess vertiefen, zumal sie weitreichend in die Persönlichkeitsentwicklung eingreifen und psychisch strukturverändernd wirken. Wir sprechen von Traumafolgestörungen (▶ Kap. 6). Natürlich sind diese Störungen nicht unabhängig von den ersten beiden Elementen des traumatischen Prozesses zu verstehen (Burchartz 2021). Zwei davon setzen unmittelbar in der peritraumatischen Situation ein.

Die *Dissoziation* ist ein allen traumatischen Prozessen eigenes Phänomen. Sie bezeichnet im Kern ein Auseinanderreißen des Zusammenhanges von realer Situation und Affekten. Es kommt zu einem Abzug von Besetzungen sowohl des (Teil)Objekts als auch des Selbst. Damit spaltet sich das Selbst auf in Einzelteile – zunächst in den Teil, der das traumatische Erleben selbst erleidet und sich möglichst anästhetisch macht, und einen anderen Teil, der dieses Erleiden verleugnend von sich fernhält. Dieser andere Teil flüchtet sich in die vormals bestehende Sicherheit, in einen Zustand vor dem Trauma: »Das muss ein anderes Kind/ein anderer Mensch sein, dem das passiert, das bin nicht ich.« Die Dissoziation lässt sich auch verstehen als »Flucht nach innen«, nachdem die Flucht nach außen nicht möglich ist. Damit werden aber die Affekte vom Ich abgespalten, und je nachhaltiger und häufiger die traumatische Situation anhält, desto multipler werden die Abspaltungen und die einzelnen Rest-Persönlichkeitsanteile. Das reale Geschehen, unter der traumatischen Bedingung des Verlustes von Ich-Fähigkeiten, auch der Erinnerung und Rekonstruktion, wird auseinandergerissen, fragmentiert, in seinen Repräsentanzen verzerrt, verdrängt, fällt u. U. gar gänzlich der Amnesie anheim. Das geschieht umso nachhaltiger, je früher im Leben sich solche traumatischen Erfahrungen in die Psyche graben – insbesondere solange Lebenserfahrungen sich noch überwiegend im prozeduralen (impliziten) Gedächtnis niederschlagen. Übrig bleiben die Affekte, die nicht so leicht loszuwerden sind, sie werden in verschiedene Bereiche der Psyche verschoben, verknüpft mit neuen, anderen Elementen des Welt- und Objekterlebens und der inneren Repräsentanzen.

Ihre traumatische Herkunft wird auf diese Weise zwar unkenntlich gemacht, bildet aber für das Individuum wie für seine Umwelt alle rätselhaften und quälenden Qualitäten von psychischen und/oder psychosomatischen Symptomen.

Die *Introjektion* ist ein Vorgang, der zwischen der primitiven, überwiegend körperlichen (oralen) Inkorporation eines Objekts und dem reiferen Vorgang der Identifikation angesiedelt ist, welcher eine weitgehend sicher etablierte Unterscheidung zwischen Selbst und Objekt voraussetzt. Die Introjektion ist die psychische Hereinnahme eines Objekts in die Innenwelt des Subjekts, wobei das Objekt zunächst unassimiliert bleibt, noch keine Repräsentanzen bildet – dies geschieht erst sekundär in der Identifizierung mit diesem inneren Objekt. Gleichwohl wirkt natürlich auch die Introjektion strukturbildend.

Das introjizierte Objekt ist keine 1:1-Abbildung des realen äußeren Objekts, sondern immer eine Überarbeitung des Subjekts entlang seiner Ängste, Wünsche, Triebregungen. Es ist auch kein »ganzes« Objekt, sondern ein Teilobjekt – also der Aspekt, der für das Subjekt im Moment der Introjektion bedeutsam ist. Introjiziert wird eine *spezifische Beziehungserfahrung* mit dem Objekt.

Wenn das introjizierte Objekt dem Selbst überwiegend unerträglich, bedrohlich, verfolgend erscheint, gelingt keine Assimilation – das verfolgend »Böse« muss ausgestoßen, projiziert werden. Diesen Wechsel aus Introjektion und Projektion hat vor allem Melanie Klein eindrücklich beschrieben. »Die *Angst* vor dem *introjizierten* Objekt wirkt als *stetiger Antrieb* zur *Projektion*« (Klein 1928/2000, S. 191, Hervorhebg. M.K.) Die Ausstoßung kann einen manipulativen Charakter annehmen in der projektiven Identifizierung: Das Projizierte, verbunden mit unlustvollen, quälenden Affekten, wird im Inneren des Objekts untergebracht, um dieses unter Kontrolle zu bringen. Das verschärft die Problematik bei der anschließenden Re-Introjektion: das Subjekt muss nun die Rache des Objekts befürchten. Wichtig für das Verständnis traumatischer Introjektionen ist der ebenfalls von M. Klein betonte Aspekt, dass die frühen (inkorporierten oder introjizierten) Objekte konstitutiv für die Über-Ich-Bildung sind (Klein 1935/2000, S. 44).

Mit der Introjektion wird also eine spezifische Beziehungserfahrung mitsamt ihrer subjektiven Bedeutungsgebung aufgenommen, sie bildet im Inneren ab, was im Äußeren erlebt wird. Das Verhältnis von Introjekt und Ich entspricht dem vormals erlebten äußeren Verhältnis zwischen (Teil-) Objekt und Selbst. Das Introjekt übernimmt im Inneren die Rolle der dergestalt bearbeiteten Objektbeziehungserfahrung. Kernberg betont die affektive Besetzung dieses Vorgangs:

»Introjektion ist die früheste, primitivste und fundamentale Ebene in der Organisation von Internalisierungsprozessen. Sie ist die Reproduktion und Fixierung einer Interaktion mit der Umgebung mit Hilfe eines strukturierten Bündels von Gedächtnisspuren, die mindestens drei Komponenten enthält: 1. ein Objektbild, 2. ein Selbstbild in Interaktion mit diesem Objekt, und 3. die affektive Färbung sowohl des Objektbildes als des Selbstbildes unter dem Einfluss der Triebrepräsentanz zum Zeitpunkt der Interaktion« (Kernberg 1997, S. 25).

Beziehungserfahrungen, die den Menschen nicht grundsätzlich überfordern, führen zu Introjekten, die einem Assimilationsprozess in Form sekundärer Identifikationen unterliegen und somit zum Aufbau reifer Objekt- und Selbstrepräsentanzen beitragen.

Anders bei traumatischen Beziehungserfahrungen. Hier unterliegt die Introjektion unmittelbar den oben beschriebenen Abwehrprozessen der Dissoziation, der Spaltung, der primitiven Verleugnung. Eine Integration des Introjekts in die bisherige psychische Struktur muss per definitionem misslingen (sonst wäre das Geschehen nicht traumatisch), es bleibt als unassimilierter Fremdkörper in der Psyche bestehen bei gleichzeitiger mehr oder minder umfänglicher Regression der Ich-Strukturen. Unter der Wucht der existenziellen Bedrohung bleibt dem Subjekt – nach vielleicht einem anfänglichen protestierenden Aufschrei, der aber in seiner Ohnmacht nur weitere Angst evoziert – nichts übrig, als sich dem gewalttätig überwältigenden Introjekt zu unterwerfen – wie gleichzeitig dem so erlebten äußeren Objekt. Es bleibt aber nicht beim Erleiden der äußeren Gewalt – auch vom Täter geht eine projektive Identifizierung aus, mit der dessen eigene (unverarbeitete) traumatische, sadistische, gewalttätige, schuldhafte Anteile intrusiv im Opfer untergebracht werden. Diese überwältigende Entdifferenzierung von Selbst und Objekt untergräbt die Abgrenzungsfähigkeit. Das psychische Eindringen des Täters hat noch einen weiteren Effekt: Es beraubt das Opfer seines »Guten«.

»… der Aggressor (saugt sozusagen) ein Stück … des Opfers in sich ein. … ein Teil des Giftes wird einer anderen Person implantiert (von nun an hat jene Person mit den Unlustaffekten zu kämpfen…), zugleich annektiert der Aggressor … die naive, angstlose, ruhige Glückslage, in der bis dahin das Opfer lebte« (Ferenczi 1932, S. 124).

Da unter den dissoziativen Prozessen auch die narzisstische Regulierungsfähigkeit verloren geht, sind schwere Selbstwertprobleme, Schuld- und Schamgefühle die Folge. »Im weiteren Verarbeitungsprozess kommt es sodann zu unreifen, d. h. globalen und rigiden sekundären Identifikationen des Ichs mit diesen (Introjekten), nicht trotz, sondern paradoxerweise aufgrund der Unmöglichkeit zur Integration.« (Rosenberg 2010, S. 25). Mit anderen Worten: Das traumatische Introjekt kann nicht symbolisiert werden, es kann auch nicht gänzlich projiziert werden, vielmehr lagern sich Ich-Anteile identifikatorisch an das Introjekt an. Zudem enthält die Identifizierung mit dem traumatischen Introjekt, Ferenczi nannte es die Identifikation mit dem Aggressor, den Versuch einer narzisstischen Regulation: Indem sich Ich-Anteile mit dem Introjekt verbünden, nehmen sie Teil an dessen machtvoller Überlegenheit – hier dürfte der Ursprung dafür liegen, dass Opfer traumatischer Gewalt später signifikant häufig zu Gewalt neigen. (Das konnte z. B. in einer neueren Studie von Yendell, Clemens, Schuler & Decker, 2023, nachgewiesen werden).

Durch diese traumatische sekundäre Identifikation kann das Opfer eine Verbindung zum Täter aufrechterhalten. Dies ist insbesondere dann zu beobachten, wenn es sich um eine Traumatisierung innerhalb einer bedeutsamen Beziehung – etwa im innerfamiliären Kontext – handelt, in welcher das Opfer von eben dem Objekt weitgehend abhängig ist, von dem die traumatische Überwältigung ausgeht. Ein Teil des Ich verbündet sich mit dem Introjekt und ist sich einig mit diesem, dass der andere, der unterworfene und abgespaltene Teil zu Recht sadistisch behandelt wird. Auf diese Weise ereignet sich eine Introjektion der Schuld des Täters (vgl. Ferenczi, s. o.), ein Vorgang, womit die liebenden, fürsorglichen Aspekte des Objekts freigehalten werden von den schuldhaften und grausamen Anteilen der Überwältigung. Aufgrund dieser Spaltungsprozesse wird das

Introjekt nun nicht allein zu etwas Fremdartigem im psychischen Leben und Erleben, es wird auch zu etwas Eigenem, an dem mangels reifer Symbolisierungs- und Mentalisierungsprozesse festgehalten werden muss. Nur so lässt sich das Gefühl von Macht und Kontrolle aufrechterhalten. Wo aber in der psychischen Struktur wird das traumatische Introjekt abgelegt? Ferenczi nimmt an, dass es sich in der Über-Ich-Struktur einnistet. Rosenberg (2010) erweitert diese Sichtweise um den Aspekt des Ich-Ideals. Wie wir gesehen haben, dient die Introjektion auch der Abwehrfunktion, Teile des Selbst zu retten, indem die phantasierte Teilhabe an der Macht und Überlegenheit des Aggressors eine narzisstische Regulationsfunktion übernimmt. Das Ich-Ideal wird also mit der narzisstischen Kompensation – Macht, Stärke, Überlegenheit, Gewalt anstelle von Ohnmacht, Hilflosigkeit, Schwäche und Unterwerfung – aufgeladen. Damit ergibt sich eine komplexe Psychodynamik, in der sich Über-Ich und Ich-Ideal wechselseitig ergänzen, aber auch in Schach halten können und vor allem das Ich in größte Verwirrung stürzen. Jedenfalls wird unter dieser Sichtweise plausibel, weshalb Patienten – nicht nur unter Bindungsaspekten – an der Identifikation mit dem traumatisierenden Introjekt hartnäckig festhalten und gegen entsprechende Deutungen immun zu sein scheinen.

Zusammenfassung

Das Trauma setzt sich aus drei Elementen zusammen:

- Einem Ereignis, das physisch und/oder psychisch die Existenz bedroht und überflutende Angst hervorruft.
- Dem Zusammenbruch der Bewältigungsmöglichkeiten des Individuums. Der Reizschutz wird durchbrochen, das Ich seiner regulatorischen Funktion beraubt.
- Psychische, physische und soziale Manöver, »Notmaßnahmen«, mit denen sich der Betroffene vor weiteren Dekompensationen schützt, die aber schwere Folgeprobleme nach sich ziehen. Als wesentlich

sind hier zu nennen: Dissoziation, Introjektion und Identifikation mit dem Aggressor.

Literatur zur vertiefenden Lektüre

Rosenberg, F. (2010): *Introjekt und Trauma. Einführung in eine integrative psychoanalytische Traumabehandlung.* Frankfurt: Brandes & Apsel.

Wöller, W. (2011): *Trauma und Persönlichkeitsstörungen. Psychodynamisch–integrative Therapie.* Stuttgart: Schattauer.

Weiterführende Fragen

- Warum kann man von der Qualität eines Ereignisses her allein nicht auf eine Traumatisierung schließen?
- Warum ist es sinnvoll, statt von »Trauma« von »Traumatisierung« zu sprechen?
- Was wird in der Dissoziation »dissoziiert«?
- Welche verschiedenen Wirkungen gehen von Über-Ich-Introjekten und Ich-Ideal-Introjekten aus? Welche Wechselwirkungen lassen sich beschreiben?
- Wie greifen Dissoziation und Introjektion in den Bewältigungsversuchen einer Traumatisierung ineinander?

4 Formen der Traumatisierung in Kindheit und Jugend

4.1 Definitionen und Differenzierungen von Traumata

Um das Trauma zu definieren, sind mehrere Zugänge möglich: Etwa von der neurobiologischen und physiologischen Sichtweise aus. Die »unterbrochene Handlung« in der peritraumatischen Situation (die spontanen Reaktionen der Aggression oder der Flucht werden gestoppt, der Handlungsablauf wird eingefroren) zieht eine Reihe antagonistischer motorischer Zustände nach sich, Verspannungszustände, die sich auch auf innere Organe, Bandscheiben, Atmung auswirken und zu diffusen Schmerzzuständen, psychosomatischen Erkrankungen des Herz-Kreislaufsystems und/oder des Gastrointestinaltraktes führen können. Solche motorisch-biologischen Vorgänge werden auch als »motorische Dissoziation« bezeichnet. Diese verfestigten körperlichen Reaktionsschemata lassen sich als körperliche Repräsentation des Traumas begreifen, sie sind im »Körpergedächtnis« niedergelegt (vgl. Fischer & Riedesser 2003 S. 118 ff).

Eine normale Stressreaktion setzt neurobiologische Vorgänge in Gang, die in der Regel über neue Verbindungen und Veränderungen in bisher bestehenden neuronalen Verschaltungen eine verbesserte Adaptationsfähigkeit des Gehirns bewirken. Dabei spielt das HPA, die sog. Stressachse Hypothalamus – Hypophyse – Nebennierenrinde und Nebennierenmark, eine entscheidende Rolle: sie bewirkt die Ausschüttung von Cortisol, das für eine erhöhte psychophysische Aktivierung (im Dienste der Stressbewältigung) sorgt. Im Regelfall kann das sich entwickelnde kindliche Gehirn mit Hilfe dieser (und anderer) neurobiologischen Vorgänge aus der

4.1 Definitionen und Differenzierungen von Traumata

stressbedingten Destabilisierung eine neue Stabilität mit einer erweiterten Regulationsfähigkeit erwerben.

»Gelingt es einem Kind jedoch nicht, auf diese Weise einen Ausweg aus einer immer bedrohlicher werdenden Situation zu finden, so führt die mit der anhaltend unkontrollierbaren Streßreaktion einhergehende Destabilisierung über kurz oder lang zum Zusammenbruch seiner integrativen (neuronalen, endokrinen und immunologischen) Regelmechanismen und damit zur Manifestation unterschiedlicher körperlicher oder psychischer Störungen« (Hüther 2003, S. 101 f).

Das traumabedingte Erregungsmuster lässt sich nicht mehr abbauen oder integrieren, stattdessen wird es immer wieder assoziativ aktiviert (»flashbacks«). Langfristig kommt es zu schweren Beeinträchtigungen der emotionalen, perzeptiven, kognitiven und sozialen Regulationsfähigkeiten, »die basale Aktivität und die Aktivierbarkeit der HPA-Achse (wird) permanent unterdrückt.« (Hüther 2003, S. 103; vgl. Hüther 2002; Steiner & Krippner, 2006, S. 47 ff; Perry et al, 1998). Ein durch nicht regulierbaren Stress *ständig erhöhter Cortisol-Spiegel* schädigt langfristig das Immunsystem und ruft Zellveränderungen hervor. »Traumatische Engramme sind an die Physiologie des jeweiligen Erregungszustandes gekoppelt. So entsteht die Repräsentanz dessen, was wir unter einem neuro-kognitiven Gesichtspunkt als *Traumaschema* ... bezeichnen« (Fischer &Riedesser 2003, S. 122).

Eine Definition von der psychologischen Zugangsweise aus berücksichtigt die verschiedenen Ebenen des traumatischen *Prozesses* (▶ Kap. 2 und ▶ Kap. 3). Eine solche Definition finden wir z.B. bei Fischer und Riedesser:

Das psychische Trauma ist ein »*vitales Diskrepanzerlebnis zwischen bedrohlichen Situationsfaktoren und den individuellen Bewältigungsmöglichkeiten, das mit Gefühlen von Hilflosigkeit und schutzloser Preisgabe einhergeht und so eine dauerhafte Erschütterung von Selbst- und Weltverständnis bewirkt*« (2003, S. 82, Hervorhebg. F. & R.). Aus psychoanalytischer Sicht möchte ich dieser Definition folgenden Gesichtspunkt hinzufügen: *Dadurch wird ein psychodynamischer traumatischer Prozess in Gang gesetzt, mit Hilfe dessen der Betroffene sein psychisches Überleben zu sichern versucht, dies jedoch unter weiteren sekundären Funktions- und Persönlichkeitsstörungen und einhergehend mit psychopathologischen Symptomen.* Ich halte diese Erweiterung deshalb für wichtig, weil die sog. Traumafolgestörungen meiner Auffassung nach Teil des Traumas sind.

In der Psychotraumatologie unterscheiden wir zwischen zwei Arten von Traumatisierungen: Solchen, die akut und einmalig erfolgen (Monotraumatisierung oder Typ I-Trauma), für die sich der Begriff der Akuttraumatisierung etabliert hat und die sich meist gut mit den Kriterien des PTBS, der Posttraumatischen Belastungsstörung (ICD 11 6B40) beschreiben lassen. Die zweite Art sind solche, die sich wiederholen oder über einen längeren Zeitraum hinziehen (Typ II-Trauma; ICD 11 6B41, Komplexe Posttraumatische Belastungsstörung, kPTBS) – dazu gehört z. b. die »sequenzielle Traumatisierung« (Keilson 1979; ▶ Kap. 4.4).

Eine weitere Unterscheidung wird getroffen zwischen einem Trauma, das gleichsam schicksalhaft über den Menschen kommt: Naturkatastrophen, Unfälle, Krieg, Flucht und Vertreibung und einer Traumatisierung, die sich in Beziehungen zu Menschen ereignet, welche aus dem personalen Umfeld des Kindes oder des Jugendlichen stammen und auf die das Opfer angewiesen ist. Diese Formen der Traumatisierung wurden auch als »kumulatives Trauma« (Khan 1977/1963) beschrieben (▶ Kap. 4.4).

Die Auswirkungen länger andauernder Beziehungstraumata insbesondere in früher Kindheit (Gewalt, sexueller Missbrauch, Vernachlässigung, Missachtung usw.) und die komplexen Störungsbilder, die daraus resultieren, lassen sich mit den Kriterien der einfachen PTBS nur ungenügend, wenn überhaupt, erfassen. Diese Formen werden auch als Typ-III-Trauma mit der Folge einer »Komplexen posttraumatischen Belastungsstörung« (codiert als kPTBS im ICD 11 6B41)« bezeichnet.

Weitere Unterscheidungen (vgl. Fischer & Riedesser 2003) können getroffen werden hinsichtlich:

- Des Schweregrads der traumatischen Faktoren (der schwer »objektiv« zu fassen ist), hierher gehören auch Formen der Extremtraumatisierung.
- Der Betroffenheit: Das Miterleben von traumatischen Situationen anderer, insbesondere von Angehörigen, kann selbst traumatisierende Wirkung haben (ebenfalls in ICD 11 6B40 erfasst). Auch die unbewusste oder verschwiegene Präsenz traumatisierender Ereignisse im Leben von Eltern kann auf ein Kind mittelbare traumatische Auswirkungen haben.

- Der Verschiedenheit von verursachenden Situationen: etwa Bedrohung des eigenen Lebens, Beobachtung von Gewalt, Verlust usw. Im Kindes- und Jugendalter sind diese Unterscheidungen nur eingeschränkt brauchbar. So ist etwa das Erleben von Gewalt zwischen den Eltern für ein Kind ebenso existenzbedrohlich wie Gewalt gegen die eigene Person, beides wird extreme Verlustängste hervorrufen.
- Des Verhältnisses zwischen Opfer und Täter: eine für das Kindes- und Jugendalter entscheidende Differenzierung (»Beziehungstrauma«, s. o.)
- Spezifischer Situationen. Bedeutsam erscheint mir hier die Situation erzwungener »negativer Intimität« zu sein, die insbesondere bei Vergewaltigung und sadistischen Übergriffen typisch ist: »Kennzeichnend ist das Eindringen in die Privatsphäre oder die Person selbst, das ein Gefühl der Beschmutzung und des Ekels hervorruft« (Fischer & Riedesser 2003, S. 139).

4.2 Akuttraumatisierungen

Die bisher angeführten nosologischen Unterscheidungen sind in ihrer Brauchbarkeit für die Beschreibung und das Verstehen von Traumatisierungen im Kindes- und Jugendalter m. E. begrenzt.

Zum einen muss man konstatieren, dass jegliche Traumatisierung im Kindesalter immer auch einen Beziehungsaspekt enthält, denn sie erschüttert das Gefühl von Geborgenheit, Sicherheit und Schutz, das für die psychische Entwicklung eines Kindes unabdingbar ist. Die Grundlage psychischer Gesundheit ist das Urvertrauen (Erikson), gemäß der Bindungstheorie die sichere Bindung. Das gilt nicht nur für die unmittelbaren personalen Beziehungen, sondern auch für die Welterfahrung überhaupt.

Für ein Kind, namentlich in der »magisch animistischen Phase« der perzeptiv-kognitiven Entwicklung (Piaget) mit dem dafür typischen egozentrischen Weltbild, sind die Dinge, die es umgibt, belebt, beseelt, ihnen wird ein eigenes mentales Wirken und eine Absicht zugeschrieben. Von ihnen kommen gute, beglückende Wirkungen, aber auch böse und bedrohliche.

Beides meint das Kind mit seinen Wünschen magisch beeinflussen zu können. Gegen die bedrohlichen Aspekte der Welt gibt es einen mächtigen Schutz: Die Eltern, die so viel größer und wissender sind als das Kind. Die Größe und Stärke, die das Kind den Elternimagines zuschreibt, sind notwendige und entwicklungsfördernde Illusionen, denen sich das Kind mit seiner Kleinheitserfahrung anvertrauen kann, nur so wird sich ein Gefühl des Geschützt- und Geborgen-Seins seelisch verankern können.

Jegliche Traumatisierung im Kindesalter ist eine Erschütterung dieses Grundgefühls, eine Zerstörung der Vertrauensbasis in eine ausreichende Sicherheit der kindlichen Welt, ein Bruch, eine Wunde, die nur schwer heilt und meist als seelische Narbe bleibt.»Auch bei leichteren Formen der Traumatisierung finden wir ein ähnliches im Unbewussten verankertes Gefühl von der schützenden Macht der Eltern oder – wenn diese auf das »Schicksal« projiziert worden ist – von allen guten Mächten verlassen worden zu sein.« (Bohleber, 2020, S. 68). Geht diese Basis eines Urvertrauens verloren, und gelingt es dem Kind nicht, sie wieder aufzubauen, dann wird es dauerhaft in einem altersentsprechenden Explorationsverhalten eingeschränkt bleiben. Trennungsprobleme, Angststörungen, Mängel in der Symbolisierungsfähigkeit und umfängliche psychosomatische Regressionen können die Folge sein.

> Ein vierjähriger Junge erlebt einen schweren Gewittersturm im Haus seiner Familie. Blitze zucken unaufhörlich, die Donnerschläge sind ohrenbetäubend, in der Umgebung werden Bäume entwurzelt, Antennen und Dachziegel fliegen durch die Luft. Die Eltern sind in Panik: Der Vater stemmt sich gegen die wetterzugewandte Fensterfront, um zu verhindern, dass die Scheiben vom Sturm eingedrückt werden, die Mutter bringt die Kinder in den anderen Trakt des Hauses, wo sie sich angstvoll zusammenkauern.
>
> In der Folge entwickelt der Junge eine Angststörung. Er weigert sich, aus dem Haus zu gehen, verliert die Lust am Spielen und kauert stattdessen ängstlich im Zimmer und starrt auf die Bäume draußen, ob sich deren Blätter bewegen. Bei stärkeren Geräuschen zuckt er zusammen und reagiert panisch. Auch die Spaziergänge mit dem Vater, die ihm vormals so viel Freude gemacht haben, verweigert er.

4.2 Akuttraumatisierungen

Das angsterregende Naturereignis, das der Vierjährige in seine bisherige Welterfahrung nicht integrieren konnte, wirkte traumatisch. Das Kind erlebte eine subjektiv lebensbedrohliche Situation, seine Bewältigungsmöglichkeiten waren überfordert. Zugleich erlebte er auch, dass sein Vater, der starke und schützende Pol der Familie, den er idealisierte und mit dem er sich identifizierte, nun selbst in Panik geriet. Vor einer solchen Wucht kann nicht einmal ein starker Vater schützen, und die Mutter konnte auch nicht beruhigen, eher musste sie selbst beruhigt werden. Erschüttert wurde also auch das Vertrauen in schützende Beziehungen.

Wir können an diesem Beispiel sehen, dass Akuttraumatisierungen in der Kindheit immer auch einen Beziehungsaspekt haben. Ähnliches gilt für das Jugendalter.

Erinnern wir uns an den 17-jährigen Jugendlichen im ersten Fallbeispiel in Kapitel 3. Der Unfall, die Lebensbedrohung, wirkte traumatisch, ebenso das Gefühl der grenzenlosen Einsamkeit und Hilflosigkeit. In der Folge entwickelte der Adoleszente ein ausgeprägtes Misstrauen in alle Beziehungen. Er wies Freunde und Freundinnen zurück, konnte nicht mehr in die Schule gehen und verwickelte sich mit seinen Eltern in ständige aggressive Auseinandersetzungen aus nichtigen Gründen. Er schwankte zwischen Anklammerung und Flucht aus Beziehungen, zwischen infantiler Abhängigkeit und der Grandiosität, niemanden zu brauchen. Das Vertrauen in eine haltende, kontinuierliche und stabile Objektwelt war schwer erschüttert, und damit die Kontinuität des Seins (Winnicott). Letztlich konnte er auch nicht mehr auf stabile innere Objektrepräsentanzen zurückgreifen – das »gute innere Objekt« ist »verstummt« (Bohleber 2012, S. 114; vgl. auch Hirsch 2004, S. 57 ff).

4.3 Chronische Traumatisierung in familiären Beziehungen

4.3.1 Trennungstraumata

Das Säuglings- und Kleinkindalter ist geprägt von der grundlegenden Bedingung einer weitgehenden, nur allmählich sich zurückbildenden Hilflosigkeit und damit einhergehend einer Abhängigkeit von Bezugspersonen. Auch der »kompetente« Säugling ist auf Resonanz und Fürsorge (im Winnicott'schen Sinn) angewiesen. Der Mensch, eine »habituelle Frühgeburt« (Portmann 1952), braucht deshalb in seinem ersten Lebensjahr ein Beziehungsmilieu, das die intrauterine Situation mutatis mutandis nachbildet. Auch über das erste Lebensjahr hinaus, wenn das Kind durch motorische und symbolische Reifungsprozesse unabhängiger von den Beziehungspersonen wird, benötigt es einen »sicheren Hafen«, die Möglichkeit einer Wiederannäherung im Verlauf von Separationsvorgängen (Mahler 1968, Mahler, Pine & Bergmann 1980). Trennungen sind deshalb in der kindlichen und jugendlichen Entwicklung ein zentrales Thema, an dem sich psychische Stabilität und Kontinuität oder Diskontinuitäten bis hin zu traumatischen Fragmentierungen entscheiden. Wenn dem Kind Beziehungspersonen nicht in ausreichendem Maße zur Regulation seiner körperlichen, psychischen und affektiven Vorgänge zur Verfügung stehen, so sind die Folgen mit dem Begriff der Verlustangst nur unzureichend beschrieben – vielmehr führt dies in einen Zustand von Existenzangst, Panik und Verzweiflung, in dem die gesamte psycho-physische Existenz auf dem Spiel steht; eine Todesbedrohung – die so freilich nicht repräsentiert ist, sehr wohl aber implizit erlebt wird (vgl. Grossmann & Grossmann, 2014). Auch Früh- und Risikogeburten können für das Baby eine traumatische Bedrohung darstellen, mit den entsprechenden frühen Abwehrmechanismen wie z. B. Dissoziationen, die häufig unbeachtet bleiben oder missverstanden werden (Gurschler 2021, Wilken 2021).

Die Folgen solcher Trennungen haben viele psychoanalytische Autoren wie Spitz, Anna Freud, Green, Bowlby, und andere sehr eindrücklich beschrieben (▶ Kap. 2.5).

4.3 Chronische Traumatisierung in familiären Beziehungen

Nicht integrierbare Verlust- und Trennungserfahrungen graben sich als traumatische Spuren tief in Körper und Psyche des sich entwickelnden jungen Menschen ein – und zwar umso gravierender, je früher sie erfolgen und je unreifer das Ich zu ihrer Bewältigung ist. (vgl. Leuzinger-Bohleber 2017). Schwere Trennungstraumata werden auch als Deprivation beschrieben (▶ Kap. 4.3.2)

Ein heute 13-jähriger Junge war in früher Kindheit in schwerer Verwahrlosung und Vernachlässigung aufgewachsen. Der Vater hat die Familie bald nach der Geburt verlassen und will von seinem Sohn bis heute nichts wissen. Die drogenabhängige Mutter konnte den elementaren Bedürfnissen des Kindes nicht entsprechen. Nach der Herausnahme des Jungen aus dem verwahrlosten Haushalt durch das Jugendamt folgten mehrere Versuche, ihn in Pflegefamilien unterzubringen – die aber sämtlich vor seinem aggressiven und dissozialen Agieren kapitulierten. Ständig wiederholte Trennungen waren die Folge, auf die der Junge mit der Verstärkung seiner Symptome reagierte. Endlich nahm eine Jugendhilfeeinrichtung den Jungen auf. Hier entwickelte er ein markantes Symptom: er pinkelte regelmäßig auf seinen Teppich und verbreitete so im ganzen Haus einen infernalischen Gestank, mehrmals musste sein Zimmer grundlegend renoviert werden. In diesem Symptom verdichten sich zwei Tendenzen: Zum einen stellt er einen Bezug zur frühesten mütterlichen Umwelt her – der warmfeuchten Windel, die der mütterlichen Fürsorge zugehört, zum anderen hält er sich die als verfolgend empfundenen Aspekte der Mutter, hier stellvertretend in den pädagogischen Betreuern aufscheinend, und schließlich auch die rivalisierenden »WG-Geschwister«, vom Leib.

»Dissoziale Menschen haben in der frühen Kindheit ebenso wie im weiteren Verlauf ihres Lebens zum Teil schwerste Verlust- und Mangelerfahrungen durchgemacht. Diese Beeinträchtigungen sind als existentielle Bedrohung erlebt worden und haben zu einem z.T. extremen den gesamten Bezug zur Umwelt prägenden Misstrauen anderen Menschen gegenüber geführt… (es) haben sich in diesen Menschen im Verlaufe der Zeit ungeheure Wünsche und Ansprüche angestaut und sie sind von einem unstillbaren Hunger nach Zuwendung und Bestätigung erfüllt. Zugleich bestehen bei ihnen aber auch große Ängste vor jeder intensiveren mitmenschlichen Nähe und Verbindlichkeit, so dass man von einem

›Sehnsucht-Angst-Dilemma‹ (Burnham 1969) sprechen kann« (Rauchfleisch 2008, S. 141f).

Trennungen sind aber nicht per se traumatisch. Eine entwicklungsentsprechende, phasentypische Separation von den primären Bezugspersonen, zumeist der Mutter, ist für die psychische Gesundheit unabdingbar (vgl. Winnicott ▶ Kap. 2.5). Die Erfahrung, dass das bedürfnisbefriedigende Objekt nicht jederzeit und nicht umfänglich zur Verfügung steht, führt beim Kind zu einer Phantasietätigkeit, die Freud so beschrieben hat: Das Kind strebt nach einer halluzinatorischen »Wahrnehmungsidentität« der bedürfnisbefriedigenden Situation, die es eine Zeitlang aufrechtzuerhalten in der Lage ist, bis die tatsächliche Befriedigung eintritt. (Freud 1899/1900a, S. 571). Es schiebt sich also zwischen die »Magie« der primären Einheit von Mutter und Säugling, dem Primärprozess, ein zweiter Prozess, der mittels Phantasietätigkeit zunächst das Ausbleiben der unmittelbaren Wunsch- und Bedürfniserfüllung aushalten lässt: der »Sekundärprozess«. Dieser Sekundärprozess erschafft einen trennenden Zwischenraum und ist Ursprung von Phantasietätigkeit und Symbolisierung. Ein voreiliges Entgegenkommen unterbindet diesen notwendigen Entwicklungsprozess. Eine Verwöhnungshaltung der Mutter, die immer schon vorher zu wissen glaubt, was jetzt unmittelbar zu tun ist und selbst diesen trennenden Zwischenraum nicht erträgt, beeinträchtigt die Herausbildung einer elementaren psychischen Funktion und trägt letztlich zu einer Schädigung der Kreativität und des Selbstwirksamkeitserlebens des Kindes bei – im ungünstigen Fall mit Folgen, die denjenigen einer traumatischen Überflutung mit Angst ähneln. *Entwicklungsverträgliche* Trennungs- und Separationsvorgänge sind unabdingbare Voraussetzung für die Entstehung basaler psychischer Funktionen wie Symbolisierung, Mentalisierung und Affektsteuerung.

Ein zweiter Prozess ist für eine entwicklungsfördernde Separation unerlässlich: Die Triangulierung. Neben Mutter und Kind gibt es einen Dritten, in der Regel der Vater oder eine andere Bezugsperson. In der Väterlichkeit dieses Dritten erschient zweierlei: Zum einen ermöglicht er eine andersgeartete Beziehung als die zur Mutter, er stellt damit eine Sicherheit zur Verfügung, welche Trennungsängste abmildert, Aggressionen, die aus Versagungen entstehen, abfedert, eine andere körperliche

4.3 Chronische Traumatisierung in familiären Beziehungen

Empfindung ermöglicht und letztlich eine Fremdheitserfahrung zugleich erzwingt und begleitet. Vom Arm oder den Schultern des Vaters aus sieht die Welt, auch die Mutter anders aus, die Perspektive wechselt.

Zum anderen erhebt der Vater (oder der väterliche Andere) einen eigenen Anspruch auf die Mutter als seiner Partnerin, begrenzt also die grandiose Illusion des Kindes, die Mutter gehöre ganz ihm. Auch hier ist entscheidend, dass die Begrenzung durch den Vater in eine liebevolle Beziehung eingebettet ist.

Triangulierung beruht auf der triadischen Struktur der Psyche (Lang 2011, insbesondere S. 44 ff) und findet intrapsychisch immer statt, selbst wenn der Vater physisch fehlt, denn auch um einen fehlenden Vater ranken sich Phantasien, Sehnsüchte, innere Bilder oder auch Ängste. Eine defizitäre oder »negative« Triangulierung bzw. triadische Struktur wie im Fall eines gewalttätigen Vaters bedeutet eine schwere Beeinträchtigung der kindlichen Entwicklung.

Eine gelungene Triangulierung hilft also dem Individuum, solche »Zwischenräume« zu erschaffen, wo eine individuelle Reifung möglich ist, eine aktive Auseinandersetzung mit der Welt der Objekte und Dinge gefördert wird anstatt einer unterwerfenden Anpassung an die psychophysischen Vorgaben der Beziehungsobjekte. Dieser »Zwischenraum«, der sich zunächst ganz in den »äußerlichen« Beziehungen konstelliert, wird im Laufe der Entwicklung internalisiert und bildet die Basis für verlässliche innere Objekte, für Trieb- und Affektrepräsentanzen und ermöglicht es dem reifenden Ich, zunehmend gekonnt zwischen Innen und Außen, zwischen Wunschregungen, Triebansprüchen und Anforderungen der Realität zu vermitteln und ich- und sozialverträgliche Abwehren zu bilden (näheres zur Triangulierung vgl. Garstick, 2019).

In der Regel verlaufen diese Entwicklungen mit einigermaßen psychisch gesunden Eltern, einem liebevollen Beziehungsmilieu und vielfältigen sozialen Bezügen mehr oder weniger unbewusst. Eine solchermaßen »fördernde Umwelt« (Winnicott 1974) erscheint allen Beteiligten als selbstverständlich und muss nicht täglich neu reflektiert werden. Aber dieser Prozess kann auch empfindlich gestört werden: durch äußere Einflüsse, unlösbare innere Konflikte, traumatische Vorerfahrungen der Eltern, Schicksalsschläge usw. Gelingt es dann den Beteiligten nicht, gesunde Separationsprozesse wieder aufzurichten, Verluste trauernd zu verarbeiten,

Konflikte verträglicher zu balancieren, traumatische Belastungen aufzulösen, dann können Trennungen nicht mehr verkraftet werden und mutieren zu traumatischen Eingriffen in die Entwicklung. Das gilt auch für rasante gesellschaftliche Brüche und Umbrüche wie etwa den Zusammenbruch der DDR, samt Verlust bisheriger Werte, Orientierungen und sozialem Ort – die, obwohl herbeigesehnt, doch traumatische Spuren nicht nur im Individuum, sondern auch in Gemeinschaften hinterlassen können. Insbesondere die vulnerable Identitätsentwicklung Adoleszenter kann darunter leiden oder unvollständig bleiben (Horzetzky 2009).

4.3.2 Psychische Vernachlässigung, Deprivation

Eine Sonderform des Trennungs- oder Verlusttraumas ist die Vernachlässigung durch den *Entzug elementarer psychischer Bedürfnisbefriedigung*. Diese Kinder leiden darunter, dass ihnen über einen längeren Zeitraum die affektive Zufuhr durch Bezugspersonen, in frühen Entwicklungsstadien insbesondere der Mutter, fehlt. Die mangelnde affektive Besetzung des Säuglings oder Kindes aber lässt sich nicht isoliert betrachten. Auch wenn solche Kinder leidlich ernährt und gepflegt werden, so fehlt ihnen doch die Stimme, die Sprache der Mutter, es fehlen ihnen sensorische Reize, Hautkontakt, Bewegungsabläufe und motorische Herausforderungen, kurz, fast alles, was zu einer gesunden Entwicklung beiträgt. Für dieses Syndrom hat sich der Begriff der Deprivation etabliert (von lat. deprivare: berauben).

René A. Spitz hat aufgrund seiner Beobachtungen in einem Säuglingsheim und einem Findelhaus das Krankheitsbild des Entzugs der mütterlichen Zuwendung »anaklitische Depression« genannt. Die Säuglinge wurden im Säuglingsheim, einer Einrichtung für Babys von straffälligen Müttern, von ihren Müttern (oder einer Ersatzmutter) gestillt, gewickelt, umsorgt und liebkost und entwickelten sich in den ersten sechs Monaten gut. Dann folgte aufgrund äußerer, organisatorischer Gründe eine Trennung von den Müttern und eine weitere Betreuung durch Pflegepersonen, die aber keinen intensiven emotionalen Kontakt zu den Kindern aufnehmen konnten. Spitz beobachtete folgende Abfolge von Reaktionen:

4.3 Chronische Traumatisierung in familiären Beziehungen

Die Kinder wurden weinerlich, gingen anschließend zu einer Kontaktverweigerung über.

»Die Kinder lagen dann meist auf dem Bauch in ihren Bettchen, den Kopf weggewendet und weigerten sich, an dem Leben ihrer Mitwelt Anteil zu nehmen. Wenn wir uns näherten, wurden wir meistens nicht beachtet, obwohl manche Kinder uns mit suchendem Ausdruck beobachteten. Wenn wir auf der Annäherung bestanden, fingen sie an zu weinen, manchmal auch zu schreien« (Spitz 1996, S. 280f).

Während dieser Zeit setzte ein Stillstand, in manchen Fällen ein Rückschritt in der allgemeinen Entwicklung ein. Schlaflosigkeit, Anfälligkeit für Infektionen, Essstörungen, Gewichtsverlust wurden beobachtet. In manchen Fällen trat ein Anklammerungsverhalten ein.

Nach drei Monaten war anstatt der Weinerlichkeit eine »gefrorene‹ Starre des Gesichtsausdrucks« (Spitz 1996, S. 280f) zu beobachten. »Nun pflegten diese Kinder mit weit geöffneten, ausdruckslosen Augen dazuliegen und dazusitzen, mit erstarrtem, unbeweglichen Gesicht und abwesendem Ausdruck ... es wurde immer schwieriger, mit (ihnen) ... Kontakt aufzunehmen, schließlich wurde es unmöglich. Dann konnte man bestenfalls nur noch Schreien auslösen.« (ebd.)

Die Symptomatik bildet sich zurück, wenn innerhalb von fünf Monaten die Mutter zurückkommt. Spitz: »Es ist zu bezweifeln, ob die Genesung vollkommen ist; ich würde annehmen, dass die Störung Narben hinterläßt, die in späteren Jahren sichtbar werden...« (a.a.O. S. 285).

Hält die Trennung jedoch länger als fünf Monate an, stellt sich nach der Beobachtung von Spitz das Syndrom des »Hospitalismus« ein: »Symptome eines zunehmend schweren Verfalls, der mindestens zum Teil irreversibel erscheint.« Diesen Verlauf registrierte Spitz in einem Findelhaus, in dem die Kinder nach drei Monaten von der Mutter getrennt wurden, zwar nach den Standards der Ernährung, Hygiene, ärztlichen Supports ausreichend versorgt wurden, jedoch fast keine affektive Zufuhr erfuhren. Die Stadien der anaklitischen Depression wurden rasch durchlaufen, danach stellten sich motorische Verlangsamung bis hin zum völligen Verlust motorischer Beherrschung, Passivität, Nachlassen der Augenkoordination, spasmus nutans (unkontrollierte rhythmische Bewegungen des Kopfes und der Augen, Kopffehlhaltung), Entwicklungsstillstand bzw. Rückschritte ein. Bis zum Alter von vier Jahren konnten die Kinder »mit wenigen Ausnahmen weder sitzen, laufen noch sprechen« (Spitz 1996, S. 290), die kognitive Entwicklung bewegt sich auf dem Niveau geistiger Behinderung, die Sterblichkeit nimmt alarmierend zu.

Bei Kindern mit einem solchen Schicksal kann sich kein steuerndes Ich herausbilden, das in der Lage wäre, die elementaren Existenzängste wenigstens in primitiven Abwehrmechanismen zu binden, wenn man die Einstellung der Entwicklung bis hin zum Tod nicht als solche begreifen will. Bei minderschweren Deprivationserfahrungen[3] werden Phänomene der anaklitischen Depression und des Hospitalismus unterbrochen von wenigstens rudimentären »guten« Beziehungserfahrungen durch die primären Bezugspersonen selbst, durch die soziale Umgebung, durch »Ersatzobjekte« wie Geschwister, Verwandte, pädagogische Betreuungspersonen usw. Gleichwohl haben diese Beziehungsfragmente meist nur unzureichenden kompensatorischen Charakter. Es wird sich ein Verlauf darstellen, bei dem zaghafte Restitutionsversuche eines fragmentierten Ich immer wieder unterbrochen werden durch elementare Verlusterfahrungen mit Zusammenbruch der bereits erworbenen Fähigkeiten. Diesen Wechsel hat Masud R. Khan mit dem Begriff »kumulatives Trauma« beschrieben (Khan 1977/1963) (s. u.). Schließlich werden sich bestimmte Anpassungsprozesse im Dienste des Überlebens einstellen mit dem Erwerb spezifischer, oft pseudoprogressiv anmutender Fähigkeiten, die jedoch keineswegs der »normalen« kindlichen Entwicklung entsprechen. Erinnert sei hier an den vierjährigen Jungen im zweiten Fallbeispiel in Kapitel 3.

Einen anderen Vorgang traumatischer Verlusterfahrung beschreibt *André Green* mit dem »Komplex der toten Mutter«. Hier ist nicht der reale Tod der Mutter gemeint – auch ein solcher kann traumatisch wirken – vielmehr geht es um das Verschwinden der Lebendigkeit und der Responsivität der Mutter in deren Depression und der – oft schwer erkennbaren – depressiven Reaktion des Kindes. *»Der wesentliche Zug dieser Depression ist, dass sie in Anwesenheit des Objekts stattfindet, das seinerseits durch eine Trauer völlig in Anspruch genommen ist«* (Green 2004, S. 240; Hervorh. A.G.). Unter den vielfältigen möglichen Ursachen für die mütterliche Depression hebt

---

[3] Nicht zu unterschätzen sind auch heute noch Gewalt und Deprivation in der Heimerziehung (vgl. Kittel 2014).

4.3 Chronische Traumatisierung in familiären Beziehungen

Green auch den Verlust eines früheren Kindes durch Fehlgeburt hervor, ein für das Kind rätselhaftes, im Dunkel liegendes Geschehen. Zu nennen ist hier auch die postpartale Depression, welche von Beginn an die Mutter-Kind-Beziehung mit dem Odium der emotionalen Starre und Unerreichbarkeit der Mutter umgibt.

»Die Veränderung, die im Seelenleben eines Kindes in dem Moment eintritt, in dem die Mutter, von plötzlicher Trauer überwältigt, alle Besetzung von ihrem Kind abrupt abzieht, wird als Katastrophe erlebt: Einerseits deshalb, weil die Liebe ohne jedes Vorzeichen und ganz unvermittelt verloren war. Daß dies ein narzißtisches Trauma bedeutet, muß nicht erst lange ausgeführt werden« (a.a.O. S. 241).

Für das Kind bedeute dies auch einen Sinnverlust, da es das Geschehen nicht einordnen kann, allenfalls erlebt es sich selbst schuldhaft als Verursacher. Wenn der Vater als Dritter entdeckt wird, könnte das Kind seine Liebe zu ihm als Ursache für die Abwendung der Mutter phantasieren, oder es wendet sich in seiner Not an den Vater, der aber u.U. selbst beschäftigt ist mit dem Befinden der Mutter. »So ist das Subjekt gefangen zwischen einer toten Mutter und einem unerreichbaren Vater« (a.a.O. S. 242).

Die weitere Verarbeitung des Komplexes erfolgt – nachdem das Kind vergebens versucht hat, die Mutter wiederherzustellen – in mehreren Abwehrmechanismen. »Der erste und wichtigste ist eine einzige Bewegung nach zugleich zwei Seiten: *Der Besetzungsabzug vom mütterlichen Objekt und die unbewusste Identifikation mit der toten Mutter*« (a.a.O. S. 242). Der Besetzungsabzug, »ein ohne Haß vollzogener psychischer Mord am Objekt« (ebd.), führt einerseits zu einer Lücke in den Objektrepräsentanzen, andererseits zu einer Identifikation mit eben dem toten Objekt, das nur in dieser Identifikation für das Kind erhalten bleiben kann – um es weiterhin zu besitzen, muss man zu ihm selbst werden. Zu erwarten ist, dass das Kind i. S. des Wiederholungszwangs diese Verbindung aus Besetzungsabzug und Identifikation in späteren Beziehungen stetig wiederherstellt.

Der Sinnverlust ruft tiefe Selbstzweifel hervor, überhaupt eine Berechtigung zum Dasein zu haben.

Eine »zweite Abwehrfront« etabliert sich: ein »sekundärer Hass«, häufig in manischer Kontrolle des Objekts manifestiert; autoerotische Erregungsmuster, die jedoch nicht dazu angelegt sind, eine reziproke zärtliche

Beziehung zu knüpfen; Intellektualisierung, den Einsatz der Gedanken, um das Unfassliche fassbar zu machen. Green (a. a. O. S. 244 f): »Leistung und Selbstheilung geben einander die Hand, um gemeinsam auf dasselbe Ziel hinzuwirken: der Bewahrung einer Fähigkeit, mit der Verwirrung über den Verlust der Brust durch Erschaffung einer angesetzten Brust fertig zu werden, welche ja letztendlich doch nur ein Stück Gedankenstoff ist, dazu bestimmt, das Loch des Besetzungsabzugs zu verdecken, während sekundärer Haß und erotische Erregung sich am Rand des leeren Schlundes drängen.« … »Der Patient hat den Eindruck, ein Fluch laste auf ihm, der Fluch der toten Mutter, die nicht aufhört zu sterben und die ihn gefangen hält« (ebd.).

Das Tückische an dieser psychischen Formation ist, dass sie nicht durch einen Trauerprozess aufgelöst werden kann – denn das »tote Objekt« ist ja nicht real verschwunden. Das Kind kann also weder eine liebevolle Identifikation mit der Mutter errichten noch seine Enttäuschungswut, seinen Hass über den Verlust durcharbeiten – lediglich verschieben.

Der »Komplex der toten Mutter« mit seinen Abwehr- und Verarbeitungsmechanismen entspricht dem Prozess einer Traumatisierung: ein das psychische Leben bedrohendes Ereignis, verbunden mit einer existenziellen Angst, die von dem Ich des Betroffenen nicht balanciert oder integriert werden kann, das den Aufbau des Ich nachhaltig stört und in Bewältigungsversuchen mündet, die nicht allein nachhaltige Störungen der Objekt- und Selbstrepräsentanzen und narzisstische Schädigungen nach sich ziehen, sondern auch das soziale Leben und das Liebesleben der Betroffenen erheblich beeinträchtigen. Die Beschreibung Greens lässt auch an Borderline-Störungen denken.

Nicht allein eine mütterliche Depression kann traumaauslösend sein. Allgemein ist die psychische Erkrankung eines Elternteils ein Risikofaktor für die psychische Entwicklung des Kindes. Sie *kann* in eine Kaskade traumatischer Verarbeitungsformen münden – eine Entwicklung, der man durch eine sorgfältige Übertragungsanalyse auf die Spur kommt, da sie sich im äußeren Geschehen für gewöhnlich sorgfältig maskiert. Zumeist lernt man Kinder und Jugendliche kennen, die sich an die Forderungen des Ich-Ideals und der sozialen Umgebung anzupassen bemühen, häufig mit einem ausgeprägten Altruismus, denen man aber abspürt, dass etwas in ihren Beziehungsgestaltungen unpassend, skurril bleibt, mit Elementen manischer Kontrolle und einer stetig lauernden Verwirrung, Fragmentierung und narzisstischer Leere. Ich werde weiter unten bei der Diskussion der »traumatisierenden Übertragung« darauf zurückkommen.

4.3.3 Sexueller Missbrauch

Der Begriff »sexueller Missbrauch« ist irreführend: Es gibt keinen unschädlichen »sexuellen Gebrauch« eines Kindes. Eine »selbstbestimmte Sexualität« zwischen Erwachsenem und Kind ist eine pädosexuelle Schutzbehauptung. Ich bleibe aber bei dem Begriff, weil er Eingang in den allgemeinen Sprachgebrauch gefunden hat.

Bereits in der Arbeit von Ferenczi über die »Sprachverwirrung« liegt eine umfängliche Beschreibung dieser Form von Beziehungstraumatisierung vor. Das Kind wird konfrontiert mit dem erwachsenen sexuellen Begehren einer Bezugsperson, das in subtiler Weise verführend, überwältigend wirkt und mit versteckter oder offener Gewaltdrohung oder Gewaltanwendung einhergeht.

Folgende Elemente dieser Form des sexuellen Missbrauchs lassen sich identifizieren:

Das Begehren des Erwachsenen und seine sexuellen Handlungen treffen auf einen Wunsch des Kindes, auch erotisch geliebt werden zu wollen, und auf eine Bereitschaft, das Rätsel der Sexualität neugierig erkunden zu wollen – eine Erwartung, die je nach Stand der psychosexuellen Entwicklung unterschiedliche Manifestationen annimmt. Aber die erotische Besetzung des Kindes ist etwas gänzlich anderes als dessen Einbezug in die sexuellen Handlungen eines Erwachsenen.

Im sexuellen Missbrauch wird ein elementares Sicherheitsbedürfnis des Kindes überrannt: die Sicherheit der Inzestschranke.

Der sexuelle Missbrauch ist ein gewaltsames Eindringen in die Psyche und den Körper des Kindes, u. U. verursacht durch einen Menschen, von dem das Kind abhängig ist, dessen Liebe es braucht und den es lieben können will. Damit stellt er nicht nur eine irgendwie geartete Überforderung des Kindes dar, vielmehr ruft er neben der Verwirrung, die Ferenczi beschreibt, existenzielle Ängste, Vertrauensverlust und den Zusammenbruch der bis dahin gebildeten Objekt- und Selbstrepräsentanzen und einer kohärenten Beziehungs- und Welterfahrung hervor.

Neben den Verrat, den das Kind durch eine missbrauchende Bezugsperson erfährt, tritt der Verrat des anderen Elternteils, der weggeschaut, vielleicht zumindest unbewusst den Missbrauch evoziert und gefördert hat und dem Kind den notwendigen Schutz vorenthalten hat.

Fischer und Riedesser (2003, S. 287 f) konstatieren einen mehrfachen Missbrauch des Kindes:

1. »Missbrauch der Zärtlichkeitsbedürfnisse des Kindes.
2. Missbrauch der Wünsche des Kindes nach einer dyadischen Beziehung.
3. Missbrauch der Bereitschaft des Kindes zu ödipalen Phantasien (erregende Zweierbeziehung unter Ausschluss eines Dritten).
4. Missbrauch der Bereitschaft des Kindes zum Gehorsam.
5. Missbrauch der Bereitschaft des Kindes zum Glauben an die Aussage der Eltern und der Unfähigkeit des Kindes, eine liebevolle zärtliche Annäherung von einer sexuellen Ausbeutung zu unterscheiden.
6. Missbrauch der Angst des Kindes vor Zerstörung der Familie (Schweigegebot).«

Bei Versuchen abzuschätzen, wie schwerwiegend die Folgen des sexuellen Missbrauchs sind, spielen Parameter wie die Art des Missbrauchs, sein Schweregrad (z. B. Ausmaß der Gewalt), Häufigkeit, Alter und Entwicklungskontext des Kindes, Person des Täters eine Rolle. Eine solche eher äußere Betrachtungsweise berücksichtigt jedoch nicht den Stand der spezifischen individuellen Ich-Entwicklung, der Ressourcen des Kindes samt seiner Abwehrstruktur (vgl. Fischer & Riedesser 2003, S. 288).

In eine ähnliche Richtung gehen Versuche, »traumatogene Dynamiken« zu identifizieren (ebd): Traumatische Sexualisierung, Stigmatisierung, Verrat, Ohnmacht und Parentifizierung sowie verzerrte soziale Rollenzuweisung.

Unter psychodynamischen Gesichtspunkten muss bei solchen Beschreibungen immer der Aspekt der eigenen (psychischen) Beteiligung des Kindes gesehen werden: Welche psychische Aktivität entfaltet das Individuum, um das sexuelle Trauma zu verarbeiten? Solche Aktivitäten können auch als »Überlebensmuster« bezeichnet werden – innere Szenarien, die dazu dienen, schwere Dekompensationen abzufangen. Dazu gehören die

4.3 Chronische Traumatisierung in familiären Beziehungen

Sexualisierung von (früh-)kindlichen Beziehungsbedürfnissen wie emotionale Zuwendung, Anerkennung, Geborgenheit, Sicherheit; ebenso Schamgefühle samt unsicherer Körpergrenzen sowie die Übernahme des Schuldgefühls des Täters via Täterintrojekt mitsamt der Selbstwertschädigung, ein Vorgang, der auch dazu dient, die Liebe zum Täter zu erhalten, indem sich das Kind dessen aggressive Überwältigung selbst zuschreibt. Damit bestätigt es die Zuschreibungen des sozialen Kontextes als verdorben, böse, verführerisch: »Es muss ja an mir etwas abgrundtief Schlechtes und Verabscheuungswürdiges geben, wenn ein nahestehender Mensch mir so etwas antun kann«. Adoleszente Selbstverletzungen können als dissoziative Spätfolgen angesehen werden (s. u.). Der Verrat wird u. U. in ähnlicher Richtung verarbeitet und führt zu fundamentalem Misstrauen, und – in Umkehrung des Täter-Opfer-Verhältnisses – zum Verrat oder Missbrauch anderer Beziehungsobjekte, später auch der eigenen Kinder: eine transgenerationale Weitergabe des Traumas.

Die Ohnmachtserfahrung kann in verschiedener Weise verarbeitet werden: grandiose narzisstische Aufblähung, manische Kontrolle des Objekts, Aggressivierung oder aber Unterwerfung, übermäßige Anpassung, Anklammerung; Angststörungen und Phobien und/oder Somatisierungen; psychosoziales Agieren i. S. des Wiederholungszwanges, das häufig dazu führt, erneut Opfer zu werden.

Gefährlich ist die narzisstische Gratifikation: Offensichtlich wird man ja anderen Sexualpartnern bevorzugt, genießt eine einzigartige Stellung bei dem Missbraucher, geschürt noch durch die Exklusivität der Missbrauchsbeziehung, die ja ein »gemeinsames Geheimnis« bleiben muss. Der Verlust der Kindheit, der Kindlichkeit wird erkauft durch eine quasi erwachsene Rolle mit der Suggestion, das Kind könne der Bedürftigkeit eines Erwachsenen abhelfen. Die Generationenfolge wird im Sinne einer Parentifizierung umgekehrt. Die Folge ist eine Orientierungslosigkeit in sozialen Bezügen, in der Peergroup, in der Schule, der Ausbildung etc. Hinzu kommt der Ausfall der Mentalisierung, also der Fähigkeit, mentale Vorgänge bei sich und anderen differenziert wahrzunehmen und zwischen eigenen und fremden Affekten zu unterscheiden.[4]

---

4 Zur Psychodynamik der Traumaverarbeitung ▶ Kap. 5.

Innerfamiliärer sexueller Missbrauch ist ein komplexes Beziehungsgeschehen. Zumeist geht einem inzestuösen »Vater-Trauma« ein »Mutter-Trauma« voraus – bzw. sie fallen zusammen. Früh vernachlässigte, abgelehnte oder durch psychische Erkrankungen der Mutter deprivierte Kinder, oder Kinder, die von der Mutter in narzisstischer Hinsicht missbraucht wurden zur Kompensation eigener Verletzungen »sind in hohem Maße prädestiniert später physisch misshandelt oder sexuell missbraucht zu werden, sie sind von Anfang an (als eigenständige Individuen, A. B.) nichts wert , sodass man ›es mit ihnen machen kann‹ – durch die unterwerfende Identifikation mit dem Aggressor übernehmen die Opfer dann diese Einschätzung.« (Hirsch 2004, S. 71; vgl. auch Hirsch 1989b, 2002). Die frühe Deprivation bereitet auch einen spezifischen dissoziativen Abwehrmechanismus vor: Das schlecht integrierte Körperbild führt dazu, dass »sowohl im Missbrauchsgeschehen selbst als auch in späteren Belastungssituationen auf eine Dissoziation des Körperselbst vom Gesamt-Selbst zurückgegriffen wird« (ebd). Es wird also gleichsam das Körper-Selbst geopfert, um das Gesamt-Selbst zu retten – ein Modus, der insbesondere in der Adoleszenz als eine der Quellen von Selbstbeschädigungen angesehen werden kann (▶ Kap. 5).

Es lässt sich von innerfamiliären Dynamiken her von der »Inzestfamilie« sprechen. »Die von der Mutter abgelehnte Tochter wendet sich in ihrem Bedürfnis nach Zuwendung an den Vater, der ein Versprechen macht, sozusagen eine bessere Mutter zu sein, um dann aber das Kind für seine sexuellen Zwecke gnadenlos auszubeuten« (Hirsch 2018, S. 215). Die Mutter wird vor diesem Hintergrund nicht in der Lage sein, schützend und begrenzend einzugreifen, eher noch wird sie in unbewusstem, geheimem Einverständnis wegsehen und dem Geschehen seinen Lauf lassen. Da beide Formen der Traumatisierung mit dem Geschlecht zu tun haben, wird die Jugendliche ihren weiblichen Körper in doppelter Weise besetzen: Zum einen repräsentiert er das einstige Kind und wird nun – in einer Wendung von der Passivität in Aktivität – zur Zielscheibe destruktiver Gewalt und Machtausübung – ein Vorgang der den Kontrollverlust zu kompensieren sucht. Zum anderen wird bei Selbstverletzungen der Haut ein früheres Körpererleben mit der Mutter rekonstruiert: Der Schmerz, das Blut, das Sich-Spüren haben beruhigende Wirkung, »als ob ein liebendes Mutterobjekt durch innigen Körperkontakt einen Säugling beruhige« (ebd.). »Der

Körper steht für das misshandelte Kind, ist aber auch eine rettende Ersatzmutter« (a. a. O. S. 216). Eine ähnliche Dynamik kann der Anorexie zugrunde liegen: Der weibliche Körper wird in seiner Entwicklung machtvoll aufgehalten, als müsse eine übermächtige Mutter besiegt werden.

Die sexuell missbrauchte Tochter ist demzufolge in ihrer Weiblichkeit, in ihrem Körper-Selbst dauerhaft beschädigt – und zwar nicht allein durch das Inzest-Trauma, sondern auch durch das Mutter-Trauma. Hat nun diese Tochter später selbst wieder eine Tochter, so kann sich das Trauma wieder bemerkbar machen in deren doppelter Besetzung: Zum einen wird deren *Weiblichkeit* mit aggressiver Ablehnung bedacht, zum anderen aber dient das Kind zur Reparation des eigenen beschädigten weiblichen Körperselbst. Wiederum ergibt sich eine unintegrierte Ambivalenz, welche die Tochter bei entsprechender Konstellation in die Arme eines Vaters treiben mag, der sie anstelle der »beschädigten« Mutter zum Sexualobjekt macht. So schließt sich der Kreis der transgenerationalen Weitergabe des Traumas.

Anders liegen die Dinge, wenn die missbrauchte Tochter später einen Sohn bekommt. »*Die in ihrer weiblichen Identität unsichere Mutter verwendet den Sohn als Selbstergänzung, indem sie seinen idolisierten Penis vereinnahmt und verwaltet*« (Hirsch 2018 S. 219; vgl. auch Hirsch 2017). Wir haben es hier ebenfalls mit einer sexualisierten Ausbeutung im Dienste der Reparation einer beschädigten Weiblichkeit zu tun. Der Sohn wird zu einem sexuellen Teilobjekt der Mutter. Bereits in den ersten Pflegehandlungen kann sich eine solche unangemessene Sexualisierung zeigen: Der Penis des Jungen wird zu einem Objekt besonderer Fürsorge und Stimulation, er wird geküsst und liebkost und erregt, häufig rationalisiert durch »medizinisch notwendige« Handlungen z. B. bei einer Phimosebehandlung (vgl. Krüger-Degenkolbe 2018); der Sohn schläft im Bett der Mutter, während dem Vater die Wohnzimmercouch oder das Kinderzimmer bleibt. Noch in der Adoleszenz des Sohnes treffen wir häufig auf solche intim-sexualisierten Arrangements.

> Ein 18-jähriger junger Erwachsener berichtet, dass bis ins Jugendalter seine Mutter sich vor ihm zu entkleiden pflegte, wenn er im Bett lag. »Das war immer eklig – aber irgendwie auch faszinierend«.

Zumeist sind die Väter in solchen Inzestfamilien psychisch oder real wenig präsent, sie stehen ihrem Sohn nicht bei im Sinne einer triangulierenden Herauslösung aus der inzestuös-sexualisierten Mutter-Sohn-Verklebung. In der Psyche des Sohnes werden sich gespaltene Mutter- bzw. Vaterbilder etablieren: einerseits steht die Mutter für die narzisstische Grandiosität des kleinen Jungen, andererseits wirkt sie bedrohlich, weil sie die Männlichkeit des Buben ganz für sich vereinnahmt und ihm keine Separation, keine eigenständige Entwicklung erlaubt. Letztlich sorgt sie für eine gnadenlose Beschämung, denn es kann dem kleinen Ritter nicht verborgen bleiben, dass er ja doch mit seiner noch unreifen Ausstattung die Mutter nicht befriedigen kann. Der Vater ist einerseits ersehnt als der Befreier aus dem mütterlichen Machtbereich – andererseits gefürchtet als rächender Kastrator ob der Usurpation des Sohnes.

Aber auch die Mutter muss erkennen, dass ihr Sohn ihre weiblich-narzisstische Wunde nie wird heilen können, auch wenn er sich noch so sehr müht, der »bessere« Mann zu sein. Eine Enttäuschungswut ist unausweichlich, und zur sexuellen Vereinnahmung gesellt sich die aggressive Ausstoßung. Hirsch (2018) weist darauf hin, dass in diesen »gespaltenen Bildern« von Mutter und Vater sich eine Borderline-Perversion anbahnt.

Der Sohn wird im Sinne der Täteridentifikation die Verhältnisse wiederherstellen: Einerseits als machtvoller Beherrscher und Verächter des Weiblichen, ein Versuch, der übermächtigen Mutter zu entkommen, die Scham gegenzubesetzen, indem er nun selbst alles Weibliche beschämt, entwertet und herabsetzt, andererseits aber gerade darin seine Sehnsucht nach der ihm vorenthaltenen zärtlichen Verbindung unterbringt. In dieser Mischung aus aggressiver Machtausübung zu eigenen Zwecken – ganz wie er es von der Mutter erfahren hat – und sehnsuchtsvollem infantilen Zärtlichkeitsverlangen, nun freilich sexualisiert wie einst, kann er wiederum zum Verwalter der Weiblichkeit seiner Tochter werden – mit dem Phantasma der endlichen Befriedigung, die ihm vorzeiten verwehrt war. Auch hier schließt sich der Kreis der transgenerationalen Weitergabe: Die Perversion der Mutter evoziert die Perversion des Sohnes, die wiederum die Perversion der Tochter und späteren Mutter usw.

Im (innerfamiliären) sexuellen Missbrauch haben wir es also mit einem mehrdimensionalen Geschehen zu tun, in dem die Rollen des Täters, des

Opfers und des (anscheinend unbeteiligten) Zuschauers transgenerational wechseln.

4.3.4 Körperliche und psychische Misshandlung

Kindesmisshandlung ist ein weiter Begriff und umfasst neben den bisher beschriebenen chronischen innerfamiliären Traumatisierungen alle Formen von Vernachlässigung (also auch körperliche und soziale), von direkten oder indirekten Misshandlungen psychischer und körperlicher Art und natürlich sexuellem Missbrauch. Meist überlappen sich diese verschiedenen Misshandlungsphänomene: Körperliche Misshandlungen hinterlassen selbstverständlich schädigende Spuren in der psychischen Entwicklung, wie umgekehrt psychische Misshandlung weit in die körperliche Entwicklung von Kindern eingreift. Auch beim sexuellen Missbrauch greifen physische und psychische Überwältigung ineinander mit einem erheblichen Anteil zumindest psychischer Vernachlässigung. Es ist daher sachgerecht, körperliche und psychische Missbrauchsphänomene zusammen zu betrachten.

Bei Engfer (2016, S. 4) ist folgende Definition zu finden:

»Kindesmisshandlungen sind gewaltsame psychische oder physische Beeinträchtigungen von Kindern durch Eltern oder Erziehungsberechtigte. Diese Beeinträchtigungen können durch elterliche Handlungen (wie bei körperlicher Misshandlung, sexuellem Missbrauch) oder Unterlassungen (wie bei emotionaler und physischer Vernachlässigung) zustande kommen.«

Noch einmal: Vernachlässigung

Die *Vernachlässigung* umfasst neben den emotional-affektiven Komponenten, die oben beschrieben wurden, ein breites Spektrum von Mangelerfahrungen. Kinder können unzureichend oder falsch ernährt werden, körperlicher Pflege und Gesundheitsfürsorge entbehren, mangelhaft beaufsichtigt werden, so dass sie Gefahren ausgesetzt sind, denen sie selbst nichts entgegenzusetzen haben. Es werden ihnen Entwicklungsanreize und -förderung vorenthalten oder sie werden vor überflutenden und unangemessenen Reizen nicht geschützt, altersentsprechendes Neugier- und Expansionsbestreben wird übermäßig eingeschränkt, notwendige Begrenzungen hingegen bleiben aus; das Kind erlebt einen verwirrenden Wechsel von Überforderung und Überbehütung. In eher aktiven Formen psychischer Misshandlung wird herabgesetzt, beschämt, ignoriert, verängstigt, bedroht usw. Kurz: es werden Kindern entwicklungsentsprechende Bedürfnisbefriedigungen vorenthalten, ohne die sie nicht gedeihen können. Alles, was ein Kind zum physischen und psychischen Leben und seiner Entfaltung braucht, sind Bedürfnisse – im Unterschied zu Wünschen, deren Versagung keine psychischen Schädigungen nach sich zieht.

Vernachlässigte und psychisch misshandelte Kinder zeigen in allen Entwicklungslinien deutliche Retardierungen: Im Säuglingsalter stellen sich Gedeihstörungen, Schlafstörungen und Verdauungsprobleme ein, im Kleinkindalter sind Rückstände symbolischer Funktionen, in der sprachlichen und kognitiven Entwicklung, in der Spielfähigkeit zu beobachten, Einnässen und Einkoten persistieren, erste externalisierende (aggressive Durchbrüche, destruktiver Neid) und internalisierende Verarbeitungsmodi (Resignation, Rückzug, Depression) machen sich bemerkbar (vgl. Engfer, a.a.O. S. 6), ebenso motorische Entwicklungsverzögerungen, Unruhe und Getriebensein und körperlicher Minderwuchs. Spätfolgen im Jugend- und Erwachsenenalter können schulisches und berufliches Scheitern sein, Suchterkrankungen, Dissozialität und Delinquenz.

Vernachlässigung hat immer eine Beziehungskomponente: Beziehungen sind der Stoff, aus dem die Seele ist. Beziehungsobjekte, die in ihrer versorgenden Funktion versagen oder ganz ausfallen, evozieren frühe Mangelerfahrungen. Es werden sich also Lücken, Beeinträchtigungen im Aufbau der psychischen Funktionen, des Selbst und des Ich ergeben. Ein Teufelskreis etabliert sich: Der Mangel hemmt nicht nur mehrdimensional die Entwicklung, dem Individuum steht auch kein ausreichend stabiles Ich zur Verfügung, um diesen Mangel zu kompensieren oder die sich daraus ergebenden inneren und äußeren Konflikte zu balancieren. Ebendiese Kombination können wir eine traumatische nennen, Vernachlässigung ist demnach eine (früh)kindliche Traumatisierung. Das rudimentär ausgebildete Ich wird also zu Notmaßnahmen greifen, derer es gerade noch fähig ist.

4.3 Chronische Traumatisierung in familiären Beziehungen

Ausbleibende Bedürfnisbefriedigung ist nach Bion (1962a) psychisch gesehen nicht allein das Fehlen eines »guten Objekts«, es ist vielmehr die Anwesenheit eines bösartigen, eines vernichtenden, eines verfolgenden Objekts. Der Hunger, die Schutzlosigkeit, der fehlende zärtliche Körperkontakt, das Dunkel usw – das alles sind »räuberische«, im Wortsinn deprivierende Angriffe auf das Sein. Existenzängste paaren sich mit paranoiden Ängsten. Die frühesten Abwehrmechanismen gegen diese elementare Verfolgung sind Spaltung und Projektion. Es wird das verfolgende »böse Objekt« von dem lebenserhaltenden »guten Objekt« phantasmatisch abgetrennt, so als hätte beides nichts miteinander zu tun: Eine erste Dissoziation, die dem Schutz des guten Objekts – das zu Beginn beides, innen und außen ist – vor der kontaminierenden Bösartigkeit des Verfolgers dient. Des Weiteren wird das »böse Objekt« aus dem Inneren via Projektion herausgeschafft. Aber auch dies ist ein Teufelskreis, denn nun ist das unerträglich Verfolgende im Objekt untergebracht und kommt dem Individuum von dort wieder entgegen – und muss ständig gefürchtet und bekämpft werden. Wird dieser Teufelskreis nicht durch »gute« Objekterfahrungen gemildert oder unterbrochen, stellen sich bei dem Menschen dauerhaft paranoide Ängste ein, die zu verzerrten Weltbildern und Ressentiments führen. Man ist stetig auf der Flucht, fühlt sich verfolgt, unterlegen, missachtet und unwert – und schließlich berechtigt, dieser Übermacht *gewaltsamer* Erfahrungen ebenso gewaltsam entgegenzutreten. Der internalisierende Weg des Teufelskreises ergibt depressive Störungen, die Unterwerfung und Anpassung an ein primitives, verurteilendes und entwertendes Über-Ich samt autoaggressiven Tendenzen, im Extremfall Suizidalität. In beiden Schicksalen erkennen wir die narzisstische Fragilität: die Grandiosität entspricht der (Selbst) entwertung und Erniedrigung, der Versuch, Kontrolle zurückzugewinnen, richtet sich gegen die soziale Umwelt und/oder gegen das Selbst, typischerweise gegen das Körper-Selbst. Auch in dieser Form der Traumatisierung treten traumatypische Abwehrmechanismen auf den Plan: Die Spaltung, Dissoziation und ein destruktives Introjekt, das mit fortschreitender Verarbeitung als Identifikation mit dem Aggressor assimiliert wird in den beiden Modi der gewaltförmigen Macht und der Unterwerfung, die sich sowohl nach außen als nach innen richtet.

Eltern machen sich bereits pränatal ein Bild von ihrem Kind, das »imaginäre Kind«. Es ist geprägt von eigenen Wünschen, Phantasien, Befürchtungen. Dem Kind wird eine Funktion in der narzisstischen Regulation der Eltern oder eines Elternteils zugeschrieben. Dieses innere Bild können Eltern mit eigenen traumatischen Erfahrungen nicht anhand des realen Kindes überarbeiten, vielmehr muss das reale Kind in diese Imagines hineingepresst werden. Das Kind kann dann keine eigene Identität entwickeln, es hat keinen Raum, seinem eigenen Weg der Individuation zu folgen: es muss so sein oder werden, wie es die Eltern brauchen. Winnicott spricht von der Herausbildung eines »falschen Selbst«, das sich als Maskerade über das noch kaum Gestalt annehmende »wahre Selbst« stülpt und dieses beständig verformt. Welche manipulative Wucht solche unbewussten Zuschreibungen der Eltern haben, lässt sich daran ablesen, wie groß die Enttäuschungswut der Eltern über das an seiner zugewiesenen Funktion versagende Kind ist. Auch die manifeste körperliche Gewalt der Eltern dient in solcher psychischer Gemengelage dazu, dieser Wut eine Abfuhr zu verschaffen und die Anpassung des Kindes an die elterlichen Delegationen zu erzwingen. Das Kind, unmittelbar abhängig von seinen Eltern, wird unbewusst versuchen, sich die fragilen Eltern zu erhalten; es wird seine eigenen vitalen Bedürfnisse, seine aggressiven und libidinösen Triebansprüche zurückstellen, verdrängen, abspalten, gegenbesetzen oder kompromisshaft-symptomatisch verarbeiten – in internalisierenden oder externalisierenden oder in psychosomatischen Abwehren. Es wird brav und angepasst, wobei man hinter dieser Anpassung eine narzisstische Leere spürt, oder es beginnt ohnmächtig zu rebellieren, häufig wird die wütende Auflehnung verschoben auf außerfamiliäre Felder wie Kindergarten und Schule, meist destruktiv und weder Ich- noch sozialverträglich – ein Versuch, die innere Leere zu übertönen und sich wenigstens in der Wut und im Schmerz zu spüren.

Ein solcher subtiler psychischer Zwang kann traumatische Ausmaße annehmen. Das noch unreife Ich ist kaum in der Lage, der Überflutung durch fremde, »verrückte« Ansprüche standzuhalten, noch den Verlust- und Versagens-Ängsten, die damit verbunden sind. Die Affekte müssen von den schonungsbedürftigen primären Objekten abgezogen werden und führen ihr unintegriertes Eigenleben in diffusen Ängsten, in unkontrollierten Durchbrüchen, in Selbstanklagen und -schädigungen usw. Man

4.3 Chronische Traumatisierung in familiären Beziehungen

kann dies als eine Fragmentierung des Selbst verstehen, eine Form der Dissoziation. Das falsche Selbst, ursprünglich gebildet, um die Wucht der elterlichen Projektionen abzufangen, wird zu einem Fremdkörper im Seelenleben, und es übt, ganz wie das traumatische Introjekt, ein tyrannisches Regiment. Die Identifikation mit dem Aggressor nimmt hier die Wendung einer Identifikation mit dem Akt der Identitätsberaubung selbst; solchermaßen »psychisch vergewaltigte« Kinder werden als Erwachsene die narzisstischen Leerstellen plombieren müssen, indem sie andere Menschen kompensierend benutzen zu Heilungsversuchen der eigenen empfundenen Beschädigungen und ihrer Identitätsdiffusion. Dass diese Funktionalisierung besonders wiederum die Kinder trifft, liegt nahe.

Die Grenzen zwischen psychischer und körperlicher Vernachlässigung und bestimmten sozial noch tolerierten Erziehungsstilen sind fließend. Ein wichtiges Kriterium ist die Dauer und Intensität der genannten Phänomene. Ebenso müssen protektive Faktoren und Resilienzen in Betracht gezogen werden, um abzuschätzen, inwieweit man im Einzelfall von einer Traumatisierung sprechen kann. Zumeist aber kann man ex post anhand bestimmter Störungsbilder nachzeichnen, einerseits wie nachhaltig und tief eingreifend die Vernachlässigung ist, andererseits welche gelingenden Restitutionsversuche das Individuum unternommen hat. Nicht jedes psychisch auffällige, »gestörte« Kind ist traumatisiert, aber jede traumatische Kombination aus Angst- und Affektüberflutung mit Angriffen auf die Selbst-Integrität und scheiternden Versuchen des Ich, damit fertig zu werden, zieht psychische Störungen nach sich.

Aktive Formen körperlicher und psychischer Misshandlungen

Körperliche Misshandlungen stellen immer auch eine Form der psychischen Misshandlung dar. Ebenso liegen Überschneidungen zum sexuellen Missbrauch vor, der auch eine Form von körperlich verletzender Gewalt sein kann – und nicht wenige Schläge, die Mutter oder Vater einem Kind verabreichen, sind unbewusst sexuell motiviert.

Eltern, die als Kind selbst körperlich misshandelt wurden, geben die Gewalt an ihre Kinder weiter. Dieser Umstand dürfte mehrfach determiniert sein: Zum einen spielt der mehrfach erwähnte Abwehrvorgang der

Identifikation mit dem Aggressor eine Rolle, zum anderen sind auch Lernprozesse im Spiel: Konflikte werden eben am effektivsten und (anscheinend) prompt durch Gewalt gelöst. Hinzu kommt, dass die Gewalt durch Bezugspersonen auch eine Form von Zuwendung darstellt: »Wer sein Kind liebt, der züchtigt es (Spr. 13,24)«[5] verführt zu dem Umkehrschluss: Wer sein Kind schlägt, liebt es. Was wir unter »Schwarzer Pädagogik« verstehen, dürfte weitgehend eine Rationalisierung dieser kreislaufartig weitergegebenen Gewalt sein.

Weitere Ursachen für Kindesmisshandlungen in der Familie sehen Forscher in der Billigung der Gewalt im sozialen Umfeld, in belastenden Lebenssituationen, in chronischer Überforderung bei mangelnder Unterstützung sowie in »eskalierende(n) Konfliktsituationen, in denen Eltern aus Ärger und Ohnmacht ihre Kinder verprügeln, wenn andere pädagogische Maßnahmen fehlgeschlagen sind.« (Engfer 2016, S. 10 ff.)

Die bisher erörterten Misshandlungssituationen haben eines gemeinsam: Die Eltern geraten in eine Hilflosigkeits- und Ohnmachtssituation, die ihr elterliches Selbst in einem Ausmaß in Frage stellt und angreift, dass sie zur Gewalt greifen – in schweren Fällen zu einer Gewalt, die dauerhafte körperliche Schäden hinterlässt oder sogar zum Tod führt. Es ist unbefriedigend, das allein als ein Überforderungssyndrom zu begreifen – mit Überforderungssituationen haben es *alle* Eltern zu tun, aber nicht alle werden gewalttätig.

Im psychodynamischen Verstehenshorizont bieten sich mindestens drei Erklärungsansätze an:

Alle Eltern machen sich mehr oder weniger bewusst ein Bild davon, wie sie Eltern sein wollen, welche Absichten, Gefühle, Wünsche, Zukunftsentwürfe sie damit verbinden, was sie ihren Kindern mit auf den Weg geben und wovor sie sie bewahren wollen, was sie gewähren, was sie verbieten usw. Dieses elterliche Bild stellt sich in jedem Fall ein, es ist von *Ambivalenzen* geprägt: Kinder lösen in Eltern nicht nur freudig-begrüßende Gefühle aus, sondern auch ablehnende – denn Kinder legen der narzisstischen Expansion von Müttern und Vätern erhebliche Beschränkungen auf. Selbst wenn also dieses Bild der Elterlichkeit wenig verzerrt ist

---

5 Original in der Luther-Übersetzung: »Wer seine Rute schont, der haßt seinen Sohn; wer ihn aber lieb hat, der züchtigt ihn beizeiten«.

4.3 Chronische Traumatisierung in familiären Beziehungen

von eigenen, früheren psychischen Kindheitsbelastungen, so steht es doch vor der Aufgabe, die Ambivalenzen dem Kind gegenüber immer wieder neu zu balancieren. Wir nennen die Gesamtheit dieses Bildes, das sich Eltern von sich machen und das sich natürlich mutatis mutandis fortscheitend modifiziert, das elterliche Selbst – es ist der Teil des Selbst unter dem Aspekt der Elterlichkeit. In der Regel erleben Eltern dieses Selbst als kohärent, das Selbst ist eine Erzählung über sich selbst als Mutter oder Vater, die in sich stimmig ist und deren Teile aufeinander sinnvoll bezogen sind.

Nun stellen Kinder ihre Eltern häufig vor Situationen, in der die Kohärenz dieses Bildes nicht mehr hergestellt werden kann: Man kann das Kind nicht beruhigen, es schreit ununterbrochen, oder es isst nicht, was man für sinnvoll hält, es wendet sich ab. Es folgt nicht, trotzt und hat Wutanfälle, es weist liebevolle Gesten zurück, akzeptiert Grenzen nicht, will nicht trocken und sauber werden, zieht sich zurück und spielt nicht, hat keine Freunde, beleidigt die Erbtante – kurz, es ist überhaupt nicht so, wie man es sich vorgestellt hat. Das Kind fordert also die Kohärenz des elterlichen Selbst extrem heraus, dessen einzelne Komponenten lassen sich nicht mehr in eine sinnvolle Ordnung bringen – das Selbst fragmentiert. Das zentrale Erleben der Eltern ist Hilflosigkeit, Ohnmacht und Wut – eine brisante affektive Mischung.

Die Selbstpsychologie nach Heinz Kohut (1979, S. 67 ff) hat beschrieben, was passiert, wenn das Selbst fragmentiert. Es wird alle möglichen Restitutionsversuche unternehmen, ein gelungener Versuch wäre, wenn Eltern in dieser Not selbst eine Beziehung finden, in der sie Empathie und verstehende Responsivität erfahren. Aber oft gibt es solche Beziehungspersonen nicht, etwa bei Alleinerziehenden, oder bei Familien in weitgehender sozialer Isolation – eine Begleiterscheinung insbesondere in Armutsverhältnissen oder bei Migrationsschicksalen. Häufig fehlt in solchen Familien auch ein gewisser Bildungsstandard, um sich Hilfe in Beratungsstellen etc. zu suchen; eine große Rolle spielen Scham- und Schuldgefühle. Man kann also schwerlich sagen, dass die sozialen Bedingungen, unter denen eine Familie lebt, selbst schon Ursache für Misshandlungen sind – vielmehr stellen sie Begleiterscheinungen dar, eine Ressourcenarmut, unter denen der Zerfall des elterlichen Selbst nicht nur nicht aufgefangen, sondern eher noch befeuert wird.

Kohut (a. a. O.) hat als einen wesentlichen Versuch, die weitere Fragmentierung des Selbst aufzuhalten, die *narzisstische Wut* beschrieben. Es ist die Wut, in die ein Mensch gerät, der narzisstisch tief verletzt ist, dessen Selbst- und Weltbild zusammenbricht. Narzisstische Wut ist gleichsam das letzte Bollwerk, um das Selbst zusammenzuhalten, der Ohnmacht zu entkommen und einen Rest Selbstwirksamkeit zu bewahren, bevor eine psychotische Dekompensation droht. Es ist nicht verkehrt, wenn Eltern ihre Situation so schildern: »Dieses Kind treibt mich noch in den Wahnsinn.« Sie beschreiben damit treffend eine innere Realität. Narzisstische Wut ist immer unangemessen – weil in ihr der Kontakt zur Realität, auch der Realität des Gegenübers, verloren geht, sie ist ohne Maß und Ziel. Die Steuerungsfähigkeit des Ich ist in solchen Zuständen eliminiert. Anders kann man es sich kaum erklären, wie ein überlegener Erwachsener ein schwaches, schutzbedürftiges Kind misshandeln kann.

Dass ein Kind einen solchen Angriff nun seinerseits kaum in einen kohärenten Verstehenshorizont einordnen kann, leuchtet unmittelbar ein. Es ist ein Angriff auf die Kohärenz des kindlichen Selbst, auf das Grundbedürfnis, die Welt zu verstehen. Wenn wir das Grundstreben nach Selbstkohärenz auch als einen Versuch begreifen, der Welt einen Sinn zu geben, so wird verständlich, warum ein misshandeltes Kind, aus dem später ein Jugendlicher und Erwachsener wird, u. U. lebenslang unter einem Sinnverlust leidet, der die Identitätsbildung unterläuft. Unter Ich-psychologischen Gesichtspunkten lässt sich konstatieren, dass ein unter den Bedingungen der Selbst-Fragmentierung wiederholt zusammenbrechendes Ich der misshandelnden Eltern regelhaft die Ich-Entwicklung des Kindes angreift und zerstört. Auch hier gilt, wie bereits mehrfach beschrieben: Die überflutende Gewalt und Angst kann von dem fragilen, selbst angegriffenen Ich des Kindes nicht gehalten und bewältigt werden, insbesondere dann, wenn die Misshandlung dauerhaft fortbesteht. Für das Kind ist chronische Misshandlung eine Traumatisierung, wenn es nicht gelingt, die Funktionsfähigkeit des Ich wiederherzustellen oder überhaupt erst zu etablieren, und es werden sich alle typischen traumaspezifischen »Notmaßnahmen« einstellen wie Dissoziation, Hereinnahme der Gewalt als destruktives Introjekt, das sekundär zur Identifikation mit dem Aggressor führt mit den beiden komplementären Linien Unterwerfung und Autoaggression einerseits und externalisierende Gewalt andererseits (▶ Kap. 5).

4.3 Chronische Traumatisierung in familiären Beziehungen

Eine einmalige gewalttätige Entgleisung eines Elternteils kann auch traumatisierende Folgen haben und lebenslange psychische Spuren hinterlassen. Aber die Chance der Restituierung des Selbst und die Wiedergewinnung der Ich-Fähigkeiten ist doch ungleich höher als bei chronischer Misshandlung, insbesondere dann, wenn die Eltern das Unrecht ihres Handelns eingestehen und dem Kind die Möglichkeit bieten, die Szene, die zu der Gewalt geführt hat, mit ihnen zu besprechen und dabei auch Raum geben, dass das Kind sein Erleben in Worte fassen kann. Auch mit Kindern, deren sprachliche Fähigkeiten noch nicht ausgeprägt sind, ist es möglich, die eigene Not zu betrachten und die Not des Kindes verstehend aufzunehmen und in eine liebevolle Beziehung wieder einzubetten. Die Szene zu verstehen hat nichts mit Rechtfertigung der Gewalt zu tun – des sollten die Eltern eingedenk sein.

Ein zweiter psychodynamischer Erklärungsansatz ist bereits angedeutet worden: Kinder bringen Eltern in Situationen der Hilflosigkeit und der Ohnmacht. Diese Situation kann ein Trigger sein für das eigene Trauma der Eltern, die selbst als Kind Bedrohungssituationen mit eben diesen Erlebnisqualitäten ausgeliefert waren und keine Möglichkeit fanden, sie durch nicht-neurotische psychische Aktivität zu bewältigen. Traumatische Überwältigungen entbinden im ersten Moment immer Aggression, ein phylogenetisch vorgegebener Reflex, sich der Bedrohung zu erwehren. Aber diese Aggression macht zusätzlich Angst: Angst, der Aggressor könnte die eigene Aggression mit einer Steigerung seiner Gewalt beantworten, oder aber Angst, die libidinösen Komponenten der Beziehung auch noch zu zerstören. Die destruktive Aggression – auch die eigene! – wird nun per Introjektion nach innen genommen. Wenn auch die Möglichkeit der Flucht nicht gegeben ist, tritt die Psyche die Flucht nach innen an – in die Dissoziation, in der auch die dritte Möglichkeit, die Erstarrung, aufscheint.

Nun aber, in der Position des »stärkeren« Elternteils, fällt die Angst vor den destruktiven Reaktionen übermächtiger Aggressoren weg: Die Wut, die einstmals den überwältigenden Eltern (oder anderen Personen) gegolten hat, wird nun auf das Kind gerichtet, das sich nicht wehren kann. Hinter dem Kind, das einen in die unerträgliche Position der Hilflosigkeit und Ohnmacht bringt, scheint die Person des einstmals übermächtigen Aggressors auf; das Kind wird wahrgenommen als bedrohliches Monster, dessen man sich mit allen Mitteln zu erwehren hat, und an dem man sich nun für alle einst erlittene Demütigung und Schmach schadlos halten kann. Die beschädigte Psyche sucht sich einen Ausgleich für erlittenes Unrecht, wobei ihr der Vorgang der Verschiebung entgegenkommt. Hier liegt wohl auch eine Quelle für die hartnäckigen Rechtfertigungsversuche für gewaltförmige Erziehungsstile, in denen man ein Unrechtsbewusstsein vergeblich sucht.

Hier sind auch Formen der aktiven psychischen Misshandlung anzusiedeln: Eine andauernde Entwertung des Kindes, die verächtliche Herabsetzung und Beschämung, Zurückweisungen, erschreckendes Verhalten, übermäßiges, eindringendes Kontrollieren, Feindseligkeit, fortdauernde Schuldzuschreibungen oder die Delegation »unmöglicher« innerer Aufträge lassen sich als Projektionen von negativ empfundenen Selbstanteilen der Eltern erkennen. Die eigene verhasste Schwäche, Hilflosigkeit und Beschämung wird in das Kind hineingepresst. Letztlich aber gilt diese psychische Aggression den ehemals übermächtigen Aggressoren, die phantasmatisch im Kind wiedererscheinen. Die überwiegend aktive emotionale Misshandlung zieht ebenso schwere Traumafolgen nach sich wie andere chronische Traumatisierungen (Riggs 2017; Zurbriggen & Ben Hagai 2017; Beiderwieden et al. 1986).

Schließlich spielt der Sadismus bei der Entstehung der Kindesmisshandlung eine Rolle. Im Abschnitt über den sexuellen Missbrauch wurde ausgeführt, wie die weibliche Perversion die Perversion des Jungen und Mannes hervorbringt, diese wiederum pervertiert die weibliche sexuelle Entwicklung. Sexueller Missbrauch ist eine Perversion. In der Perversion werden Sexualobjekt und Sexualziel verschoben. Sexueller Missbrauch ist nicht allein sexualisierte Gewalt, er stellt auch eine (unangemessene) Aggressivierung der Sexualität dar. Im Sadismus wird die aggressive Komponente der Sexualität überbetont und isoliert, Lust wird erlebt in der Machtausübung und totalen Kontrolle über das Sexualobjekt. Die Perversion des männlichen Sadismus entspringt im Grunde der Überzeugung eines Jungen, der den inzestuösen Verführungen der Mutter ausgesetzt war, ohne Anerkennung des Vaters und dessen Gesetz die Mutter beherrschen und besitzen zu können (vgl. Hopf 2012, S. 206).

4.3 Chronische Traumatisierung in familiären Beziehungen

Auch das Kind ist für den Erwachsenen in einem sublimierten Sinne ein Sexualobjekt, und es kann in der Perversion zu einem realen Sexualobjekt erwählt werden, wie das im sexuellen Missbrauch der Fall ist. Aber in der Kindesmisshandlung scheint diese Sexualwahl vom Inzestverbot zumindest gehemmt zu sein. Übrig bleibt die sexuell gefärbte Lust an der Machtausübung, der Demütigung und der Quälerei. Bei Vätern, aber auch Müttern mit einer solchen perversen Prädisposition muss man davon ausgehen, dass sie in der Misshandlung ihrer Kinder *Lust* erleben.

Ein Patient schildert, wie sein Vater regelmäßig Strafaktionen für alle möglichen Vergehen durchführte, ein ritualisiertes Schlagen, bei dem der Vater offensichtlich eine sexuelle Befriedigung erlebte. Ähnliches wird von einem anderen Patienten geschildert: Hier war es die Mutter, die solche planmäßigen Prügel verabreichte und der dabei den Eindruck nicht loswurde, es mache der Mutter Spaß, ihn solchermaßen zu züchtigen.

Für Erwachsene geht von dem libidinös besetzten kindlichen Körper eine Verführung aus. Das kann in Erwachsenen mit einer tendenziell perversen Sexualorganisation einen heftigen Konflikt zwischen dem Begehren, auf diese Verführung konkretistisch einzugehen einerseits und dem Inzestverbot andererseits führen. Der eigene Inzestwunsch wird abgewehrt, indem man das Kind für die Verführung bestraft. Es wird dann in das Kind die sexuelle Verführung projiziert und diese zugleich wieder »herausgeprügelt«. Das Kind wird bestraft für die perverse Sexualität des Erwachsenen.

Eine solche Konstellation ist für das Kind in mehrfacher Hinsicht verwirrend: Hier spielt nicht allein die Überwältigung mit ihren traumatisierenden Folgen eine Rolle. Das Kind spürt sehr wohl, worum es geht: es ist die »böse«, bedrohliche Sexualität, die hier gewaltsam zugleich sich austobt und bestraft wird. Eine Einordnung dieser fremdartigen, rätselhaften und zugleich bedrohlichen Sexualität, von einem Erwachsenen übergestülpt, ist natürlich nicht möglich. Es wird in seiner sexuellen Entwicklung verstört und gehemmt, und es liegt nahe, dass ein solches Kind wiederum sadistische oder masochistische Deformationen der Sexualität entwickelt – eine Traumafolge, die meist erst in längeren Analysen erkannt werden kann.

4.4 Kumulatives Trauma, Sequenzielles Trauma

Masud R. Khan hat 1963 (The Concept of Cumulative Trauma, dt: Das Kumulative Trauma, Khan 1977/1963) den Prozess des von ihm sogenannten Kumulativen Trauma beschrieben. Er greift dabei auf das Ichpsychologische Konzept des Reizschutzes zurück, das von S. Freud bereits entwickelt und von Anna Freud vertieft worden ist (▶ Kap. 2.3). Er bezieht dieses Konzept auf die präverbale frühkindliche Entwicklung, in der das Ich sich erst herausbildet und der gesamte psychophysische Organismus des Säuglings auf den Reizschutz angewiesen ist, den die Mutter mit ihrer Fürsorge zur Verfügung stellt. Wird dieser Reizschutz durchbrochen, »versagt« also die Mutter in ihrer Funktion, so stellen sich Störungen in der Entwicklung und Integration autonomer Ich-Funktionen, der Etablierung von Objektrepräsentanzen und des primären Narzissmus ein. Die Mutter-Kind-Beziehung wird entweder symbiotisch oder ablehnend, Separationsvorgänge werden unterlaufen oder zumindest erschwert. In den Worten von Winnicott: Ein Versagen der Primären Mütterlichkeit zieht Unterbrechungen der Reifungsprozesse nach sich. Der »Reizschutz« bedeutet einerseits eine rechtzeitige und passgenaue Befriedigung der Bedürfnisse des Säuglings, andererseits eine Hilfe, unvermeidliche Spannungen, Versagungen und Unlust zu ertragen.

In verschiedenen metapsychologischen Ansätzen der Psychoanalyse wurde das Versagen des mütterlichen Reizschutzes und seine Auswirkungen auf die kindlichen Psyche beschrieben: Das »Halten« misslingt (Winnicott), oder die Bindungsbedürfnisse des Kindes werden nicht adäquat, feinfühlig und zeitnah beantwortet. Dabei ist nun aber ein einzelnes solches Ereignis keineswegs traumatisch, oft lässt es sich kaum beobachten. Das »Kind (leidet) unmerklich Schaden, der irgendwann in der Zukunft manifesten Ausdruck finden wird« (A. Freud 1958b, S. 1726). Mit zunehmender Reifung kann das Ich durchaus auf die Fähigkeit der Restitution nach Einbrüchen des Reizschutzes zurückgreifen. Entscheidend für das *kumulative Trauma* ist die Häufung solcher Ereignisse. Das sich bildende Ich wird immer wieder durch Einbrüche der beschriebenen Art

4.4 Kumulatives Trauma, Sequenzielles Trauma

zurückgeworfen, kaum dass es sich von dem vorherigen einigermaßen erholt hat – wenn überhaupt. Was hier traumatisch wirkt, ist also nicht der völlige Verlust der Mutter oder eine schwere Pathologie, welche sie hindert, einen ausreichenden Reizschutz zur Verfügung zu stellen, es ist vielmehr eine Kumulation subtraumatischer Ereignisse über eine längere Zeitspanne, die in der Summe ähnliche Folgeerscheinungen zeitigen wie das Ausbleiben der Sicherstellung der anaklitischen Bedürfnisse des Kindes. Solche Folgen sind im Wesentlichen Lücken im Aufbau der psychischen Struktur, so dass dem Individuum nur partiell ausreichende Ich-Kräfte zur Verfügung stehen, die Entwicklungskonflikte zu meistern. Das kumulative Trauma gräbt sich nachhaltig in den Aufbau der Psyche des Menschen ein und entfaltet in jedem Lebensabschnitt spezifische pathogene Wirkungen, ohne dass man ein schwerwiegendes affektiv überflutendes Ereignis oder eine aktive pathologische Beziehung wie etwa beim sexuellen Missbrauch oder bei Misshandlungen identifizieren könnte.

Das Konzept des kumulativen Traumas ist zunächst ein Verstehenshorizont für scheiternde präverbale Vorgänge zwischen Mutter und Säugling. Eine Folgeerscheinung dieser Lücken in der »primären Mütterlichkeit« (Winnicott) *kann* die Störung der Symbolisierungsfunktion, die Beeinträchtigung der Sprachentwicklung etc. sein. Es können sich aber auch Reifungsdisharmonien einstellen dergestalt, dass ein früher Spracherwerb als pseudoprogressive Abwehrleistung einsetzt, welche die Abhängigkeit von der mütterlichen Fürsorge und deren Mangel zu kompensieren trachtet. Meist aber haftet solchem Sprachgebrauch etwas Imitatorisch-Schablonenhaftes an. Die Kinder imponieren durch eine quasi »erwachsene« Sprache, ohne den Sinngehalt dahinter wirklich zu erfassen und ohne dass diese von emotionalen und affektiven Vorgängen »unterfüttert« wäre.

Ein siebenjähriger Junge, der seine ersten Lebensjahre in einem verwahrlosten Haushalt mit einer suchtkranken Mutter verbracht hat, pflegt sich bei Dorfveranstaltungen zu den Erwachsenen zu stellen, ihnen bei organisatorischen Dingen zu »helfen« und mit ihnen mitzudiskutieren. Alle sind erstaunt über den kleinen Kerl, der schon so viel vom Weltgeschehen zu wissen scheint, und zu allem, was die Erwachsenen sagen, einen klugen Kommentar hat. Damit hat er aber nur solange Erfolg, bis jemand genau zuhört und merkt, dass die Bemerkungen des Jungen meistens leicht daneben liegen und nichts anderes sind als raffiniert platzierte, auswendig gelernte sprachliche Versatzstücke.

4.4.1 Kumulatives Trauma und emotionaler Missbrauch

Als kumulative Traumata lassen sich auch Vorgänge in der späteren Entwicklung beschreiben: Das Ich eines Kindes, eines Jugendlichen wird wiederkehrend von Impulsen aus dem Beziehungsmilieu angegriffen und geschwächt, oder es sieht sich dem Ansturm von Affekten gegenüber, die es nicht steuern und integrieren kann. Jedes Einzelne dieser Ereignisse lässt sich zunächst durch die Restitution der Abwehrvorgänge verarbeiten, das Ich kann seine Funktionsfähigkeit – womöglich auch mit Hilfe sozialer Ressourcen – wiederherstellen. Tritt aber ein nächstes, ein übernächstes usw. ähnliches Ereignis in steter Wiederholung ein, werden die Restitutionsvorgänge immer schwieriger, eine dauerhafte Schwächung des Ich ist die Folge mit den bekannten traumaspezifischen Rettungsversuchen. Solche kumulativen Traumatisierungen erleben Kinder, die z.B. einer wiederkehrenden Demütigung, Entwertung und Herabsetzung unterworfen sind, die ihren Eltern nichts recht machen können und dafür bestraft werden, die temporär Hilflosigkeits- und Ohnmachtsgefühlen ausgesetzt sind angesichts von Vorwürfen, Beschuldigungen und Feindseligkeiten von Eltern und anderen Erwachsenen; Kinder, die in Überforderung und Versagensangst leben und an ihrer Situation auch mit großer Anstrengung nichts ändern können. Oder sie sind intrusiv-kontrollierenden Übergriffen ausgeliefert, oder sie werden wiederholt in »double-bind«-Situationen gedrängt. Solche psychischen rhythmisch wiederkehrenden Angriffe auf das Ich lassen sich als *psychischer oder emotionaler Missbrauch* und ihre Auswirkungen als *psychische* Traumatisierungen beschreiben, die im Übrigen auch schwerwiegende Folgen für die Bindungsrepräsentanzen des Individuums haben (vgl. Riggs 2017). Sie sind als Traumatisierungen zunächst schwer zu erkennen, entfalten aber eine nachhaltig schädigende Wirkung, die symptomatisch u. U. erst später im Leben zum Vorschein kommt (vgl. Zurbriggen & Ben Hagai 2017).

4.4.2 Das sequenzielle Trauma

Hans Keilson, ein deutsch-niederländischer Arzt und Psychoanalytiker (1909–2011) untersuchte die traumatisierende Belastungssituation und ihre Folgen, welcher jüdische Kinder und Jugendliche in der Verfolgung durch die Nationalsozialisten im sog. »Dritten Reich« in den Niederlanden ausgesetzt waren. Im Unterschied zu den bisher beschriebenen Formen der Traumatisierungen »betrifft dies Faktum ein Gruppenereignis, das das Private übersteigt in außergewöhnlichen und schwer nachzuphantasierenden Ausmaßen. Obgleich gewiß auch hier Unterschiede subjektiver Art von Kind zu Kind wechseln und altersgemäße Differenzierungen auftraten, wird deutlich, daß wir es hier mit einer übergeordneten Art der Soziogenese zu tun haben, und zwar aus der Kategorie der *man-made disasters*« (Hervorhebg. H.K.) (Keilson 2005/2017, S. 297).

Die »extreme Belastungssituation«, die allgemein konstitutionell für ein psychisches Trauma zu gelten hat, ist mit der Beendigung der aktuellen Verfolgung nicht zu Ende. Das Verfolgungsgeschehen wirkt weiter in der langanhaltenden Beeinträchtigung der Entwicklung und Reifung von Kindern und Jugendlichen – vermutlich bis ins Erwachsenenalter hinein.

Zwar unterliegt die individuelle psychische Verarbeitung des Traumas Varianten. Aber »…es hieße das Wesen der Verfolgung, der böswilligen, auf Ausrottung zielenden Aktionen mit ihren massiv-kumulativen Erschütterungen, mißverstehen, wenn man den direkten Bezug auf die als Verfolger auftretende soziale Umwelt (im vorliegenden Falle das soziologisch und politisch geprägte Gebilde »Das Dritte Reich«) aus den Augen verlöre« (a.a.O. S. 299). Es ist deshalb geboten, diese Form der Traumatisierung durch eine politisch-gesellschaftliche Bedrohung, welche auf die Ausrottung der Gruppe zielt, der man angehört, durch die Identifizierung von überindividuellen Gemeinsamkeiten formal und konzeptuell zu erfassen.

Keilson identifiziert drei Phasen: »1) Die Beginnphase mit den präludierenden Momenten der Verfolgung; 2) Aufenthalt im Konzentrationslager oder im Versteck; 3) Nachkriegszeit mit allen Schwierigkeiten der Wiedereingliederung etc.«

Aus diesen drei Phasen »wollen wir *Verfolgungs- oder traumatische Sequenzen* ableiten.« (ebd).

Die erste Sequenz ist charakterisiert durch die Erschütterung und Auflösung der bisherigen sozialen Ordnung, die dem Individuum Halt und Sicherheit gewährt: Angriffe auf die berufliche und wirtschaftliche Existenz, auf die »Würde und Integrität der Familie«, die Zerschlagung der Gemeinschaft, auch indem Personen aus dem Umkreis verschwinden, die Allgegenwart der Angst vor Deportationen, die Ohnmacht der Rechtsunsicherheit etc.

Die zweite Sequenz enthält die direkte Lebensbedrohung durch Deportation, Gefangennahme, Entführung oder in der Situation des Untertauchens und des Versteckens: ausgeliefert zu sein an Unsicherheit und Feindseligkeit, physische Entbehrungen, Hunger, Krankheit, psychisches Erleben von »Zermürbung, Infragestellung und Vernichtung mitmenschlicher Verhaltensweisen« (Keilson 2005/2017, S. 300f) und nicht zuletzt die Allgegenwart von Brutalität, Folter, Tod. Im Falle von »Flüchtlingskindern« heute sind hier alle traumatischen Bedrohlichkeiten der Fluchtumstände zu nennen (Jovic 2017). Multiple Trennungs- und Verlusttraumata gehen mit dieser Sequenz in besonderem Maße einher: Nicht allein die Trennung von Eltern und Familie und der vertrauten Umgebung, sondern auch die Verluste von Menschen, die in dieser Sequenz eine leidlich bewahrende Funktion eines zwar durchlöcherten, aber rudimentär doch vorhandenen »sozialen Cocons« übernehmen können.

Für die von Keilson untersuchten Kinder und Jugendlichen kommt eine charakteristische Kombination traumatogener Faktoren hinzu: Die Kriegs- und Verfolgungssituation selbst und die Pflegekindschaft. Die Kriegspflegekindschaft hatte keine »pädagogische« Funktion, sondern war »als eine zeitliche, von Zwang und Not diktierte Schutzmaßnahme gedacht, allein auf Sicherheit und Überleben der Kinder bedacht.« Es war also eine höchst labile Beziehungskonstellation, jederzeit vom Abbruch bedroht, etwa wenn die Kinder bei Gefährdung des Verstecks und der Tarnung »weitergereicht« werden mussten. Natürlich war es kaum möglich, den Kindern und Jugendlichen in dieser Situation eine altersgemäße Befriedigung von emotionalen, sozialen und Bildungsbedürfnissen sicherzustellen – ganz analog zu den teils extremen Belastungen heutiger Flüchtlingskinder und ihrer Familien (vgl. Vogel & Fitte 2018). Eine beständige, wiederkehrende Fragmentierung der Ich-Funktionen im Sinne der kumulativen Traumatisierung gehörte zum Alltag der Betroffenen.

4.4 Kumulatives Trauma, Sequenzielles Trauma

Keilson identifizierte eine dritte traumatische Sequenz: Mit dem Ende der Verfolgungen wurden die Betroffenen mit einer »neuen Welt« und ihren Ordnungen konfrontiert, die ihnen fremd sein musste. Nicht allein die Regelung der weiteren Unterbringung erschütterte die Möglichkeit der Orientierung in dieser Welt.

> »Die Waisenschafts- und Vormundschaftsproblematik war unlösbar verbunden mit der Konfrontation mit der Modalität des Todes der Eltern. … der Versuch der Aufarbeitung der entstandenen Schäden und Lücken führte nur zu oft zu einer Verstärkung der Konfrontation mit den erlittenen Traumata, und dadurch zu neuen Schädigungen« (Keilson 2015/2017, S. 302).

Aber auch wenn es nicht den Tod der Eltern zu beklagen gibt, so ist die Erfahrung der Fremdheit, unter Umständen gepaart mit den bedrückenden Umständen einer provisorischen, gleichsam »vorläufigen« Existenz etwa in einem Lager, sekundär traumatisch. Einige Lebensläufe der von Keilsson untersuchten Kinder zeigen, wie diese Fremdheit lebenslang nachwirkt (Lissner 2023).

Sehr anschaulich schildert Hans Hopf seine eigenen Erfahrungen:

> »Ich weiß nicht mehr, wie mein Ankunftstag im Flüchtlingslager ausgesehen hat. Nicht vergessen habe ich jedoch die erste Nacht. Ich lag in einem viel zu großen Stockbett und fürchtete mich sehr, denn meine Eltern waren mir so fremd wie meine Brüder. Und meine Großmutter, zu der ich hätte ins Bett flüchten mögen, war nicht da. Die Dunkelheit, meine Gefühle von Einsamkeit und Depression verbanden sich zu einer grauenvollen Empfindung von Angst, Gedrücktheit und Hoffnungslosigkeit. Zum ersten Mal spürte ich auch ein Gefühl von Entfremdung. Alles war wie ein Traum, mein Inneres wollte vor all dem Schrecklichen nur flüchten. Dieses Gefühl entstand von da an immer, wenn seelische Bedrohungen lauerten« (Hopf 2017, S. 47).

Bei Flüchtlingskindern beobachten wir die nachhaltige Wirkung ebendieser dritten Sequenz (vgl. Vogel & Fitte, 2018; Erdheim 2016; Ardjomandi & Streek 2002, Hopf 2017). Man gewinnt den Eindruck, als haben die Kinder und Jugendlichen während der Verfolgung und der Flucht durch die äußerste Konzentration der Ich-Funktionen auf das pure Überleben andere Bereiche des psychischen Erlebens, etwa die Regulierung der Affekte, den Zugang zu Emotionen oder die Fähigkeit zu Empathie und Vertrauen gleichsam zurückgestellt, abgespalten oder verdrängt. »Im Trauma verstummt das innere gute Objekt als empathischer Vermittler zwischen Selbst und Umwelt« (Bohleber 2012, S.114). Nun, in leidlicher Sicherheit, jedoch konfrontiert mit einer fremden, teils feindseligen und erheblich einschränkenden Umgebung in Lagern, in einer fremden Kultur und Sprache mit unverständlichen Vorstellungen von Familie, mit fremdartigen Regeln und Bräuchen, gerät das »Ankommen« erneut zu einer Überforderung der angeschlagenen Ich-Fähigkeiten. Der Habitus von Misstrauen, Kämpfen oder Verstecken; der Zwang, Regelungen, die monate- oder jahrelang empfunden wurden als lebensbedrohliche Gefahr, zu umgehen, damit die Flucht gelingt; die innere Doktrin, das Unmögliche möglich zu machen im Dienste der Überwindung von Grenzen usw. stehen einer Adaptation an die neuen Umstände massiv im Wege. Die Anspannung des ständigen »Auf-der Hut-Seins«, der innere Alarm paart sich mit Erschöpfung, Resignation und Rückzug (vgl. Keilson 2015/2017, S. 304). So geschädigten Kindern und Jugendlichen wird die Forderung nach »Integration« zu einer erneuten Bedrohung. »Personen, die eine dauerhafte Erschütterung ihres Selbst- und Weltverständnisses erfahren haben, haben kein Vertrauen mehr – weder in sich selbst noch in die Welt. Zu erwarten, dass solche Personen sich in eine neue, ihnen unbekannte Welt integrieren sollen, stellt eine Verleugnung dessen dar, was diese Personen erlebt haben.« (Erdheim 2016, S. 139) Berücksichtigt man zudem, dass die erlittene Gewalt sich in destruktiven Introjekten festsetzt, so kann man die Gefahren für die Selbst-Entwicklung, aber auch hinsichtlich eines unkontrollierten destruktiven Agierens ermessen.

Hinzu kommt die Anforderung, das Verlorene zu betrauern; diese Trauer stellt sich auch bei nicht-traumatischer Migration ein, wird jedoch unter der traumatischen Belastung des Ich erschwert bis verunmöglicht und zumeist »verschleppt« sowie depressiv verarbeitet. In der Regel sind auch die Eltern, meist selbst traumatisiert, nicht in der Lage, ihren Kindern ausreichend Halt und Hilfe bei der Verarbeitung des Traumas zu geben, zumal sie selbst, traumatische Fluchtumstände im psychischen »Gepäck«, mit den gleichen Schwierigkeiten des Ankommens und der Integration beschäftigt sind, womöglich mit wenig sozialer, materieller und juristischer Unterstützung. (Utari-Witt & Walter, 2019, S. 11–50).

Unter traumatischer Belastung sind die kognitiven Fähigkeiten eingeschränkt; der Mensch und sein Gehirn sind in einem Ausmaß mit der leidlichen Regulierung von basalem traumatischen Stress beschäftigt, dass die »Besetzung« von (kognitiven) Lernvorgängen wie etwa dem Erlernen der Sprache unmöglich erscheint. Hirnorganisch werden Bewältigungsmuster der traumatischen Destabilisierung gebahnt und verfestigt, die zu spezifischen Folgestörungen führen:

> »Die Kinder zeigen Störungen in ihrer Affektregulation mit Zuständen von Betäubung und Übererregung, häufig gepaart mit impulsivem und riskantem Verhalten. Sie sind in ihrer Selbstwahrnehmung und in ihrer Wahrnehmung von anderen gestört und haben Schwierigkeiten, zwischen sich und anderen Grenzen zu ziehen und aufrechtzuerhalten. Oft zeigen diese Kinder Bewußtseinsveränderungen, Amnesien, Hypermnesien, Dissoziationen, Depersonalisations- und Derealisationsphänomene, Flashbacks und Alpträume. Typisch sind weiterhin korrupte Wertsysteme und brüchige Normen sowie generell fehlende Orientierungen. Häufig weisen sie schwere Lern-,- Aufmerksamkeits- und Kontaktstörungen auf« (Hüther 2003, S. 103 f; vgl. Hüther 2002).

So wichtig Versuche, Kinder und Jugendliche in das Bildungs-, Werte- und Normensystem der Ankunftskultur etwa durch das Erlernen der Sprache und durch pädagogische Maßnahmen zu »integrieren«, so wichtig, ja geradezu zwingend ist eine damit einhergehende psychotherapeutische Traumabehandlung.

Zum Werk von Hans Keilson und seiner Aktualität sei die Lektüre von Stambolis und Lamparter (2021) empfohlen.

Zusammenfassung

Definitionen des Traumas lassen sich unter verschiedenen Aspekten vornehmen: Neurobiologie, Stressverarbeitung, somatische und psychische Vorgänge, Kontext des Traumas. Unterschieden werden

- Typ-I-Trauma: Monotraumatisierung
- Typ-II-Trauma: wiederholte und sich über einen längeren Zeitraum hinziehende Traumatisierungen
- Typ-III-Trauma: anhaltende Traumatisierungen durch nahestehende Bezugspersonen

Akuttraumatisierungen haben in Kindheit und Jugend immer auch einen Beziehungsaspekt: Sie führen zur Erschütterung des Urvertrauens, der

Bindungssicherheit und des Gefühls, sich auf den Schutz der Eltern und Erwachsenen verlassen zu können.

Chronische Traumatisierungen im familiären Kontext kommen in vielfältigen, teils sich überlappenden Formen vor:

- Trennungstraumata
- Psychische Vernachlässigung, Deprivation
- Sexueller Missbrauch
- Körperliche und psychische Misshandlung

Alle diese Formen von Traumatisierung ziehen dysfunktionale Verarbeitungsmodi und Traumafolgestörungen nach sich. Allen gemeinsam ist die erlebte Hilflosigkeit, existenzielle Angst, der Verlust von Vertrauen und kohärenten Weltbildern, der Zusammenbruch der Bewältigungsmöglichkeiten des Ich, nachhaltige Entwicklungsstörungen. Charakteristisch sind pathogene Beziehungsdynamiken zwischen Bezugspersonen und Kind.

Das Konzept des *kumulativen Traumas* (Masud R. Khan) beschreibt eine Aufeinanderfolge subtraumatischer Ereignisse in der Säuglings- und Kleinkindzeit, die in ihrer Summe traumatisierend wirken. Der Reizschutz wird regelmäßig durchbrochen, die Restitutionsversuche des Ich werden zermürbt. Entwicklungsverzögerungen, Lücken im Aufbau des Selbst und Störungen der Symbolisierungsfunktion oder pseudoprogressives Abwehren können die Folge sein. Insbesondere emotionaler Missbrauch wirkt kumulativ-traumatisierend.

Bei der Untersuchung an jüdischen Kindern, die in den Niederlanden in Pflegekindschaften oder KZs die Naziherrschaft überlebten, identifizierte Hans Keilson drei traumatische Sequenzen, die jede für sich und in Summe als schwere Traumatisierungen gelten müssen. Dieses Konzept der *sequenziellen Traumatisierung* eignet sich besonders gut, die traumatische Belastung von »Flüchtlingskindern« zu beschreiben und zu verstehen.

Literatur zur vertiefenden Lektüre

Brisch, K. H. (2017) (Hrsg.): *Bindung und emotionale Gewalt.* Stuttgart: Klett-Cotta.
Cohen, Y. (2004): *Das mißhandelte Kind. Ein psychoanalytisches Konzept zur integrierten Behandlung von Kindern und Jugendlichen.* Frankfurt/M: Brandes & Apsel.
Fischer G. & Riedesser P. (2003): *Lehrbuch der Psychotraumatologie.* (3. Auflage). München: Reinhardt.
Fritzemeyer, K. (2017): Auswirkungen unverarbeiteter Traumatisierungen im Kontext von Verfolgung und Zwangsmigration auf die frühe Mutter-Kind-Interaktion. *KJP 175, 48*, S. 331–357.
Green, A. (2004): *Die tote Mutter. Psychoanalytische Studien zu Lebensnarzissmus und Todesnarzissmus.* Gießen: Psychosozial.
Hirsch, M. (2004): *Psychoanalytische Traumatologie – das Trauma in der Familie. Psychoanalytische Theorie und Therapie schwerer Persönlichkeitsstörungen.* Stuttgart: Schattauer.
Hirsch, M. (2018): Schuld der Mütter? Und die Väter? Zur transgenerationalen Dynamik sexueller Perversion. *KJP 178, 49*, S. 213–231.
Hüther, G. (2003): Traumatische Erfahrungen und Hirnentwicklung. In: Brisch, K.-H., Hellbrügge, T. (Hrsg): *Bindung und Trauma. Risiken und Schutzfaktoren für die Entwicklung von Kindern* (S. 94–102). Stuttgart: Klett-Cotta.
Keilson, H.A. (2005/2017): Entwicklung des Traumabegriffs. *KJP 175, 48*, S. 293–329.
Rauwald, M. (2018): Liebe in Zeiten der Flucht. Psychodynamische Überlegungen zur Bedeutung von Familie im Kontext von Flucht. *KJP 179, 49*, S. 405–420.
Spitz, R. A. (1996): *Vom Säugling zum Kleinkind. Naturgeschichte der Mutter-Kind-Beziehungen im ersten Lebensjahr* (11. Auflage). Stuttgart: Klett-Cotta.
Stambolis, B. & Lamparter, U. (Hrsg) (2023): *Folgen sequenzieller Traumatisierung. Zeitgeschichtliche und psychotherapeutische Reflexionen zum Werk von Hans Keilson.* Buschreihe: Forum Psychosozial. Gießen: Psychosozial.
Teckentrup, G. (2017): Flucht und Trauma. *KJP 175, 48*, S. 359–379.

Weiterführende Fragen

- Warum ist es sinnvoll, verschiedene »Typen« von Traumatisierungen zu unterscheiden?
- Warum haben Akuttraumatisierungen im Kindes- und Jugendalter, auch wenn sie sich nicht im familiären Rahmen ereignen, einen Beziehungsaspekt?
- Wann sind Trennungen traumatisierend?

4 Formen der Traumatisierung in Kindheit und Jugend

- Warum kann die postpartale Depression einer Mutter für das Kind traumatisierend sein?
- Warum spricht man von einer »Inzestfamilie«?
- Welche Formen von Kindesmisshandlung kennen Sie? Wie lässt sich Kindesmisshandlung erklären?
- Was ist zu berücksichtigen, wenn man das Konzept des kumulativen Traumas auch auf andere Entwicklungsstufen als das Säuglingsalter ausdehnt?
- Das Konzept der sequenziellen Traumatisierung wurde unter bestimmten sozio-kulturellen Bedingungen entwickelt. Wie kann man es auf andere Formen der Traumatisierung anwenden?

5 Die Psychodynamik der Traumaverarbeitung

Das Trauma durchbricht die Abwehrschranke des Ich und zerschlägt die bis dahin erworbenen Bewältigungsstrategien der Regulierung zwischen inneren und äußeren Anforderungen. Der psychophyische Organismus leitet daraufhin Notmaßnahmen ein, die nicht nur das äußere, sondern auch das innere Überleben sichern. Solche Notmaßnahmen sind ein Versuch, weitergehende Dekompensationen etwa in Richtung Psychose, also einer umfassenden und womöglich dauerhaften Zerschlagung eines realitätsgerechten psychischen Funktionierens abzufangen. In diesem Sinne sprechen wir von »Traumaverarbeitung« hier nicht von dem Ende eines gelungenen Heilungsprozesses, sondern von einer Abwehrreaktion, die unter Verlust bereits erworbener reifer Strukturen das Trauma gerade noch erträglich zu machen versucht. Die Leitfrage dieser Abwehrreaktionen kann man so zusammenfassen: Wie kann man sich angesichts von Existenzbedrohung und extremer Angst vor dem psychischen Untergang retten? Solche Rettungsversuche, auch wenn sie leidlich gelingen, ziehen in der Regel Folgeprobleme nach sich, denn sie greifen zurück auf ursprüngliche, »primitive« Formen der Abwehr, die weder selbst- noch sozialverträglich sind. Diese Folgeprobleme werden im Kapitel »Traumafolgestörungen« behandelt (▶ Kap. 6).

5.1 Dissoziation

Dissoziationen sind der Menschheit schon immer bekannt, sie wurden als Ekstase, als Trance, als Besessenheit, als außerkörperliche Erfahrungen usw. beschrieben (Wöller 2020) Auch sind Dissoziationen nicht per se pathologisch (▶ Kap. 6.2). Im Folgenden ist von schweren Formen der Dissoziation in Folge traumatisierender Ereignisse die Rede.

Eine erste Form der Dissoziation in der peritraumatischen Situation besteht darin, dass sich das misshandelte oder missbrauchte Kind gleichsam zum Verschwinden bringt. Eine Patientin, die als Kind missbraucht worden war, »hatte diesen Vorgang in einer Zeichnung dargestellt: Sobald ihr Vater sie berührte, ›ließ sie sich verschwinden‹; sie schwebte dann zur Zimmerdecke empor und schaute auf ein anderes kleines Mädchen in ihrem Bett hinab. Und sie war froh, daß nicht sie selbst dort lag, sondern ein anderes Mädchen mißbraucht wurde« (van der Kolk 2016, S. 161).

Sehr plastisch beschrieb auch Erwin Sturm (2018) die Erzählung eines 17-jährigen geflüchteten Jugendlichen von dessen grauenvollem Erleben im Bürgerkrieg:

> Er erzählte »frei, scheinbar ohne Leidensdruck, wie ein Plaudern in einer lauen Sommernacht. Ich war in gewisser Weise überwältigt, hörte zwar die grausamen Inhalte seiner Erzählung, aber ohne dass ich ihnen emotional eine Bedeutung geben konnte. Mal fragte ich nach, mal erzählte er, ich war zunehmend verwirrt, konnte die Diskrepanz zwischen emotionalem Erleben und dem Inhalt nicht begreifen. Am ehesten war es, als würde ein Märchenerzähler Geschichten aus 1001 Nacht erzählen, Märchen eben, nur erzählte er von seiner eigenen Geschichte« (Sturm 2018, S. 386)

In dieser Diskrepanz können wir den Vorgang der Dissoziation in der Übertragung beobachten: Der emotionale Gehalt der traumatischen Vorgänge wird von denselben abgezogen, dissoziiert, um das Kern-Selbst vor der Überflutung von Angst, Ohnmacht und Verzweiflung zu schützen.

Die Dissoziation ist also ein Versuch, wenn eine Flucht schon nicht äußerlich gelingt, doch wenigstens innerlich vor dem Schrecken davonzulaufen. Sie zieht mehrere Phänomene nach sich:

Depersonalisation, das Gefühl, selbst als Person nicht zu der traumatischen Szene zu gehören: es ist ein anderes Kind, ein anderer Mensch, dem dies widerfährt. Depersonalisation führt häufig zu einem weitergehenden dissoziativen Vorgang: der *Derealisation*. Für den Betroffenen ist die Welt, die man sieht und beobachtet, irgendwie nicht real, er ist von ihr getrennt wie durch eine Milchglas-Scheibe und gehört nicht zu ihr. Solche Zustände sind nicht immer durchgängig, sie tauchen auf, ohne dass der betroffene Mensch sie beeinflussen oder steuern könnte. Meist treten sie bei erhöhter Gefahr auf, von anderen bedrängt, bestimmt zu werden oder einem sozialen Geschehen ausgesetzt zu sein, das man nicht kontrollieren oder beeinflussen zu können meint. Diese Passagen sind von quälenden Selbstzweifeln an der eigenen Wahrnehmung und oft von Angst oder Panik begleitet, man will sie vermeiden – soziale Ängste, Rückzug und Isolation sind die Begleiterscheinungen, die sich dann oft nicht mehr auf den traumatischen Ursprung zurückführen lassen, weil dieser unkenntlich gemacht wird, werden soll.

Die *Zerschlagung des Zusammenhangs von realem Erleben und den dazugehörenden Emotionen und Affekten:* In dem oben zitierten Beispiel sind zwar die Ereignisse im Gedächtnis weitgehend erhalten, die Emotionen jedoch abgespalten, wie eingefroren und in unzugänglichen psychischen Regionen untergebracht, unzugänglich für ein verarbeitendes Ich.

Eine weitergehende Dissoziation ist die *Fragmentierung der Realität* selbst. Im Zustand extremer Angst werden die Ereignisse als Bilder, Geräusche, Gerüche, körperliche Empfindungen im impliziten (unbewussten) Gedächtnis abgelegt, wo jedoch keine zeit-räumlichen oder kausalen Einordnungen möglich sind, erst recht keine Symbolisierungen oder gar narrative Verbalisierungen (vgl. Wieland 2014, S. 31 ff). In Folge der Dissoziation sind die traumatischen Ereignisse dem Bewussten des Betroffenen entzogen, d. h. sie können nicht bewusst erinnert werden – allenfalls sind implizite Erinnerungsspuren im Fühlen, Erleben und Verhalten zu erkennen. Der traumatisierte Mensch kann sein Trauma meist nicht »erzählen«, weil die Bedingungen für eine Erzählung – zeitliche, räumliche und kausale Rahmenvorstellungen – nicht gegeben sind (vgl. Leuzinger-Bohleber 2009, S. 136 ff). Allenfalls blitzen assoziativ traumatische Fragmente auf, wenn im Sinne eines Flashbacks ein gegenwärtiger Eindruck, und sei er ein nebensächlicher, jenen den Zugang zum Bewussten gestattet – nun aber in bedrängender Form, die keinen Platz in einem kohärenten psychischen Gefüge findet, vielmehr werden die traumatischen Fragmente als konkretes Geschehen im Hier und Jetzt erlebt.

Diese Folgen der Dissoziation sind eines der größten Hindernisse in der Rekonstruktion des Traumas und führen regelmäßig dazu, dass Betroffenen nicht »geglaubt« wird, da sie ihren Schrecken zwar verinnerlicht, geradezu verkörpert haben (van der Kolk), aber nicht in eine für andere nachvollziehbare zusammenhängende und »logische« Schilderung bringen können. Allzuleicht wird dann die Glaubwürdigkeit des Opfers angezweifelt, wenn schon Ort und Zeit des Geschehenen kaum in eine Ordnung gebracht und dargestellt werden kann. Eine solche Zurückweisung, ein In-Zweifel-Ziehen des traumatischen Geschehens wirkt regelmäßig retraumatisierend.

Kann auf ein Trauma dem Kind oder dem Jugendlichen keine adäquate Hilfe in Form von Trost, emotionaler Zuwendung, verstehendem Aufnehmen seiner Not und einem psychischen und interpersonalen Raum, das Erlebte in Sprache zu bringen zuteil werden, dann wird die »Notmaßnahme« der Dissoziation als einzige Rettung bleiben; es können sich nicht reifere Bewältigungsmechanismen etablieren. In Folge stellt sich eine latente dauerhafte Stressbelastung ein, der Mensch ist gewissermaßen innerlich ständig in Anspannung, auf der Hut, gleichsam unaufhörlich auf der Flucht. Eine der ersten Maßnahmen in der Traumatherapie ist deshalb – darin stimmen alle Ansätze überein – die Reduktion von Stress, die Beruhigung der »hormonellen Stressreaktion auf der HPA-Achse« (Wieland 2014, S. 34). Es muss in der Therapie eine Situation hergestellt werden, in der Betroffene eine äußere und innere Sicherheit wiedergewinnen können (▶ Kap. 8, Die Therapie des Traumas).

Im Kapitel über sexuellen Missbrauch war bereits von der *Dissoziation des Körper-Selbst vom Gesamt-Selbst* die Rede (▶ Kap.4.3.3). Eine solche »Körperdissoziation« rettet ein rudimentäres Kern-Selbst-Erleben unter Opferung des Körperselbst in ein abgespaltenes, verhasstes und zu bekämpfendes Objekt – schließlich ist der Körper mit seiner Hilflosigkeit, aber auch mit seinem Begehren Schauplatz der traumatischen Überwältigung. Der Körper wird nun selbst angegriffen – bei Jugendlichen etwa durch selbstverletzendes Verhalten.

5.1 Dissoziation

»Allerdings wird die Missbrauchssituation nun zwischen Selbst (als Täter) und dissoziiertem Körper (als Kind, als Opfer) wieder hergestellt, die Destruktion gegen den Körper agiert, aber immerhin ist nun das Selbst aktiv, bewirkt also etwas, und das ›Opfer‹ ist Ziel der Destruktion, die nicht das ganze Selbst treffen muss« (Hirsch 2004, S. 72).

Für Patienten mit selbstverletzendem Verhalten haben die Beschädigung, das Schneiden, Ritzen, Stechen, Reißen, Beißen an Haut, Haaren und Nägeln einen beruhigenden, entspannenden, schmerzlösenden Effekt. Wie ist das zu verstehen?

Der Körper vertritt nicht allein das Opfer, er vertritt auch das mütterliche Objekt. Die frühesten Erfahrungen des Säuglings mit der Mutter sind körperlicher Natur und vermitteln sich im Hautkontakt. Die mütterliche Fürsorge vermag körperliche Schmerzen, den »beißenden Hunger«, unangenehme Empfindungen und Spannungszustände zu lindern und zu beseitigen – was der Säugling durch eigene Aktivität noch nicht vermag. Erst im Laufe einer genügend guten Bemutterung gelingt es dem Kind, die konkrete Anwesenheit der Mutter schrittweise zu ersetzen durch (beruhigende) psychische Repräsentanzen der Befriedigungserfahrungen. Diese Phantasietätigkeit bringt erste Symbolisierungen hervor, welche nach und nach an die Stelle der konkreten physischen Anwesenheit der Mutter treten. Die Affekte werden »de-somatisiert« und gewinnen eine psychische Repräsentanz.

In der traumatischen Affektüberflutung wird dieser Vorgang unterbrochen. Das mütterliche Objekt bleibt ein körperliches, weshalb nun bei dessen Fehlen oder Versagen der eigene Körper an ihre Stelle tritt bzw. in der Verschmelzung mit jenem verharrt. Der Körperkontakt mit der Mutter vermittelt sich im Wesentlichen über die Haut – es ist also zugleich das Organ, über das die Mutter-Säuglings-Einheit gespürt wird, wie auch das Organ, über das sich die Körpergrenzen und damit die Ich-Grenzen organisieren. Die Haut repräsentiert zugleich das Verbindende als auch das Trennende in Bezug auf die mütterliche Umwelt.

Misslingt der Vorgang der Symbolisierung und der psychischen Repräsentanzen-Bildung, gelingt es also nicht, »ein entbehrtes oder traumatisches mütterliches Objekt (zu) ersetzen bzw. (zu) korrigieren«, (Hirsch 2004, S. 73), so kommt es zu einer Re-Somatisierung. Körperempfindungen können »wenigstens vorübergehend eine Art mütterlicher Versorgung« repräsentieren (ebd., Hervorhebung M.H.) Zu berücksichtigen ist, dass bei einer traumatisch gestörten Entwicklung die Differenzierung zwischen Selbst und Objekt, zwischen Innen und Außen, auch zwischen affektiven Sensationen nur rudimentär ausgebildet ist. Schmerz, Angst, Wut werden global erlebt, seelischer Schmerz und körperlicher Schmerz sind eins. Das destruktive Körper-Agieren verwandelt seelischen Schmerz in körperlichen Schmerz und ist dort – freilich illusorisch – durch eigene Aktivität beherrschbar. Die schmerzende Haut ruft die Sehnsucht nach Schmerzberuhigung durch die frühe Mutter wach, ja sie repräsentiert dieselbe. Der Körper – nicht integriert in ein Gesamt-Selbst – wird zum äußeren Objekt, an dem die Mutter wachgerufen wird, deren »böse«, versagende, traumatisierende Anteile aber zugleich bekämpft und bestraft werden. In diesem Vorgang ist ein Versuch zu sehen, die »gute Mutter« (wieder)herzustellen – sich aber auch von der »bösen« Mutter zu trennen – schließlich kann der Schnitt, das Ausreißen der Haare usw., symbolisch auch als ein Versuch der Trennung verstanden werden.

Psychische Entwicklung erfolgt von Beginn an im Rahmen von zirkulären Objektbeziehungserfahrungen, die zu inneren Objektrepräsentanzen führen und komplementär zu inneren Selbstrepräsentanzen. Diese Verknüpfungen und Differenzierungen umfassen selbstverständlich auch das emotionale und affektive Geschehen sowie die Trieborganisation. Wer bin ich in Bezug auf die Anderen? Wer sind die Anderen in Bezug auf mich? Und welche Affekte, Wünsche, Ängste usw. sind damit verbunden? Otto Kernberg (1997) geht davon aus, dass sich das psychische Leben entlang solcher introjizierter Selbst-Objekt-Affekt-Einheiten organisiert. Anfänglich könne das Ich nicht Introjektionen mit gegensätzlichen »Valenzen« integrieren. Deshalb müssen sie zunächst auseinandergehalten werden (Kernberg 1997, S. 32). Affektiv »negativ« besetzte Selbst-Objekt-Affekteinheiten, z. B. Erfahrungen der Versagung und der Frustration, müssen von »positiven« Einheiten, z. B. Erfahrungen der Befriedigung und Bedürfniserfüllung, psychisch ferngehalten werden, um diese nicht von jenen kontaminieren oder zerstören zu lassen. Ganz ähnlich hat Melanie Klein die paranoid-schizoide Position beschrieben. Misslingt die Integration, so ist darin die Ausbildung des primitiven Abwehrvorgangs der *Spaltung* angelegt.

5.1 Dissoziation

In der traumatischen Dissoziation geschieht nun zweierlei: Die »negativen« Selbst-Objekt-Affekteinheiten erstarren einerseits als traumatische angsterregende Zustände, sie müssen abgespalten werden und können nicht mehr zur weiteren Entwicklung »verwendet« werden. Andererseits werden verschiedene dieser Einheiten, die sich auch aus den unterschiedlichen Kontexten der Entwicklungslinien ergeben, nicht mehr zusammengefügt. Eine reifere Integration misslingt. Damit aber unterliegen die Objekt- und Selbstbilder selbst einer Spaltung: verschiedene Aspekte von Objekt und Selbst sind voneinander dissoziiert (vgl. Kernberg 1979, S. 44ff). *Traumatisierungen in Kindheit und Jugend sorgen also für dauerhafte Spaltungen und verfestigen sich im Laufe der Entwicklung zu schweren Persönlichkeitsstörungen* – z. B. Borderline-Organisationen. Man kann umgekehrt davon ausgehen, dass Borderline-Erkrankungen in der überwiegenden Anzahl der Fälle auf Traumatisierungen zurückgehen.

Eine 15-jährige Jugendliche mit einer schweren multiplen Symptomatik (Selbstverletzungen, Sucht, promiskuitives Sexualverhalten) beginnt ihre Therapie unter hoher Idealisierung des Therapeuten. Bald schon tauchen in ihren Assoziationen, schließlich in ihren Erinnerungen immer mehr traumatische Elemente eines väterlichen sexuellen Missbrauchs auf. Nun wird der Therapeut für sie zu einem Verfolger, der ihr diese quälenden Erinnerungen zumutet und das von diesen Erinnerungen dissoziierte »gute« Vaterbild zu zerstören droht. Alsbald muss sie die Therapie meiden, Termine werden versäumt, schließlich steht sie ganz auf dem Spiel. So wie das Objektbild »kippt«, kippt auch das Bild des Therapeuten in das eines entwerteten, angreifenden und überwältigenden Objekts. Die guten Erfahrungen in der Therapie und die schlimmen Erfahrungen des Ausgesetztseins an quälende assoziative Erinnerungsfragmente können nicht zusammengebracht werden – die spaltende Dissoziation als Abwehr darf nicht aufgeweicht werden.

Die integrative Potenz einer Psychotherapie steht hier vor enormen Herausforderungen. Das Beispiel unterstreicht auch, dass eine zu frühe Exposition, die Konfrontation mit dem Trauma (die in manchen Therapien mit Wucht in die Beziehung drängt), den therapeutischen Prozess in Frage stellen kann.

5 Die Psychodynamik der Traumaverarbeitung

Der Grundgedanke, dass sich durch eine Traumatisierung abgespaltene, unzugängliche und autonom funktionierende Persönlichkeitsanteile bilden, die in einer Therapie (re)integriert werden müssen, findet sich in den meisten metapsychologischen Modellen der Dissoziation in verschiedener Form. Einen guten Überblick gibt Sandra Wieland (2014, S. 17–49). Eine weitere Form der Dissoziation lässt sich vor dem Hintergrund der Bindungstheorie beschreiben. Gehen von Eltern Traumatisierungen aus[6], so kann das Kind keine verlässliche und Sicherheit vermittelnde Bindungserfahrung machen. Das Kind ist einer widersprüchlichen Erfahrung ausgesetzt: Einerseits sind die Eltern Quelle überflutender Angst, Schmerz und Bedrohung, zugleich aber sind sie die Personen, die potenziell Sicherheit geben und in bestimmten Situationen dies auch vermögen. Nie aber kann sich das Kind sicher sein, welcher Bindungsmodus sich je und je einstellt. Die Bindungsrepräsentanz bleibt uneinheitlich, zerrissen, es entsteht ein »desorganisiertes multiples inneres Arbeitsmodell von Bindung« (Brisch 2003, S. 108). Von der desorganisierten Bindung zur *Bindungsstörung* ist es nicht weit.

Im Rahmen einer Bindungsstörung können alle bisher aufgeführten Formen der Dissoziation auftreten. Meines Erachtens lässt sich das desorganisierte Bindungsmuster selbst auch als Dissoziation verstehen. Die verschiedenen Fragmente von Bindungserfahrungen können nicht zusammengefügt werden zu einem einheitlichen »inneren Arbeitsmodell«, sie bleiben voneinander isoliert und nicht aufeinander bezogen. Das kann dazu führen, dass das Kind je nach Situation ein anderes – meist unangemessenes – Bindungsverhalten an den Tag legt, als Versuch, sich im Sinne einer vorweggenommenen Anpassung wenigstens etwas Sicherheit zu verschaffen. Es wird sich einmal als Opfer unterwerfen, ein anderes Mal die Rolle eines Fürsorgers für den als krank wahrgenommenen Erwachsenen einnehmen, wieder ein anderes Mal sich wahllos fremden Menschen, die ihm etwas Freundlichkeit entgegenzubringen scheinen, »an den Hals werfen«, oder aber selbst zum Täter werden, um eine mögliche Bindungsperson oder deren Surrogat zu kontrollieren und in Schach zu halten. Da Bindung im Fall von Traumatisierungen häufig mit Gewalt asso-

---

6 Dies ist häufig der Fall, wenn Eltern selbst traumatisiert wurden: eine transgenerationale Weitergabe des Traumas (vgl. z. B. Fonagy 2002).

ziiert ist, entstehen sadistisch-kontrollierende Bindungsmuster, von denen sich der Betroffene Sicherheit verspricht, aber auch das masochistische Gequältwerden als komplementäre Bewegung ist ein häufig zu beobachtender Versuch, sich Bindungssicherheit zu verschaffen.

Ein siebenjähriger Junge, der in einer Jugendhilfeeinrichtung lebt, wird zur Therapie vorgestellt. In der ersten Begegnung mit dem Therapeuten überspringt er jegliche Fremdheit, schmiegt sich an den Therapeuten, ergreift vom Raum und den darin vorfindlichen Dingen rasch Besitz, als sei er bereits viele Male dagewesen. Unvermittelt stellt er die Frage: »Kann ich nicht bei dir wohnen?«.

Eine 17-jährige Jugendliche verstrickt sich immer wieder in Beziehungen zu Männern, auch älteren, in denen sie über kurz oder lang ausgebeutet, gedemütigt und misshandelt wird. Kaum hat sie sich mühevoll aus einer dieser Beziehungen herausgearbeitet und setzt ihre Hoffnung in einen nächsten Freund, stellt sich alsbald dieselbe sadomasochistische Szene ein.

5.2 Identifikation mit dem Aggressor

Die »Identifikation mit dem Aggressor« (S. Ferenczi) wurde bereits ausführlich beschrieben (▶ Kap. 2.4). Hier will ich den Abwehrcharakter dieses Vorgangs genauer untersuchen.

Zunächst wird das Erleben von Ohnmacht, Hilflosigkeit und Ausgeliefertsein abgewehrt, das charakteristisch ist für die traumatische Situation. Könnte man die unbewusste Phantasie, die hinter diesem Vorgang steckt, in Worte fassen, würde sich das vielleicht so anhören:

Nie mehr will ich eine solche ohnmächtige Angst erleben. Entkommen kann ich ihr, wenn ich genauso stark, übermächtig und gewalttätig werde wie der, der mich auf diese Weise überwältigt. Eigentlich hat er ja recht: ich bin klein, ohnmächtig, unterlegen – und in dieser Unterlegenheit verachtenswert, hassenswert. Es muss ja etwas an mir dran sein, was es rechtfertigt, dass der andere so mit mir umgeht. Es ist die Wehrlosigkeit und damit die Wertlosigkeit usw.

Damit hat das Kind in Form eines zweiten Abwehrvorgangs den Verlust an Kohärenz abgewehrt: es findet eine Erklärung, einen Sinn für die Traumatisierung. Das Kind verbündet sich auf diese Weise mit dem Täter und erhält sich so eine Beziehung zu ihm. Rosenberg (2010, S. 28) hat das prägnant so formuliert: »Wenn wir beide mich schon nicht lieben, dann hassen, quälen und verachten wir beide mich eben, dies aber dann gemeinsam«.

In der Selbstentwertung und Selbstbezichtigung via Identifikation mit der (möglichen) Sichtweise des Täters wird dieser vom Schuldvorwurf entlastet. Das Kind nimmt die Schuld des Täters identifikatorisch in sich auf – der Täter kann damit als gutes (Teil-)Objekt erhalten bleiben.

Das gewaltsam in das Kind hineingestoßene destruktive Introjekt erfährt in der intrapsychischen Verarbeitung ein doppeltes Schicksal (vgl. Rosenberg, a.a.O): Zum einen wird es Teil des Ich-Ideals und führt zu einer narzisstischen Aufwertung, zu einem Macht- und Überlegenheitsgefühl. Zum anderen aber wird es Teil der Über-Ich-Struktur, von der aus das Ich beschuldigt und verachtet wird. Nun werden aber andere, intakt gebliebene Über-Ich-Anteile das Ich wegen ebendieser Identifikationen mit dem gewaltsamen Introjekt verurteilen – was wiederum die Schuldgefühle und Selbstentwertungen verstärkt. Das Ich gerät in ein »unlösbares Dilemma: Während es sich aus Überlebensgründen mit den introjizierten Objektanteilen identifizieren muss, muss es von anderen Seiten des Überichs schwere Verurteilungen in Kauf nehmen« (a.a.O. S. 28).

In diesen Identifikations- und Introjektionsvorgängen findet eine Entdifferenzierung zwischen Selbst und Objekt statt – ein regressiver Vorgang. Letztlich ist die Regression, die auf allen Ebenen der Entwicklung um sich greift und zu Denk- und Wahrnehmungsstörungen führt, Sekundärprozesse unterläuft und Symbolisierungen blockiert selbst auch ein Abwehrvorgang: Sie ist eine innere Rettung vor einer unerträglichen Realität.

Freilich sind die Identifizierungsvorgänge nicht einseitig, darauf hat bereits Ferenczi hingewiesen. Das traumatische Eindringen der Gewalt in den anderen führt dazu, dass »ein Stück der eigenen Spontanität aus der Person (des Opfers, A. B.) gedrängt wird. Das Resultat dieses Prozesses ist einerseits die Implantierung von unlustspendenden, Schmerz und Spannung erzeugenden Seeleninhalten in die Seele des Opfers, zugleich aber saugt sozusagen der Aggressor ein Stück, d.h. das ausgedrängte Stück des Opfers in sich ein.« (Ferenczi 1999/1932, S. 124). Der Täter raubt dem Opfer gleichsam vampirhaft das innere Gute. Die vormals im Opfer befindliche Ausgeglichenheit, das Vertrauen, das Selbstwertgefühl missbraucht er zur eigenen Spannungsregulation. Hält man sich das vor Augen, scheint es nicht mehr so merkwürdig zu sein, wie wenig Schuldgefühle Täter empfinden.

Es ist eine durchgängige Beobachtung in der Therapie mit traumatisierten Kindern und Jugendlichen, dass ihnen eine *kreative* Spontanität im Phantasieren, Spielen, Assoziieren abgeht. Hier ist nicht die »spontane«, überraschend durchbrechende Destruktivität gemeint, die so häufig vorkommt. In der Gegenübertragung erlebt sich der Therapeut häufig gelähmt, starr, eingeschränkt – als sei er ebenfalls seiner Spontanität beraubt und müsse vor dem destruktiven traumatischen Introjekt in die Knie gehen. Natürlich ist unschwer einzusehen, dass die Einschränkung der Spontanität ebenfalls eine Schutzfunktion hat: das traumatisierte Kind muss ängstlich kontrollieren, wie es sich im Beziehungsgeschehen bewegt, um nicht dem unberechenbaren Angriff ausgesetzt zu sein.

5.3 Das traumatische Introjekt

Das Konzept der Identifikation mit dem Aggressor unterliegt einer gewissen Unschärfe. Eine Identifikation bezieht sich auf einen reifen Vorgang, in dem Anteile von *Beziehungserfahrungen* mit einem Objekt, also nicht das Objekt selbst, an das Ich angeglichen wird. Dadurch erfährt das Ich eine Erweiterung und Bereicherung hinsichtlich der Identitätsreifung und seiner emotionalen, kognitiven und sozialen Erfahrungs- und Verhaltensspielräume. Bei der Identifikation mit dem Aggressor hingegen kommt es zu dieser Erweiterung nicht – sie führt allenfalls zu einer Unterwerfung unter die gewalttätige Beziehungsstruktur, die nicht verändert werden kann. Eine Assimilation in das Ich im Sinne einer progressiven Veränderung findet gerade nicht statt, das Kind bleibt in seiner Ich-Entwicklung erstarrt und fixiert auf die traumatische Szene, die – unverarbeitet – allenfalls im Sinne des Wiederholungszwangs stets erneut aufgelegt wird.

Es handelt sich hierbei um einen unreifen Identifikationsvorgang. Die psychischen Formen von Internalisierungen (ein assimilatorisches Geschehen) lassen sich auf einem Kontinuum unterschiedlicher Reifegrade darstellen: Inkorporation – Introjektion – Identifizierung. Der Vorgang der Identifikation mit dem Aggressor ist auf einer unreiferen Stufe anzusiedeln, sachgerechter ist es, von einer Introjektion zu sprechen. Ein Introjekt ist zunächst ein Fremdkörper im psychischen Gefüge, der erst sekundär durch Identifizierungsvorgänge mit dem Introjekt oder Aspekten des Introjekts assimiliert werden kann – oder eben als Fremdkörper isoliert oder dissoziiert überlebt und, so es destruktiv aufgeladen ist, weiter sein destruktives Unwesen in allen Entwicklungsschritten treibt.

Wenn in einem weiteren Assimilationsvorgang Aspekte des Introjekts identifikatorisch dem Ich angeglichen werden, kommt es zur eigentlichen Veränderung der Ich-Struktur: ein zweiter Überarbeitungsvorgang, der den psychischen Mechanismen wie Verdichtung und Verschiebung unterliegt. Der Abwehrvorgang besteht darin, dass Teile des Introjekts isoliert bleiben, von der (bewussten) Wahrnehmung und dem Erleben via Spaltung und Dissoziation ferngehalten werden, andere Teile jedoch der Umarbeitungsleistung des Ich zugänglich sind. Bildlich gesprochen, bleibt ein Brocken des Introjekts unverdaut, ein anderer wird in den psychischen Organismus so gut es geht eingebaut, wobei das Gift weiterwirkt und schließlich zum willkommenen Betäubungsmittel wird.

Dass traumatisierte Kinder und Jugendliche z. B. selbst zu Gewalttätern sich und anderen gegenüber werden, ist also kein passiv erlittenes Schicksal. Es beruht vielmehr auf einer aktiven psychischen Leistung, dem – freilich aus der Not geborenen – Versuch, das gewalttätige destruktive Introjekt umzuarbeiten und identifikatorisch zu bewältigen. Das traumatische Introjekt wirkt auf doppelt fatale Weise: die Assimilation via Identifizierung dringt sowohl in die Über-Ich-Struktur ein und wirkt verurteilend, vernichtend, entwertend, »wie sie die Beziehungsbotschaft des ehemaligen Aggressors nicht besser darstellen könnte« (Rosenberg 2010,

S. 56) – als auch in die Ich-Ideal-Struktur und wirkt narzisstisch aufblähend, es führt zu Phantasien von Grandiosität, Omnipotenz, Unangreifbarkeit. Die Wechselwirkung dieser identifikatorischen Vorgänge wurde oben bereits dargelegt. Evoziert der Niederschlag des traumatischen Introjekts im Über-Ich Schuldgefühle, so evoziert derjenige im Ich-Ideal Scham, die narzisstisch kompensiert werden muss. Beides kettet das Ich an das Introjekt: Die Befreiung von Schuld kann nur vom Über-Ich-Introjekt erwartet werden, die Befreiung von Scham vom Ich-Ideal-Introjekt.

Besonders perfide wirken sich sexueller Missbrauch und Misshandlungen in religiösen Zusammenhängen aus: das Opfer wird in die Position des schuldigen, entwerteten, verachtenswürdigen Kindes gedrängt wird – das diese introjektiv übernimmt. Das Kind bleibt an den Täter gekettet, da nur dieser die Schuldvergebung vermitteln kann.

Ähnlich verheerend sind sexuelle Übergriffe im Rahmen von Psychotherapien: Der Täter ist zugleich derjenige, von dem man sich Heilung erhofft.

Eine dritte Wirkung besteht darin, dass das traumatische Introjekt die Dissoziation erzwingt.

Ein Introjekt ist kein naturgetreues inneres Abbild einer realen Person. Je nach Entwicklungsstand werden lediglich Teilaspekte des Objekts internalisiert, wir sprechen von Teilobjekten. Aber auch diese Teilobjekte werden nicht als ungefilterte Realitäten introjiziert, vielmehr sind sie Ergebnisse einer aktiven Umarbeitung: Sie kommen in der Psyche vor nicht als das, was sie »objektiv« sind, sondern als das, wie das Subjekt sie wahrnimmt, also als Ergebnisse einer Rezeption, die sich entlang der Wünsche, Ängste, Befürchtungen und Affekte des Subjekts organisiert. Diese Umarbeitung ist weitgehend unbewusst.

Schließlich bilden sich Introjekte nicht allein aus singulären Beziehungserfahrungen, vielmehr setzen sie sich zusammen aus mannigfach verdichteten Phantasien über die Vielfalt und Diversität solcher Erfahrungen. Andernfalls könnte man sich kaum vorstellen, warum ähnliche traumatische Erfahrungen bei verschiedenen Menschen ganz unterschiedliche Introjekte bilden.

Diese Überlegungen sind deshalb wichtig, weil in verschiedenen Ansätzen von Psychotraumatologien zwar vom Introjekt gesprochen wird, damit aber verschiedenes gemeint ist. Wenn z. B. vom »Täterintrojekt« die

5 Die Psychodynamik der Traumaverarbeitung

Rede ist, sollte man sich unter psychodynamischen Gesichtspunkten davor hüten, sich darunter eine ganze Person vorzustellen, die nun intrapsychisch ihr Unwesen treibt. Introjiziert werden Beziehungsmuster, Vorstellungen, Haltungen, die im Zusammenhang mit dem Täter stehen. Andernfalls kann es passieren, dass ein traumatisierter Mensch beginnt, gegen den verhassten »inneren Täter« anzukämpfen, ihn bestrafen und sich an ihm rächen zu wollen. Da nun aber das Introjekt zumindest partiell Teil des Selbst geworden ist, kommt es zu autoaggressivem Agieren – insbesondere wenn die Täteraspekte mit dem Körper identifiziert werden. Der »innere Täter« oder das »innere Opfer« oder der »innere Retter« sind nicht als totale Entitäten zu begreifen – es sind vielmehr immer Aspekte von Beziehungserfahrungen, die bearbeitet werden müssen.

Rosenberg (2010) schreibt: »Strukturell gesehen lässt sich feststellen, dass die Introjektion eine Form psychischer Repräsentation darstellt, die durch die Merkmale Globalität, Unvollständigkeit, Rigidität und diktatorischer Machtanspruch geprägt ist« (S. 52). Anzumerken ist hier, dass dies für die *traumatische* Introjektion gilt.

Wenn dem Introjekt seine Totalität genommen wird, indem man es depersonifiziert und betont, dass es sich um Aspekte von Erfahrungen handelt, nimmt man ihm bereits ein Stück seiner Bedrohlichkeit. Wenn man die Introjektion als einen psychischen Vorgang begreift, an der das Individuum auch aktiv teilhat, dann eröffnen sich Perspektiven für eine Veränderung durch eigene psychische Aktivität. Solange man das »innere Opfer« bleibt, kann man nichts machen und wird stetig auf die gleichen Abwehrmanöver der Unterwerfung etc. zurückgreifen. Freilich ist bei der Betonung der Eigenaktivität auch Vorsicht geboten, um der bekannten schuldhaften Verarbeitung von Traumatisierungen nicht Vorschub zu leisten. Vielmehr sollte sie Hoffnung erwecken, dass man etwas dafür tun kann, um aus traumatischen inneren und äußeren Kreisläufen herauszukommen und Freiheit zu gewinnen.

Eine weitere Gefahr bei der Personifizierung des Introjekts besteht darin, dass ein grandioses Ich-Ideal mit der Macht des Introjekts fusioniert. »Insbesondere der pathologische Narzissmus bezieht sein beharrliches Festhalten an diesen traumatischen Introjekten aus der illusionierten Teilhabe an deren Mächtigkeit« (Rosenberg, a.a.O. S. 53). Diese Abwehrformation ist zäh und schwer zu bearbeiten, zumal der primäre Gewinn so augenfällig ist. Sosehr die reale Macht des Aggressors anzuerkennen ist, so bedeutend ist es auch, dass der traumatisierte junge Mensch erkennt, dass er diese introjizierte Macht durch eigene Phantasien noch zusätzlich auflädt – selbst dann, wenn die reale Macht schon längst geschwunden ist. Letztlich lässt sich die Schuldübernahme, die innere Zustimmung zur Sichtweise das Introjekts und die Unterwerfung als ein Versuch verstehen, einerseits in einer Täter-Opfer-Dyade Reste einer »guten« Beziehung zu retten, indem man mit dem Introjekt eine Einigkeit und Einheit herstellt, andererseits aber in dem eigenen masochistischen Beitrag zu dieser Dyade eine Eigenaktivität unterzubringen. Der Masochist beherrscht illusionär den Sadisten, weil dieser jenen braucht. »Ich will der Quälerei wenigstens irgendwie zustimmen und mir vorstellen können, den Sadismus des Täters selbst erschaffen zu haben.« Der Narzissmus erhält hier einen pathologischen Vorschub: den masochistischen Triumph.

Introjiziert werden nicht allein Objektzustände, sondern auch Selbstzustände. Jede Beziehungserfahrung schlägt sich auch in dem Bild nieder, das sich der Mensch von sich selbst macht. Es entsteht ein »Opferintrojekt« mit der Überzeugung, nicht nur in der traumatischen Situation, sondern grundsätzlich verfolgt und hilflos ausgeliefert zu sein. Dieses Selbstbild hat ebenfalls eine Abwehrfunktion, denn es hilft, eine kohärente Erklärung für das Unfassbare zu konstruieren, mithin eine aktive Rolle zu übernehmen: Nun ist es ja das mit diesem Introjekt identifizierte Ich selbst, das die Selbstentwertung übernimmt. Wenn man diese vorwegnehmend selbst initiiert, tut es nicht mehr so weh, wie wenn man es von anderen erleiden muss. Der Versuch, eine psychische Kohärenz auf diese Weise (wieder) herzustellen, will der Dissoziation entgegenwirken – dabei werden freilich innere Leerstellen nur provisorisch gefüllt. Das Opferintrojekt erheischt zwar Globalität, ist aber auch nichts anderes als ein Teilaspekt des Selbst, der keineswegs dauerhaft im Selbsterleben festgezurrt bleiben muss. Auch hier ist Vorsicht angesagt, wenn man in der Traumatherapie vom »inneren Opfer« spricht, als sei dies eine psychische Einheit. Der fatale Hang, solche Selbstbilder in immer neuen Auflagen in späteren Beziehungen zu reinszenieren und sich darin im Leiden zu beleben, lässt sich als Abwehr- und Bewältigungsversuch verstehen. In der Therapie gilt es, die Gleichung »einmal Opfer – immer Opfer« zu relativieren, indem man von Teilaspekten des Selbsterlebens spricht und verborgene Selbstanteile zu revitalisieren trachtet – etwa die des Aufbegehrens, des Protestes usw., die meist in der Übertragung auftauchen oder sich im Agieren äußern. Gleichwohl ist damit zu rechnen, dass dieses Abwehrbollwerk schwer aufzuweichen ist – eben, weil es auch narzisstisch besetzt ist.

Zusammenfassung

Dissoziation ist ein Vorgang, der ursprünglich zusammengehörende Elemente von Objekt-, Selbst- und affektivem Erleben voneinander trennt. Sie ist eine Notmaßnahme, mit der sich die Psyche vor der Vernichtung durch ein traumatisches Erleben schützt. Dissoziationen betreffen die Einheitlichkeit der Selbstwahrnehmung als ganzer Person, äußern sich in Depersonalisierung und Derealisation, in welcher sich das Selbst von der Realität trennt. Sie bestehen in Fragmentierungen der Realität, in der Abtrennung von Affekten und Emotionen von Elementen der traumatisierenden Realität, in Spaltungen der Objektrepräsentanzen, in der Zerstückelung der Einheitlichkeit des affektiv-emotionalen Erlebens und dessen »Einfrieren« mit der Folge emotionaler »Taubheit«. Dissoziationen rufen eine dauerhafte Stressreaktion hervor, mit der Folge psychosomatischer Erkrankungen (▶ Kap. 6.10). Körperdissoziationen ergeben ein destruktives Agieren des (Rest-)Selbst gegen den eigenen Körper. Desorganisierte Bindung und Bindungsstörungen sind Folgen von Traumatisierungen, sie sind selbst Dissoziationen und verstärken dissoziative Vorgänge kreislaufartig.

Mit Hilfe der Identifikation mit dem Aggressor werden Ohnmacht und Hilflosigkeit i. S. einer inneren Rollenumkehr abgewehrt. Das Kind, der Jugendliche verbündet sich innerlich mit dem Täter, übernimmt seine Schuld und kann so die »gute« Beziehung zu ihm partiell aufrechterhalten. Es ist der Versuch, eine Kohärenz zurückzugewinnen, indem man dem Geschehen einen Sinn zu geben trachtet – unter Aufopferung des Selbst. Der Täter raubt so dem Opfer dessen »Gutes«, seine Lebendigkeit, Unbefangenheit und Spontaneität.

In der Identifikation mit dem Aggressor wird ein traumatisches destruktives Introjekt teilweise assimiliert – eine aktive psychische Umarbeitung. Das Introjekt nistet sich sowohl in der Über-Ich-Struktur als auch in der Ich-Ideal-Struktur ein. Schuld und Scham wirken wechselseitig verstärkend, evozieren einen pathologischen Narzissmus. Traumatische Introjekte wirken zwar global, rigide und tyrannisch, wichtig ist aber festzuhalten, dass sie Teilaspekte von Beziehungserfahrungen sind und keine totalen Entitäten.

Literatur zur vertiefenden Lektüre

Brisch, K.-H. (2003): Bindungsstörungen und Trauma. In: Brisch, K.-H., Hellbrügge, T. (Hrsg): *Bindung und Trauma. Risiken und Schutzfaktoren für die Entwicklung von Kindern* (S. 105–131). Stuttgart: Klett-Cotta.
Hirsch, M. (2004): *Psychoanalytische Traumatologie – das Trauma in der Familie. Psychoanalytische Theorie und Therapie schwerer Persönlichkeitsstörungen.* Stuttgart: Schattauer.
Hirsch, M. (2012):»*Mein Körper gehört mir ... und ich kann mit ihm machen, was ich will!« Dissoziation und Inszenierungen des Körpers psychoanalytisch betrachtet* (2. Auflage). Gießen: Psychosozial.
Wieland, S. (Hrsg) (2014): *Dissoziation bei traumatisierten Kindern und Jugendlichen. Grundlagen, klinische Fälle und Strategien.* Stuttgart: Klett-Cotta.
Wöller, W. (2011): *Trauma und Persönlichkeitsstörungen. Psychodynamisch-integrative Therapie* (2. Auflage). Stuttgart: Schattauer.

Weiterführende Fragen

- Wie hilft die Dissoziation einem traumatisierten Kind oder Jugendlichen?
- Welche Folgeprobleme entstehen aus der Dissoziation?
- Wieso kann man ein desorganisiertes Bindungsmuster als Dissoziation verstehen?
- Worin unterscheidet sich im Jugendalter normale von pathologischer Dissoziation?
- Inwiefern lässt sich die Introjektion als Abwehrvorgang begreifen?
- Welche intrapsychischen Vorgänge löst ein traumatisches Introjekt aus?
- Wie kann man psychodynamisch erklären, dass misshandelte und sexuell missbrauchte Kinder und Jugendliche später selbst zu Tätern werden?

6 Traumafolgestörungen

In der Fachdiskussion spricht man von Traumafolgestörungen, wenn man bestimmte Störungsbilder auf Traumatisierungen zurückführt. Dieser diagnostische Ansatz suggeriert, dass es eine oder mehrere Traumatisierungen gegeben habe, die mehr oder weniger abgeschlossen seien, so dass man die Folgen abmildern oder heilen könnte. Diese Vorstellung folgt dem somatischen Traumabegriff: eine Verletzung oder Schädigung hat ein bestimmtes Leiden zur Folge, das man nun kurieren müsse.

In der Psychotraumatologie jedoch ist die Vorstellung hilfreicher, »Traumafolgestörungen« als Teil der Traumatisierung selbst zu verstehen. Traumatisierung ist ein Prozess, der auch alle unmittelbaren und mittelbaren Folgen umfasst (vgl. Streek-Fischer, 2015). In diesen Störungen ist stets der Versuch des Individuums enthalten, die Traumatisierung irgendwie zu bewältigen – nun aber mit Manövern, die ihrerseits wieder pathogene und regelmäßig retraumatisierende Folgen haben. Das Trauma hört also nicht auf, sondern ist in allen diesen Störungen präsent. Es verliert seine Schrecken erst, wenn sich an die Stelle pathologischer Bewältigungsmuster eine gesunde Ich- und sozialverträgliche Abwehrstruktur etabliert hat. Dann aber können wir nicht mehr von »Störungen« sprechen.

Welche Symptome mit solchen Bewältigungsmustern einhergehen, lässt sich kaum vorhersagen, denn jede psychische Konstellation ist individuell und einmalig. Es können sehr verschiedene Symptome auftreten, denen man die traumatische Herkunft nicht unbedingt ansieht; oft wechseln sie auch. Angststörungen, Unruhe und Getriebenheit, Depressionen, psychosomatische Erkrankungen, Selbstverletzungen, Zwangsstörungen u. v. a. können im Zusammenhang mit Traumatisierungen stehen – oft wird das dahinter liegende, zunächst verborgene Trauma nicht erkannt und eine Therapie wird eingeleitet, die auf falschen diagnostischen Voraussetzungen beruht. Es ist daher dringend erforderlich, die Ätiologie einer Störung ex post genau zu erforschen, um einen evtl. traumatischen Ursprung in die Behandlung einzubeziehen.

6.1 Posttraumatische Belastungsstörung oder Persönlichkeitsentwicklungsstörung?

Im ICD 10 finden wir im Kapitel 43 diagnostische Kriterien, mit denen Traumatisierungen und ihre Folgen eingeordnet werden können (Dilling et al. 2010, S.180ff). Die »Akute Belastungsreaktion« (F43.0) beschreibt ein Trauma, das von Restitutionsvorgängen des Ich innerhalb einer kurzen Zeit bewältigt werden kann. Dies setzt ein stabiles Ich, gute Verfügbarkeit von Ressourcen wie Bindungssicherheit und »gute« innere Objekte sowie einen haltenden sozialen Rahmen voraus. Bei entsprechender Resilienz wird sich ein solches Ereignis nicht dauerhaft schädigend in der psychischen Entwicklung einnisten. Typ-1-Traumata dürften in diese diagnostische Kategorie einzuordnen sein (vgl. Winkelmann 2007). Allerdings wird die Akute Belastungsreaktion im ICD 11 nicht mehr aufgeführt.

Die posttraumatische Belastungsstörung (PTBS) wurde im ICD 10 unter F43.1 codiert (s. hierzu S3-Leitlinie: Flatten u.a., 2013), im ICD 11 unter 6B40. Sie soll diagnostiziert werden, wenn ihre Merkmale mehrere Wochen bis 6 Monate nach dem traumatischen Ereignis eintreten. Im ICD 10 werden mögliche traumatische Situationen »außergewöhnlicher Bedrohung oder katastrophenartigen Ausmaßes (kurz oder lang anhaltend), die bei fast jedem eine tiefe Verzweiflung hervorrufen würde(n)« genannt (a.a.O., S.183). Nach ICD 11 tritt die PTBS nach einem extrem bedrohlichen oder entsetzlichen Ereignis oder einer Reihe von Ereignissen auf. Diese traumatogenen Situationen lassen sich überwiegend dem Typ-1-Trauma zuordnen, auch wenn von »langanhaltenden Situationen« oder »einer Reihe von Ereignissen« die Rede ist.

Die spezifischen Bedingungen des Beziehungstraumas, im ICD 10 noch nicht berücksichtigt, finden im ICD 11 6B41 die Kategorie der »Komplexen Posttraumatischen Belastungsstörung. Zusätzlich zur Symptomatik der PTBS kommt hier der Aspekt langanhaltender traumatischer Verhältnisse, denen die Betroffenen nicht entkommen können – z. b. Folter, Sklaverei, Genozidversuche, *längerdauernde häusliche Gewalt, wiederholter sexueller oder körperlicher Kindsmissbrauch* (Hervorhebung A. B.) (Gysi, 2018).

Die Diagnose umfasst ein Bündel von Symptomen: Flashbacks (Nachhallerinnerungen), Gefühle des Betäubtseins, emotionale Stumpfheit, Gleichgültigkeit, Teilnahmslosigkeit, Vermeidung von Triggern; Angst, Panik, Wutausbrüche, Schreckhaftigkeit, Schlaflosigkeit, Depressionen, Suizidgedanken, gesteigerter Suchtmittelkonsum, im Falle der kPTBS Schwierigkeiten mit der Affektregulation, Wertlosigkeitsgefühle, Scham und Schuld, epistemisches Misstrauen.

Alle diese Erscheinungen lassen sich gänzlich oder teilweise im Zusammenhang mit Traumatisierungen beobachten, teils auch noch lange nach den in den diagnostischen Leitlinien genannten 6 Monaten (Reddemann & Wöller 2019, S. 7 f). Sie treten auch auf in Folge des Typ-2-Traumas, hier liegen die Dinge jedoch wesentlich komplexer. Solche Traumatisierungen ziehen regelmäßig eine langanhaltende chronifizierte Veränderung der Persönlichkeit nach sich, die nach ICD 10 F62.0 als andauernde Persönlichkeitsveränderung nach Extrembelastung codiert werden konnten; diese diagnostische Kategorie taucht jedoch im ICD 11 nicht mehr auf. Bei dieser Diagnose wurden Extremtraumatisierungen in der Regel durch man-made disaster vorausgesetzt: Konzentrationslagererfahrungen, Katastrophen, Gefangenschaft mit Todesbedrohung, Folter usw. – Ereignisse, die im ICD 11 6B41 unter die kPTBS fallen. Zweifellos sind Kinder und Jugendliche auch solchen Erfahrungen ausgesetzt, denken wir nur an die Verfolgungsszenarien und Fluchtumstände, denen junge Menschen zuhauf ausgeliefert sind. Die Diagnose kPTBS umfasst heute auch die weitreichenden intrapsychischen Folgen aus den Beziehungstraumata, wie sie bisher beschrieben wurden. Darüber hinaus hat *jede* Traumatisierung auch einen Beziehungsaspekt, insbesondere für Kinder und Jugendliche, verlieren sie doch immer den Schutz der Bindungspersonen, der für die Entwicklung so elementar wichtig ist, und damit auch

6.1 Posttraumatische Belastungsstörung

das Vertrauen in die Menschen und in das Funktionieren einer Ordnung. (Eine gründliche und kompakte Diskussion der PTBS findet sich in: Sachsse 2002) Auch bisher schon wurde die »Komplexe posttraumatische Belastungsstörung« im Zusammenhang mit dem Typ-2-Trauma beschrieben, und zwar mit folgenden Merkmalen: Störungen der Affektregulation, Störungen der Aufmerksamkeit und des Bewusstseins, Somatisierung, chronische Persönlichkeitsveränderung, Veränderungen in den Bedeutungssystemen (vgl. Wöller 2011, S. 115, Reddemann & Wöller 2019).

Eine weitere Schwierigkeit, die PTBS oder die chronische oder »andauernde Persönlichkeitsveränderung« bei Kindern und Jugendlichen zu diagnostizieren, besteht darin, dass die Persönlichkeit sich ja noch in der Entwicklung befindet. Auch völlig ohne Traumatisierung verändert sie sich ständig, besonders dramatisch im Jugendalter. Angesichts der »andauernden Persönlichkeitsveränderung« bei Jugendlichen müsste man davon ausgehen, dass die Jugend selbst eine Traumatisierung darstellt. Es gibt noch keine gefestigte Persönlichkeit, von der aus man die Veränderung feststellen könnte. Oftmals gibt es bei Kindern auch kein Vorher oder Nachher einer Traumatisierung, sie wachsen in grundlegend traumatisierenden Verhältnissen auf, denken wir nur an die frühkindliche Deprivation.

Zwar trägt das Konzept von Persönlichkeitsstörungen bei Kindern und Jugendlichen dem Entwicklungsaspekt Rechnung (vgl. Kernberg et al., 2005), es ist meines Erachtens dennoch sachgerechter, von einer *durch Traumatisierungen gestörten Persönlichkeitsentwicklung* zu sprechen. Damit vermeidet man auch, durch die Diagnose einer Persönlichkeitsstörung den jungen Menschen vorzeitig auf ein Störungsbild festzulegen und damit zu stigmatisieren. Häufig wird z. B. bei Jugendlichen mit selbstverletzendem Verhalten eine Borderline-Persönlichkeitsstörung diagnostiziert. Aber ist diese Festlegung gerechtfertigt, wenn die Entwicklung zu einer »Persönlichkeit« noch im Fluss ist, wenn man noch gar nicht weiß, ob etwa Spaltungsvorgänge einer notwendigen Überarbeitung der Objekt- und Selbstrepräsentanzen geschuldet sind oder sich bereits eine chronifizierte Abwehrformation anbahnt? Die Adoleszenz bringt eine Abwendung von den bisherigen familiären Verhältnissen und den inneren Objekt- und Selbstbildern der Kindheit mit sich. Die dramatischen Veränderungen in dieser Zeit der Jugend sind immer auch eine Chance, alte pathologische Verarbeitungsmuster zu überarbeiten und sich von traumatischen Festlegungen zu befreien (Blos 1962, Erdheim 1988). Die diagnostischen Kriterien der PTBS sollten als Anhaltspunkte dienen, nach den traumatischen Hintergründen einer Erkrankung zu fragen. Die Psychodynamik der Traumatisierung muss mit den üblichen Mitteln der psychodynamischen Verfahren erfasst werden: Szenisches Verstehen, Analyse der Übertragung und Gegenübertragung, sorgfältige biografische Anamnese, auch der Bezugspersonen, Beachtung der aktuellen Konfliktsituation und der auslösenden Konstellation.

6.2 Dissoziative Zustände

Die Dissoziation wurde bereits ausführlich behandelt (▶ Kap. 5.1). Hier sei festgehalten, dass nicht jede Dissoziation eine Traumafolgestörung sein muss. Es gibt auch »normale« Dissoziationen, die dem Menschen helfen, den Anforderungen einer oft belastenden Realität standzuhalten: z. B. das Wegdriften in Tagträumen und Phantasien, das selbstvergessene Eintauchen in ein Spiel, ein Buch, eine Musik, einen Film, die humorvolle Distanzierung vom Getriebe der Welt, religiöse Erfahrungen usw. Auch die Jugendzeit ist, wie erwähnt, durchzogen von milden Formen der Dissoziation, ohne dass wir das als pathologisch ansehen sollten (Burchartz 2022).

Die Dissoziation im Zusammenhang mit Traumatisierungen jedoch nimmt andere Züge an. Sie ist tiefgehend, für den Betroffenen nicht reversibel und wird ein durchgängiges Merkmal der Selbst- und Weltwahrnehmung. Sie wird regelmäßig zur Stressbewältigung eingesetzt – u. U. auch bei geringfügig scheinenden Anlässen. In ungünstigen Fällen bahnt sie eine spätere Persönlichkeitsstörung an. Sie wirkt sich aus auf alle Bereiche der Persönlichkeit – kognitive, emotionale und psychosomatische Vorgänge sind von ihr betroffen.

6.2 Dissoziative Zustände

Bei traumatisierten Kindern lassen sich häufig tranceähnliche Zustände beobachten. Sie »driften weg«, sind nicht bei der Sache, reagieren auch nicht auf Ansprache. Diese sog. »blanc spells« sind dem Kind nicht bewusst, führen aber dazu, dass es z. B. in der Schule wichtigen Stoff oder Informationen nicht mitbekommt. Die Kontinuität des Erlebens und der Wahrnehmung ist unterbrochen, dies führt zu Denk- und Lernstörungen, Verlust von bereits erworbenen Fähigkeiten. Da es die Fragmente seiner Wahrnehmungen nicht zusammenführen kann, gewinnt es auch keinen Erfahrungs- und Wissenszuwachs, es erlebt sich als unfähig und wertlos (vgl. Wöller 2011, S. 119). Häufig kommt es bei diesen Kindern zur Fehldiagnose ADHS mit der entsprechenden Medikation – das Trauma dahinter wird damit aber nicht bearbeitet.

Insbesondere *psychosomatische Phänomene* können wir dissoziativen Vorgängen zuordnen (▶ Kap. 6.10). Konversionsstörungen, Somatisierungsstörungen, dissoziative Krampfanfälle, Schmerzstörungen, Störungen des Verdauungstrakts, Rückenleiden, Atembeschwerden usw. Bessel van der Kolk führt in seinem Buch »Verkörperter Schrecken« (van der Kolk 2016, S. 120) eine Studie an, nach der »unter traumatisierten Kindern … die Zahl der Asthmatiker fünfzigmal so hoch (ist) wie unter nichttraumatisierten« (van der Kolk 2016, S. 120). Die Verbindung zwischen Körpererleben und Emotionen und Affekten ist dissoziiert, verloren gegangen. Indem der Körper dissoziierte psychische Fragmente übernimmt, dient er als Ersatzfunktion der verloren gegangenen Integrationsfähigkeit der Psyche: körperliche Erkrankungen lassen sich leichter einordnen und »erklären« als diffuse psychische Zustände, mit Hilfe der somatischen Medizin kann eine Kohärenz des Körperselbstbildes hergestellt werden. Hartnäckig müssen Patienten an den körperlichen Ursachen für ihre Probleme festhalten, als einzige Möglichkeit, das Trauma zugleich zu verbergen und zu agieren. Wenn schon die Psyche nicht davon erzählen kann, so doch der Körper.

6.3 Intrusionen, Flashbacks

Flashbacks, in der Psychotraumatologie auch Intrusionen genannt, sind plötzlich in das Bewusstsein einschießende Erinnerungsfragmente an eine Traumatisierung (vgl. Sachsse 2002). Während die Dissoziation die bewusste Erinnerung sorgfältig auslöscht bzw. in den Körper oder in das manifeste Verhalten verschiebt, die Zusammenhänge zwischen dem realen Geschehen und der dazugehörigen Affektgeschichte zerschlägt und die Trümmer in verschiedenen Hirnarealen und psychischen Bereichen deponiert, dringen – ihr entgegen – einzelne Bruchstücke unvermittelt in die Erinnerung und das Gefühlsleben ein. Solche Flashbacks werden zumeist ausgelöst durch sog. Trigger – ein Ereignis oder auch nur ein bestimmter Sinneseindruck. So kann z. B. ein Geruch, der Anblick eines Gegenstands, einer Farbe, eine Musik, ein völlig unscheinbares Detail aus dem Alltagsleben eine plötzliche, mit heftiger Wucht in das Gedächtnis eindringende Intrusion auslösen. Problematisch dabei ist weniger ein kognitiver Erinnerungsfetzen als vielmehr der plötzlich einbrechende Affekt.

> Eine 17-jährige Jugendliche sieht ein Auto einer bestimmten Marke in einer bestimmten Farbe – und plötzlich wird sie von der Erinnerung überwältigt, wie sie als Kind sexuell missbraucht wurde von einem Mann, dem ein solches Auto gehörte. Sie ist sich nicht sicher, ob der Missbrauch in dem Auto stattgefunden hat – aber sie ist sich sicher, dass sie es in diesem Zusammenhang gesehen hat. Zeit und Ort, was davor und danach passierte, kann sie nicht erinnern.

Die Patienten sind solchen Intrusionen hilflos ausgeliefert, sie können sie nicht steuern und sie erleben sie oftmals als real, als ereigne sich das Trauma oder Teile davon konkret im Hier und Jetzt. Intrusionen sind für die Betroffenen außerordentlich quälend, sie wiederholen die innere Situation der Ohnmacht und können nicht in die Kontinuität eines biografischen Narrativs eingeordnet werden. Sie sind in diesem Sinne selbst traumatisierend, in ihnen wirkt das Trauma nach, auch noch viele Jahre später. Intrusionen können sich auch – via Verschiebung und Verdichtung – mit anderen psychischen Erlebnisinhalten verknüpfen und sich dergestalt nicht nur ausweiten, sondern auch in ihrer Herkunft unkenntlich machen (Bohleber 2020, S. 64 ff).

Meist versuchen traumatisierte junge Menschen, solchen Intrusionen mit allen Mitteln zu entkommen. Sie vermeiden bestimmte Situationen, Orte und Begegnungen, in denen sich Flashbacks einstellen könnten, z. B. den Schulbesuch, entwickeln Ängste und Panik. Rückzug – von der sozialen Umwelt häufig als Depression missinterpretiert – und Isolation sind die Folgen. Häufig stellen sich Schlafstörungen ein, denn der Schlaf bedeutet einen Kontrollverlust und man könnte in Träumen dem Trauma überraschend wiederbegegnen (Zwiebel 2003). Depersonalisation und Derealisation können auch als ein Versuch verstanden werden, die Wucht der Intrusionen abzumildern, indem man eine unsichtbare Wand zwischen Selbsterleben und überwältigenden Erinnerungen aufrichtet.

Intrusionen können auch als Wiederholungen des Traumas angesehen werden (▶ Kap. 6.4) und als solche einen Heilungsversuch darstellen. Allerdings besteht die Gefahr, dass sie sich chronifizieren und die »Funktion des Heilungsversuchs mehr und mehr« verlieren (Bohleber 2020, S. 65).

6.4 Wiederholungen des Traumas

Flashbacks sind eine Wiederholung eines traumatischen Fragments. Es gibt aber auch komplexere Vorgänge, in denen das Trauma wieder in Szene gesetzt wird.

Bereits Freud hatte beobachtet, dass sich im Leben vieler Menschen immer wieder das gleiche tragische Schicksal wiederholt. Es scheint das Schicksal traumatisierter Menschen zu sein, dass sie sich immer wieder in Situationen begeben, in denen sie gedemütigt, ausgenützt, missbraucht werden – oder umgekehrt: in denen sie selbst demütigen, ausnützen, missbrauchen. Traumatisierungen in Kindheit und Jugend erhöhen das Risiko auch als erwachsener Mensch traumatisiert zu werden – im Sinne einer sog. Reviktimisierung; aber auch als Erwachsener selbst zu Gewalt zu greifen – fatalerweise vor allem innerhalb familiärer Beziehungen (einige Studien führt z. B. Diepold 1997 an). S. Freud (1920 g) hat in diesen Wiederholungen einen *Wiederholungszwang* am Werk gesehen, den er in »Jenseits des Lustprinzips« der Wirkung des Todestriebs zuschrieb. In neueren Diskussionen wird bestritten, dass es sich um einen Zwang i. S. einer Neurose handele, auch das Konzept des Todestriebes ist strittig. Aber unbezweifelbar macht das, was Freud mit Wiederholungszwang gemeint hat und was wir gleichsam tagtäglich beobachten können, den Eindruck, als könnten die Betroffenen diesen Wiederholungen nichts entgegensetzen, als »sähen sie sich gezwungen«, sich so zu verhalten und so zu handeln. Wozu dienen sie?

Besonders frühe Traumatisierungen können nicht bewusst erinnert werden. Das ist teils der kindlichen Amnesie geschuldet, teils der Dissoziation. Gleichwohl gibt es Erinnerungsspuren, sie sind jedoch dem bewussten Erinnerungsvermögen nicht zugänglich. Solche Spuren bestehen in hirnorganischen Veränderungen, sie werden im prozeduralen Gedächtnis abgelegt, sie erscheinen auf der Ebene von Körperinszenierungen, psychosomatischen Erkrankungen, und als *Handlungen im sozialen Feld*. All dies sind Formen, in denen das Trauma »erinnert« wird.

Das Kind, das bedrängende Ereignisse im Spiel reinszeniert, das der Puppe den Arm ausreißt oder dem Bär den Bauch aufschlitzt, das mit Figuren einen grausamen Vernichtungskrieg entfesselt, das in der Übertragung totale Kontrolle über den Therapeuten ausübt, das unvermittelt im Kindergarten andere Kinder schlägt, *erinnert* in all dem u. U. ein Trauma, aber eben im Symptom, in der Handlung, in der Übertragung usw. Was nicht repräsentiert werden kann, was nicht zu einem kohärenten Bild zusammengefügt werden kann, muss so lange, bis dies gelingt, durch die Wiederholung inszeniert werden. Und ebenso geht es Jugendlichen und Erwachsenen – nur dass dieses Spiel mehr und mehr soziale Realität wird, eigentlich kein Spiel mehr ist, sondern ein Funktionieren im Äquivalenz-Modus. So drängt es traumatisierte Menschen zur Reinszenierung des Traumas auf der Handlungsebene.[7]

---

7 Die Neuauflage der traumatischen Szenen in Ersatzfamilien oder Jugendhilfeeinrichtungen führt regelmäßig zu großer Belastung der Pflegeeltern oder der Pädagogen (vgl. Nienstedt & Westermann 2008). So kann es dazu kommen, dass

6.4 Wiederholungen des Traumas

Neben dem bloßen Abreagieren unangenehmer Affekte ist darin der Versuch einer *Meisterung* zu sehen. Die traumatische Szene wird so lange wiederholt, bis eine Meisterung, eine Lösung gefunden ist (ähnlich das Spiel gesunder Kinder, die ihre Entwicklungskonflikte auf diese Weise meistern). Von dem traumatischen Introjekt geht eine Arbeitsanforderung, besser: ein Drängen aus, das verstanden werden will. Quindeau spricht in Anlehnung an Laplanche von einer Botschaft, die übersetzt werden muss (Quindeau 2020).

Traumatisierungen sind immer ein Abriss von Handlungsschemata im Rahmen des Objekt-Selbst-Affekt-Erlebens. Der Impuls zum Protest und zur Gegenwehr muss unter dem Ansturm der Angst unterdrückt werden, Flucht ist nicht möglich, Unterwerfung und Erstarrung führt zur Preisgabe wesentlicher Selbst-Anteile usw. Die Meisterung lässt sich verstehen als ein Versuch, die traumatische Szene zu vervollständigen, der dissoziativen Spaltung zu entreißen, für die Affekte eine Repräsentanz zu finden und sie zu verstehen – zumindest nachträglich. Oft gelingt dies aufgrund dissoziativer Vorgänge nicht – es kann dann Aufgabe einer Psychotherapie sein, dem Betroffenen zu helfen, aus den Zyklen der Wiederholung auszusteigen.

Trotz der scheiternden Inszenierungen muss man aber auch die Hoffnung und die verzweifelte Suche der Betroffenen anerkennen, endlich auf einen Menschen zu treffen, der liebevoll und verstehend mit ihnen umgeht. Der Umstand, dass sie selbst durch ihr Verhalten diese Hoffnung immer wieder durchkreuzen und dazu neigen, Beziehungen zu zerstören, besagt ja nicht, dass sie nicht in einem verborgenen Winkel der beschädigten Seele erhalten geblieben ist. In der Behandlung ist es wichtig, diesen Hoffnungskern, der in jeder Reinszenierung steckt, anzuerkennen. Dabei ist allerdings mit einer Schwierigkeit zu rechnen. Die »gute«, die »bessere« Erfahrung kann ja nur so empfunden werden, weil es die »schlechte« Erfahrung gibt. Jede bessere Erfahrung wird daher die traumatische schlechte Erfahrung, die womöglich in unbewusster oder vorbewusster Latenz unsymbolisiert schlummert, assoziativ aktualisieren. »Damit wird die gute

---

traumatisierte Kinder von einer Fremdplatzierung zur nächsten weitergereicht werden: erneute traumatische Erfahrungen.

Erfahrung zu einem Stimulus für die Aufhebung der Amnesie und potentiell zu einem mehr oder weniger starken (traumatischen, Anm. A. B.) Schmerzreiz.« (Reitter 2020, S. 176). Paradoxerweise muss sich also bei der Unterbrechung des Wiederholungszwangs beim Patienten eine gewisse Leidenstoleranz etablieren.

Daneben sind es unter dem dissoziativen Druck scheiternde Mentalisierungsprozesse, die es einem Menschen verunmöglichen, auf Signale aus der sozialen Umwelt angemessen zu reagieren. Auch innere Warnsignale können nicht wahrgenommen werden oder werden missinterpretiert. Die traumatische Situation kann nicht vorweggenommen werden, das Wiedererkennen ist nur im Ereignis selbst möglich – und dann ist es zu spät. Klingt dann die Erregung wieder ab, lässt sich die Erfahrung nicht »konservieren«, sie geht in der Dissoziation verloren. Dann werden wieder Interpretationen aufgesucht, die den Bedürfnissen nach dem Erhalt der Beziehung entstammen und nicht der Realität der traumatischen Überwältigung.

> P., eine 16-jährige Jugendliche wurde vor zwei Jahren vergewaltigt und gerät immer wieder in sexualisierte Ausbeutungsverhältnisse. Der Täter sitzt eine Strafe ab und wird demnächst entlassen. P.: »Ich liebe ihn immer noch. Ich werde bestimmt wieder Kontakt mit ihm aufnehmen, obwohl ich weiß, dass ich das nicht tun sollte. Aber er ist der Einzige, der immer zu mir gehalten hat und für den ich wichtig bin.«

Die Reviktimisierung kann auch die Funktion haben, unerträgliche innere Spannungszustände zu regulieren – ganz ähnlich wie Selbstverletzungen. Man sucht nicht den Schmerz auf, sondern die (psychische) Schmerzlinderung und die Sicherung des Gefühls, lebendig und wirksam zu sein.

Die Wiederholung des Traumas in der Beziehungsgestaltung hat auch den Aspekt der Selbstwertregulation. Das entwertende destruktive Introjekt wird projektiv externalisiert und in einem anderen untergebracht. Damit erscheint das Böse des Introjekts nun im Außen und entlastet von dem Gefühl der Schlechtigkeit und Wertlosigkeit. Zugleich kann ein gewisser moralischer Triumph genossen werden: Durch mein Leiden, meine Unterwerfung bringe ich den anderen dazu, sich gewaltsam-sadistisch zu verhalten – und entlarve ihn damit. In dieser Szene ist auch der Versuch zu erkennen, die Kontrolle über das traumatische Geschehen zurück zu gewinnen – und Kontrolle über und Vereinigung mit einem als mächtig phantasierten Objekt herbeizuführen, als Abwehr von Ohnmachtsgefühlen.

Eine Jugendliche: »Mein Freund schlägert sich mit allen herum, und mich behandelt er manchmal wie den letzten Dreck, aber er beschützt mich auch. Und ich bin die Einzige, die ihn versteht.«

Durch das Aufsuchen einer bekannten Situation wird das Leben kalkulierbar. Häufig kommen Patienten in die Therapie, deren Eltern oder sie selbst von »Mobbing« in Kindergarten und Schule berichten, wobei auch bei einem Wechsel der sozialen Situation sich nichts an der Sache ändert. Dieses Phänomen lässt sich häufig auf den beschriebenen Vorgang der Re-Projektion introjizierter verfolgender Objekte zurückführen – verbunden mit massiven Anklagen gegen die soziale Umwelt, die versagenden Erzieher oder Lehrer usw. Es entlastet, wenn das »Böse« im Außen erscheint.

Schließlich verbindet sich mit dem Leiden der tiefe Wunsch, gesehen, anerkannt und sogar bewundert zu werden – von der Person, die das Leiden zufügt, eigentlich aber von der Person, die einmal früher das Leiden zugefügt hat, und nach deren Liebe man sich unaufhörlich sehnt.

6.5 Bindungsstörungen

Im Trauma geht die Bindungssicherheit verloren. Da Bindung als etwas in sich Widersprüchliches erfahren wird, kann sich kein kohärentes inneres Arbeitsmodell von Bindung etablieren. Bindung und Bindungsrepräsentanzen sind dann desorganisiert. Die Kinder sind beständig in ihren Beziehungen irritiert, misstrauisch, auf der Hut, oder resigniert – mit Kompensationsversuchen, welche die erhoffte Bindungssicherheit meist nicht herzustellen vermögen. Bindung wird elementar gebraucht und ersehnt – und ist zugleich etwas, von dem man die größte Unsicherheit fürchten muss. Die von Ferenczi so genannte »Sprachverwirrung« bei innerfamiliärem sexuellem Missbrauch ist auch eine »Bindungsverwirrung«: sie bringt das Kind in einen unlösbaren Bindungskonflikt, insbesondere dann, wenn die ganze Familie als ein »Missbrauchssystem« agiert und das Kind bei keiner anderen Bindungsperson Trost, Beruhigung und Sicherheit finden kann. Da die Bedrohung mentale Prozesse lahmlegt, kann ein Kind – und späterer Erwachsener – in seinem Bedürfnis nach einer Sicherheit gebenden Bezugsperson nicht mehr unterscheiden, wem es sich anvertraut – und eher Bindungen suchen, die dem vertrauten Muster entsprechen. Wenn Bindung an Vater oder Mutter mit Gewalt assoziiert ist oder mit dem Erfordernis, ein sexuelles »Opfer« zu bringen, so werden eher sadomasochistische Beziehungen aufgesucht, in denen dann ein gewisses Maß an (trügerischer) Sicherheit erlebt wird. Ebenso wird ein sexualisiertes Verhalten darauf abzielen, durch Sex frühe Bindungsbedürfnisse zu befriedigen. Ein solcher Versuch vor allem adoleszenter weiblicher Jugendlicher ist meist zum Scheitern verurteilt, da die männlichen Sexualpartner die »Anmache« der Jugendlichen missinterpretieren, was in der Folge schlimmstenfalls wiederum zu sexuellen Gewaltszenen führt, in milderen Formen zur Enttäuschung der Bindungsbedürfnisse, so dass sich der Kreislauf fortsetzt und ein promiskuitives Verhalten hervorbringt.

Kinder und Jugendliche mit desorganisiertem Bindungsmuster sind in ihrem Explorationsverhalten extrem eingeschränkt. Da sie keinen äußeren und inneren »sicheren Hafen« haben, erscheint die Welt nicht interessant, sondern bedrohlich, sie können das Lernen, das Erforschen der Phänomene der Welt nicht positiv besetzen, was sich besonders in der Latenz bemerkbar macht und spätestens in der Adoleszenz zu gravierenden *Lernstörungen* führt. Da die »Außenwelt« als uninteressant, langweilig und wenig lustspendend erlebt wird, liegt es nahe, sich in die virtuellen Welten zurückzuziehen, in denen man dann in massenhaftem Töten oder in pornografischen Darstellungen die bekannten traumatischen Szenen wiederfindet – nun aber in der Umkehr: man kann, zumindest illusorisch, das Geschehen kontrollieren, ist in der mächtigen Position. Die virtuellen Welten des Internets und der vielfältigen digitalen Spiele versprechen eine Art »Ersatzbindung«, die stets verfügbar ist. Insbesondere traumatisch geschädigte Kinder und Jugendliche geraten in tiefe Verzweiflung und Wut, wenn man ihnen diese Möglichkeiten entzieht.

Auch vor dem Hintergrund der Bindungstheorie lassen sich Reviktimisierungen verstehen. Aus einer existenziell bedrohlichen Verlassensangst werden Bindungspersonen aufgesucht, die in ihrer Stärke, Mächtigkeit und Überlegenheit Schutz versprechen. Häufig findet man solche in der Peergroup. Die Phantasie, dass nur der Übermächtige Geborgenheit vermitteln kann, entspricht der ursprünglichen Szene der Überwältigung. Auf diese Weise geht das Kind bzw. der Jugendliche symbiotische Beziehungen ein mit der Illusion, an Macht, Stärke und Überlegenheit teilzuhaben – wobei die schwachen, ohnmächtigen Anteile entweder in Form von subtilen Selbstwertzweifeln verarbeitet oder unter Abspaltung und Projektion in die Außenwelt verlagert werden: Dort tyrannisiert und demütigt man dann vermeintlich »Schwächere« und bestraft sie stellvertretend für die eigene verhasste Schwäche – und setzt die Traumatisierung fort.

Schmerz und Leiden sind Teil der Bindungstraumatisierung. Sie sind mit den Bindungspersonen assoziiert. Dissoziiert sich der Schmerz von der unmittelbaren Bindungserfahrung, kann er ein Surrogat werden für die Bindungsperson und kann selbst zu einem Bindungsobjekt werden: »Lieber im Schmerz zu leben als die Mutter zu verlieren« (Wöller 2011, S. 457).

6.6 Angststörungen

Angst ist ein affektiver Erlebenskomplex, welcher der menschlichen Psyche phylogenetisch vorgegeben ist. Sie ist ein Signal, das den Menschen vor Gefahren warnt, und dies nicht nur unmittelbar, wie bei der instinktiven Reaktion des Tieres, sondern vorwegnehmend. Der Mensch hat die Fähigkeit, die Angstsituation vorausschauend, rechtzeitig Maßnahmen zum Schutz zu ergreifen. Das Erleben von Angst gehört zu einer normalen Entwicklung dazu. In der Regel steht eine schützende Bindungsperson zur Verfügung, die Ängste vor Hunger, Kälte, Verlassenheit, Schmerz usw. beruhigt, abmildert und für eine angstfreie Situation der Geborgenheit und Sicherheit sorgt. Durch die Wiederholung solcher Zyklen aus Angst und Angstberuhigung etabliert sich ein inneres schützendes Objekt, das dem Kind hilft, seine Ängste psychisch zu repräsentieren und selbst zu moderieren und zu beruhigen.

Anders in einer traumatischen Situation. Hier hat es das Kind, der Jugendliche mit einer überflutenden, alle psychischen Bereiche erfassenden und zerstörenden, nicht kontrollierbaren Angst zu tun, meist eine Angst um die eigene physische und/oder psychische Existenz. Im Trauma gehen die schützenden inneren Objekte verloren – oder sie können erst gar nicht ausgebildet werden.

Eine nicht repräsentierbare »namenlose« Angst breitet sich aus, die nicht in innere Bilder, Worte oder Begriffe zu fassen ist. Durch den traumaspezifischen Verlust sicherer Beziehungen stehen auch keine hilfreichen Objekte zur Verfügung, diese namenlose Angst aufzufangen und ihr einen »Namen«, einen Sinn zu geben. Schon geringe Reize können nicht abgepuffert werden und rufen die namenlose Angst auf den Plan. Solche Defizite in der Affektsteuerung verfestigen sich in späteren Jahren zu einer »generalisierten Angststörung« und zu strukturellen Defiziten (vgl. Hopf 2009, S.218). Kinder und Jugendliche mit solchen Defiziten bleiben zur Angstberuhigung dauerhaft auf die konkrete Gegenwart äußerer Objekte angewiesen. Ohne diese geraten sie in unsteuerbare Ängste und Panik, klammern sich an, können nicht allein sein und oft nachts nicht allein im eigenen Bett schlafen. Sekundär bilden sie folgerichtig *Trennungsängste* aus, zur Absicherung der realen Gegenwart von Bindungspersonen entwickeln sie ein kontrollierendes Verhalten, das die soziale Umgebung oft als Tyrannei erlebt und mit entsprechender Zurückweisung reagiert – was die Ängste noch verstärkt.

Bei Jugendlichen kann die namenlose Angst die Form einer Panikstörung annehmen mit allen somatischen Symptomen (a.a.O., S. 218f). Zusätzlich entwickelt sich die »Angst vor der Angst«, also die Angst, in sozialen Situationen den Kontrollverlust einer Panikattacke erleiden zu müssen, und die große und unheimliche Angst, verrückt zu werden.

Ein häufiger Versuch, mit Angst fertig zu werden, besteht darin, die Angstsituation zu vermeiden. Das ist bei einer generalisierten Angststörung schwer möglich, auch bei Panikattacken nur unzureichend. Als symptomatische Kompromisslösung kann eine Phobie entstehen: Die namenlose, von der traumatischen Ursprungsszene dissoziierte Angst, die ungreifbar das psychische Erleben ausfüllt, wird sekundär an ein neues

Objekt geheftet. Nun funktioniert die Angstvermeidung besser: Man muss ja nur – so die unbewusste Phantasie – das phobische Objekt vermeiden und ist damit angstfrei. Häufig ist die Wahl des phobischen Objekts assoziiert mit archaischen Ängsten, die dem phylogenetischen Erbe entspringen: Die Angst vor weiten, einsehbaren Flächen, die Angst, im Dunkeln von unheimlichen Wesen bedroht zu werden, die Angst, aus einem Raum nicht entkommen zu können, die Angst vor bestimmten Tieren usw. entspricht Realängsten unserer bedrohten, einer übermächtigen Natur ausgelieferten Vorfahren.

Sehr plastisch schildert Hopf (2009, 2017) die Angstentwicklung eines traumatisierten Kindes an seinem eigenen Schicksal.

6.7 Depression und Suizidalität

Das Krankheitsbild der Depression ist geprägt von einer dreifachen Einschränkung, die alle mit Traumatisierungen assoziiert sein können (vgl. Heinemann & Hopf, 2012, S. 146 ff):

1. *Die Einschränkung auf der Ebene der Triebe und der motivationalen Systeme:* Der Depressive hat keinen Antrieb, fühlt sich zu nichts in der Lage, zieht sich von jeglicher (äußeren) Aktivität zurück, hat keine Hoffnung, durch eigene Aktivität etwas verändern zu können. Da Emotionen und Affekte wesentlicher Motor des triebhaft-motivationalen Geschehens sind, werden auch diese eingefroren; in der Depression erscheint das Kind, der Jugendliche erstarrt, unlebendig, abgestumpft, oft können Schmerzen, auch psychische, nicht mehr wahrgenommen werden. Die Erstarrung kann eine unmittelbare Reaktion auf die traumaauslösende Situation sein, sie ist ein Schutzmechanismus, ähnlich dem Totstellreflex. Wird sie zu einer regelmäßig einsetzenden Abwehr, liegt eine depressive Erkrankung vor. Man kann die Depression auch als eine Autoaggression verstehen: Muss der zornige Protest, das Aufwallen der Aggression im traumatischen Angriff aus Gründen des Schutzes vor der Aggression des Täters oder der

Verlustangst um die Liebe des Objekts unterdrückt werden, so wendet sie sich gegen das Selbst und zerstört dessen Antriebssysteme.

2. *Die Einschränkung auf der Objektebene:* Man zieht sämtliche Besetzungen, libidinöse wie aggressive, vom Objekt ab, zieht sich vom sozialen Geschehen zurück, meidet Kontakte – zuerst selektiv, später generell. Man misstraut sämtlichen Beziehungen, erwartet sich von ihnen nichts als Enttäuschungen, Verluste, Herabsetzungen oder Übergriffe. Ausgerechnet das, was helfen könnte – verlässliche Bindungen – wird vermieden, es etabliert sich ein Kreislauf aus Rückzug, teils selbst inszenierten Enttäuschungen und der Überzeugung, dass auf niemanden Verlass ist. Auch hier ist erkennbar, wie sich die erste innere »Fluchtreaktion«, die Abwendung vom Objekt zu einer generalisierten Objektvermeidung auswächst.

3. *Die Einschränkung auf der Selbst-Ebene:* Der Verlust des Gefühls für Selbstwert und Selbstwirksamkeit ist eine direkte Traumafolge. Der Depressive gerät in ein entwertendes Selbstbild: ich bin nichts, ich kann nichts, ich bin nicht liebenswert, man muss mich verachten und ich habe es verdient, schlecht behandelt zu werden. Die Selbst-Einschränkung geht mit der Identifikation mit dem Aggressor und der Etablierung eines destruktiven Introjekts einher: Ein Über-Ich-Introjekt evoziert verurteilende Schuldgefühle, ein Ich-Ideal-Introjekt brennende Scham.

Die Depression lässt sich auch begreifen als ein misslungener Trauerprozess (vgl. Freud, 1917e; Hirsch 2004 S. 40 ff). Während in der Trauer ein verlorenes Objekt losgelassen werden kann und sich im Rahmen einer haltenden und unterstützenden sozialen Umwelt ein neuer Welt-, Objekt- und Selbstbezug herstellt, muss in der Depression an dem verlorenen Objekt festgehalten werden – es wird per Introjektion zu einem Teil des Selbst und wird so dauerhaft konserviert. Das Tote, die Gewalt, die Überwältigung lebt fort – selbst wenn die äußeren Objekte nicht mehr da sind. Im Kontext anhaltender innerfamiliärer Traumatisierungen ist jeglicher Trauerprozess blockiert, aber auch im Falle schwerer Verluste wie z. B. bei Migration und Flucht kommen Trauerprozesse nur schwer in Gang, da es den Betroffenen leichter fällt, an der Illusion der Wiedergewinnung des Verlorenen festzuhalten – zumal wenn die aktuelle Umwelt als ablehnend erlebt wird.

Depression ist eine Regression. Die fortschreitende Zerstörung der Ich-, Selbst-, Objekt- und Triebstrukturen führt zur Deformation elementarer

6.7 Depression und Suizidalität

psychischer Funktionen wie der Selbstwahrnehmung, der Selbst-Objekt-Differenzierung und der Affektsteuerung. Destruktive Durchbrüche sind deshalb bei depressiven Kindern und Jugendlichen an der Tagesordnung, auch Unruhe und motorische Getriebenheit können einer depressiven Erkrankung zugeschrieben werden. Hier ist eine sorgfältige Differentialdiagnostik unabdingbar.

Einer der häufigsten Gründe für *Suizidalität* ist eine depressive Erkrankung. Die depressiven Kreisläufe führen in einen Zustand fundamentaler Hoffnungslosigkeit, aus der kein Ausweg mehr gesehen wird. Dabei sind eine Kombination aus narzisstischer Problematik und Autoaggression maßgebend (vgl. Freud, 1917e, S. 438f; Heinemann & Hopf 2012, S. 156ff, hier auch Zahlen zur Häufigkeit). Ist das narzisstische System des Kindes, des Jugendlichen durch Traumatisierungen geschädigt, lassen sich Kränkungen kaum verarbeiten. Die Abwehr von Versagens- und Entwertungsgefühlen durch ein aufgeblähtes Ich-Ideal in Verbindung mit einem rigiden Über-Ich führen in eine ständige Überforderung regulatorischer Vorgänge. Versagen bedeutet Vernichtung. Zudem können die Bezugspersonen in der Regel die narzisstischen Lücken nicht kompensatorisch ausgleichen, was zu zusätzlichen narzisstischen Kränkungen und einer Intensivierung der Aggression führt.

Suizid und Suizidhandlungen stellen letztlich einen Kompromiss dar: Dem unerträglichen Zustand zu entkommen in einen phantasierten Zustand von Konfliktlosigkeit und Harmonie, gleichsam die Flucht zu der primären Mutter – und zugleich einen letzten Rest von Autonomie und Selbstbestimmung zu erhalten. »Suizidhandlungen sind in der Regel das Produkt aus selbstzerstörerischen und selbsterhaltenden Tendenzen« (Heinemann & Hopf 2012, S. 157). Dabei wird die Endgültigkeit der Selbst-Auslöschung meist nicht mitgedacht.

Im Fall von selbstschädigendem Verhalten muss man die Suizidalität sorgfältig abklären, allerdings ist es nicht per se schon eine Vorstufe zum Suizid, eher scheint die Selbstbeschädigung der Abwehr von Suizidneigungen zu dienen. Sie ist ein dissoziatives Geschehen, in dem ein Teil des Selbst eine Aktivität übernimmt, mit dem ein anderer Teil, das Körperselbst angegriffen wird. Die Dissoziation hat eine selbsterhaltende Tendenz, »während beim Selbstmord das ganze Selbst ausgelöscht werden soll … die Dissoziation (trennt) Opfer und Täter. Allerdings wird die Missbrauchssituation wieder hergestellt, die Destruktion gegen den Körper agiert, aber immerhin ist nun das Selbst aktiv, bewirkt also etwas, und das ›Opfer‹ ist Ziel einer Destruktion, die nicht das ganze Selbst treffen muss.« (Hirsch 2004, S. 72)

Suizid und Suizidversuche haben immer auch eine Signalfunktion. Es werden Schuldgefühle in extremer Form externalisiert. In der Therapie muss ein Verstehen der unbewussten Mitteilungen erarbeitet werden. »Ich kann so nicht mehr leben« ist das eine Signal. »Ich sehe keine Möglichkeit, etwas zu verändern – außer durch den Tod« das andere. Das eine hat eine lebenserhaltende, progressive Funktion, das andere eine destruktive, regressive.

6.8 Narzisstische Probleme, Identitätsstörungen

Ein traumatisiertes Kind erbringt, um überleben zu können, eine enorme Anpassungsleistung. Es muss ständig auf der Hut sein, was von Anderen auf es zukommt, um im Sinne dieser Objekte zu funktionieren, sich selbst durch Dissoziationen, Verdrängung und Einfrieren seiner Emotionen und Affekte zu schützen, bestimmte Entwicklungsvorgänge abzubrechen, andere zu forcieren, in Rollenumkehr für die fragilen Objekte zu sorgen, selbst noch für den Gewalttäter. Sind ihm die alloplastischen Möglichkeiten der Assimilation versagt, so bedient es sich der autoplastischen – also der Veränderungen des sich noch ausbildenden Selbst (vgl. Streek-Fischer 2006, S. 108 ff).

Die eigenen spontanen Impulse, affektive Äußerungen von Liebe und Hass, Freude und Trauer, Mut und Furcht, Sehnsucht und Befriedigung, die erotische Besetzung des eigenen Körpers und die Freude an Spiel und Exploration müssen unterdrückt werden. Diese Impulse und die Resonanzen aus der Umwelt aber sind entscheidend dafür, sich als eigenes

6.8 Narzisstische Probleme, Identitätsstörungen

kohärentes Wesen im Kontext der sozialen und dinglichen Umwelt zu erleben – damit für den Aufbau des Selbst und einer eigenen Identität.

Das fundamentale Problem in der Selbstentwicklung bei traumatisierten Kindern ist darin zu sehen, dass ihnen ein wahres, echtes Selbst verwehrt wird. Stattdessen wird ihnen gewaltsam ein falsches Selbst übergestülpt, ein Selbst, dass nur ausgerichtet ist auf ein Funktionieren im Dienste anderer. Diese Unterscheidung nahm u.a. D. W. Winnicott vor: Eine Mutter, die »gut genug« ist, vermag der spontanen Geste des Säuglings zu entsprechen. So »beginnt ein wahres Selbst zu erwachen« (Winnicott 1974, S. 189). Eine Mutter, die »nicht gut genug« ist, setzt stattdessen »ihre eigene Geste ein, die durch das Sich-Fügen des Säuglings sinnvoll gemacht werden soll. Diese Gefügigkeit auf Seiten des Säuglings ist das früheste Stadium des falschen Selbst ...« (ebd.). Traumatisierungen in allen Varianten bestehen darin, mehr oder weniger subtil Gefügigkeit zu erzwingen.

Das falsche Selbst verbirgt und schützt das wahre Selbst, das, selbst schwach und unreif, sich nicht zu zeigen wagt. Nur ahnungsweise erfährt das Ich von seiner Existenz. Gleichwohl erleben Betroffene mit dieser Selbstentwicklung eine Leere und Falschheit, so als lebten sie gar nicht ihr Leben oder am Leben vorbei. Schon bei Kindern ist man beeindruckt von ihrem Funktionieren – spürt aber doch das Maskenhaft-Fassadäre. Sie sind unflexibel in ihren Reaktionen, in Situationen, da die Anpassungsleistung des falschen Selbst unpassend wird, sind sie hilflos und desorientiert.

Wer bin ich? Zu wem werde ich? Wie finde ich meinen Platz in der Kultur? Spätestens in der Adoleszenz wird das Finden einer eigenen Identität zur zentralen Entwicklungsaufgabe junger Menschen. Die Anpassungsleistungen des falschen Selbst aus der Kindheit taugen nun nichts mehr. Streift aber ein Jugendlicher diese Fassade ab, entkleidet er sich seines Schutzes. Das schwach ausgebildete wahre Ich ist ohne diesen Schutz kaum (über)lebensfähig. In diesem Konflikt befinden sich traumatisierte Jugendliche in aller Schärfe. Sie geraten in eine Identitätsdiffusion (Erikson), in der verschiedene Selbst-Fragmente permanent konfligieren. Oder sie greifen nach neuen Anpassungen, etwa solchen, die eine Peergroup anbietet, oder an mächtige Idole und Ideale, die sich in Ideologien der Überlegenheit und den dazugehörigen gesellschaftlichen Gruppierungen finden lassen. Oder sie bleiben unterwürfig, ohne eigene Konturen, gewissermaßen gesichtslos.

Im Extremfall kann das falsche Selbst das wahre Selbst nicht schützen, auch keine Bedingungen schaffen, die der »Ausbeutung des wahren Selbst« entgegenwirken und sieht nur noch den Suizid als Ausweg. »Selbstmord in diesem Zusammenhang ist die Zerstörung des totalen Selbst, um die Vernichtung des wahren Selbst zu vermeiden« (Winnicott, a. a. O. S. 186).

6.9 Agieren der Täter-Opfer-Umkehr, Aggressivierung, Sexualisierung

In Folge einer Traumatisierung kommt es zu einer Täter-Opfer-Umkehr: Das Opfer einer Traumatisierung wird zum Täter, eine sozial besonders fatale Traumafolge, weil dieser Bewältigungsversuch zumeist agiert, in *Handlung* umgesetzt wird, da er mangels reifer Symbolisierungs- und Mentalisierungsfunktionen nicht repräsentiert und daher auch nicht auf der Ebene der Phantasie bearbeitet werden kann. Man kann dies bereits bei Kindern im Vorschulalter beobachten, die bei der geringsten Konfliktbelastung wahllos gewalttätig werden.

Ein sechsjähriger Junge pflegt – anscheinend unvermittelt – im Kindergarten andere Kinder und die Erzieherinnen zu attackieren. Er beißt, tritt und prügelt um sich, schlägt wahllos andere Kinder quasi im Vorbeigehen zu Boden, schubst sie vom Stuhl und tritt noch nach usw. Eine Pädagogin berichtet eine besonders gefährliche Szene: ein anderes Kind nimmt sich einen Stift, den der Junge für sich beansprucht. Daraufhin würgt er das Kind, das Opfer schnappt nach Luft, beginnt blau anzulaufen. Erst die körperliche Intervention einer Pädagogin bereitet der Szene ein Ende und bewahrt das Opfer vor schweren Schädigungen.

Dieser Junge kennt in seinem aggressiven Agieren keine Grenzen – weder durch Mitgefühl, noch durch ein Über-Ich. Vermutet werden kann, dass nicht allein eine eigene Traumatisierung dahinter steht, sondern dass er

6.9 Agieren der Täter-Opfer-Umkehr, Aggressivierung, Sexualisierung

auch in unbewusster Identifikation mit seiner traumatisierten Mutter handelt i. S. einer Delegation: »Du sollst dir nichts gefallen lassen, wie ich es erleiden musste«.

Die latente Bereitschaft, hinter den Äußerungen und Bedürfnissen eines anderen Menschen einen Angriff zu fürchten, lässt Kinder und Jugendliche gleichsam präventiv zur Gewalt greifen. Sie provozieren Situationen, in denen andere sich zu wehren beginnen, um dann eine Rechtfertigung zu haben, zuzuschlagen: »Der ist doch selber schuld, der hat es verdient« usw. In der Täter-Opfer-Umkehr werden andere in Gefühle von Ohnmacht, Entwertung, Schuld und Scham gedrängt, die man einst selbst erlebt hat und die nun projiziert werden. Das Opfer wird »bestraft« für die Gefühle, die einem selbst so verhasst sind: »Bevor ich wieder Opfer werde, werde ich lieber zum Täter.«

Ohnmachtserfahrungen, narzisstische Kränkungen und Traumatisierungen führen auch kollektiv zu Gewaltexzessen. Der sozialpsychologische Mechanismus der Ich-Regression, der Verschmelzung in einer Masse und die Sündenbockprojektion sind ein gefährlicher Katalysator für die Täter-Opfer-Umkehr, insbesondere dann, wenn man Über-Ich-Funktionen an Führerpersönlichkeiten und Ideologien delegieren kann, von denen subtil eine Erlaubnis, ja Aufforderung zur Gewalt ausgeht (vgl. Freud, 1921c).

Jugendliche Gewaltexzesse gegen Minderheiten folgen diesem Muster. Man sollte aber auch nicht unterschätzen, dass sich in vielen vor allem jugendlichen männlichen Geflüchteten solche psychischen Mechanismen vorfinden: ein gewaltsames, destruktives Introjekt, das externalisiert wird. So erfreulich eine »Willkommenskultur« ist, in der viele Menschen sich für Geflüchtete engagieren, so naiv wäre es zu meinen, dass man mit etwas liebevoller Zuwendung solche traumatischen inneren Konstellationen heilt. Traumatisierte Geflüchtete – und eine große Anzahl ist schwer traumatisiert – tragen die erlittene Gewalt in sich, und man muss ihnen zuallererst helfen, diese Traumatisierungen zu verarbeiten, bevor man weitergehende Forderungen stellt, die nur wieder in die Position der Ohnmacht drängen. Ein langer und perspektivloser Aufenthalt in Gemeinschaftsunterkünften wirkt labilisierend, trägt zur Aggressivierung bei und ist keinesfalls integrativ – weder psychisch noch sozial (vgl. Vogel & Fitte 2018, Sturm 2018; Rauwald 2018; Zulic 2018; Einnolf 2018).

In ähnlicher Weise trägt bei sexuellen Traumatisierungen die agierte Täter-Opfer-Umkehr zur Sexualisierung bei. Sexualität hat immer einen aktiven und einen passiven Part, kann beides integriert werden, ist eine reife und befriedigende Sexualität möglich. Ist sie mit Demütigung assoziiert, spaltet sich diese Integration auf: entweder sie führt i. S. des Wiederholungszwangs zur masochistischen Unterwerfung, oder sie wird sadistisch-quälerisch. Sexuelle Übergriffe, die sexuelle Unterwerfung mit entsprechenden Praktiken folgt der Täter-Identifikation: »Bevor du das machst, was man mit mir gemacht hat, mache ich es mit dir.«

Sexualisiertes Verhalten in der Sprache und im Tun von Kindern deutet aber möglicherweise noch auf einen anderen Zusammenhang: Traumatisierte Kinder sind unablässig auf der Suche nach Schutz, nach haltenden und tröstenden Bindungen. Solche sind im sexuellen Missbrauch mit sexuellen Übergriffen assoziiert. Sexualität lässt sich also einsetzen, um Bindungsbedürfnisse zu befriedigen, die mit reifer Sexualität nichts zu tun haben. Solche Versuche, die Sexualität zu »verwenden«, lassen sich auch bei anderen, nicht-sexuellen Formen der Traumatisierung erkennen. Letztlich wird die lustvolle Verschmelzung mit einer haltenden, liebenden präödipalen Mutter gesucht.

Dieser Aspekt spielt besonders bei Jugendlichen-Schwangerschaften eine Rolle. Das Kind erfüllt die Sehnsucht nach der frühen Mutter, es ist ein kleines Wesen, das sich freut, wenn man da ist, das der jugendlichen Mutter das Gefühl gibt, gebraucht zu werden, für jemanden wertvoll zu sein, das man mit all der Liebe umsorgen kann, die man selbst so schmerzlich entbehren musste. Zugleich aber kann die Jugendliche sich wieder in die Arme einer schützenden Mutter werfen, die nun zwei Kinder aufzieht, sei es die eigene, seien es pädagogische Bindungspersonen (vgl. Hirsch 2012, S. 298 ff).

Eine in ihrer Kindheit vielfach – auch sexuell – traumatisierte Jugendliche wird schwanger und bringt ein Kind zur Welt. Mit einem Schlag scheinen sämtliche schweren Symptome verschwunden zu sein: Kein Ritzen mehr, kein Suchtmittelmissbrauch, kein Streunen, das Kind scheint alle seelischen Wunden geheilt zu haben. Es hat sie jedoch nur für eine Weile zugedeckt. Mit Beginn der Autonomieentwicklung ums

1. Lebensjahr tauchen alle Symptome wieder auf – diesmal unter verschärften Bedingungen.

Sexualisierung spricht eine Sprache.

Ein neunjähriges Mädchen fällt in einer Jugendhilfeeinrichtung auf. Sie manipuliert an ihrer Scheide, steckt Gegenstände hinein, verletzt sich dabei. Sie mischt Waschmittel und Reinigungsflüssigkeiten unters gemeinsame Essen.
Aus der Anamnese weiß man von einer frühen schweren Deprivation und Gewalthandlungen. Ob es sexuellen Missbrauch gegeben hat, ist nicht zu eruieren.

Dieses Mädchen zeigt in ihren Handlungen, dass sie in ihrer Sexualität zumindest verwirrt ist. Die Vermutung liegt nahe, dass sie erlittene Übergriffe symbolisch darstellt. Möglicherweise bestraft sie ihre Wohngruppen-Geschwister stellvertretend für sich selbst: Ein Mädchen, das so schlecht ist, dass man ihr so etwas antun kann, sollte eigentlich gar nicht leben, sie gehört vergiftet.

Man kann also die Sexualisierung auch verstehen als einen Versuch, körpernah auf etwas hinzuweisen, was anders nicht repräsentierbar oder erinnerbar ist. In der Therapie sollte das zunächst nur aufgenommen und gehalten werden, verbale Deutungen werden als übermächtiges Eindringen eines Erwachsenen erlebt.

6.10 Psychosomatische Störungen

In ▶ Kap. 6.2 wurde bereits darauf hingewiesen, dass psychosomatische Symptome zu den häufigen Traumafolgen gehören: Konversionsstörungen, Somatisierungsstörungen wie z. B. Schmerzstörungen, Störungen des Verdauungstrakts, Rückenleiden, Atembeschwerden usw., auch dissoziative Krampfanfälle sind zu beobachten.

6 Traumafolgestörungen

Wie ist das zu verstehen?

Die frühesten Manifestationen von inneren Spannungen zeigen sich körperlich. Bürgin und Steck nehmen eine »Entwicklungsphase vorpsychischer Art« an, »Wahrnehmungszeichen oder -spuren entsprechen zuerst reinen neurologischen Eintragungen auf der Ebene des ZNS« (Bürgin & Steck 2019, S. 42). Solche Erinnerungsspuren sind präverbal und präsymbolisch und entziehen sich dem expliziten Gedächtnis, werden jedoch im impliziten Gedächtnis, man könnte auch sagen im Körpergedächtnis, abgelegt.

Ein Baby schreit, zappelt, windet sich bei Unwohlsein wie Hunger, Kälte, Übermüdung, Einsamkeit. Das sind zunächst körperliche Reaktionen, es gibt noch keine psychischen Repräsentanzen dieser Zustände. Bion (1962) hat von »Betaelementen« gesprochen – rohe, unverdaute Empfindungen, die herausgeschleudert werden müssen, ohne dass eine Vorstellung etabliert wäre, wie sie bei einem »Objekt« ankommen und auch noch keine Bedeutungsgebung aufweisen. Und doch haben diese körperlichen Äußerungen einen (präverbalen) Mitteilungscharakter, sie richten sich an eine überlebenswichtige Objektwelt, die, wenn es gut geht, darauf reagiert – eben wiederum mit körperlichen Vorgängen: Sättigung durch Stillen, Wiegen, Wärmen, Wickeln, Tragen, Halten, Streicheln. Dabei kommt es auf eine Intuition der Pflegepersonen an, diese Mitteilungen stimmig zu erfassen, darauf hat die Bindungstheorie hingewiesen. Aus diesen frühen kommunikativen Abläufen ergeben sich sensomotorische Schemata (Piaget), die sich zu ersten Repräsentanzen verdichten – aber eben nur dann, wenn eine stimmige Resonanz zwischen Säugling und fürsorgender Umwelt gelingt.

Die ersten Vorläufer des Psychischen sind also körpernahe Handlungsschemata, die ein Kind mit fortscheitender Entwicklung reproduziert – etwa im Spiel (Freud, 1920 g). In den körperlichen Pflegehandlungen werden aber nicht nur dysfunktionale Zustände quasi mechanisch beseitigt oder repariert. Mit der Muttermilch wird beispielsweise nicht allein Nahrung aufgenommen, sondern auch und ebenso »die Mutter«, also alle Gefühle und inneren Bilder, welche die Mutter dabei erlebt. Mit der Nahrung ist untrennbar eine mentale Qualität verbunden. Alle Pflegehandlungen haben einen solchen »Überschuss«, der aus der Psyche eines

Anderen stammt. »Das Erste, was ein Kind von diesem Anderen aufnimmt, erfolgt im Modus der *Inkorporation*.« (Burchartz, 2023)
Die sensomotorischen Schemata legen Erinnerungsspuren im körpernahen, impliziten Gedächtnis. Aber sie bleiben nicht allein körperlich. Sie können im Laufe unzähliger Wiederholungen in ersten psychischen Vorgängen wachgerufen werden – zunächst halluzinatorisch, wie Freud in der »Traumdeutung« (Freud 1999/1900a, S. 571) (▶ Kap. 4.3.1) vermutete, dann aber in zunehmend reiferen Repräsentanzen einer Objektbeziehung. Subjekt, Objekt und Affekt bilden in diesen frühen Elementen eine – freilich noch unintegrierte – psychische Gestalt (Kernberg 1997, S. 26). Es versteht sich, dass bei frühen Traumatisierungen diese Repräsentanzenbildung partiell scheitert. Es bleiben dann Leerstellen, die nicht teilhaben an der zunehmenden »Psychisierung« und Verknüpfung mit anderen psychischen Inhalten, sie bleiben »im Somatischen verankert« (Bürgin & Steck 2019, S. 42), nicht symbolisiert.

In den frühen Pflegehandlungen inkorporiert das Kind jedoch nicht nur das Hilfreiche und Liebevolle, sondern auch das Aversive, das vom Anderen kommt. Dies gilt insbesondere für traumatische Reminiszenzen, die etwa bei der Mutter wachgerufen werden. »Eine Mutter, die das einschüchternde Gebrüll ihres gewalttätigen Vaters als traumatische Überwältigung erlebt hat, erlebt im Schreien ihres Babys unbewusst eine traumatische Wiederholung. Mit der Inkorporation nimmt nun das Kind ebendiese traumatischen Reminiszenzen aus dem Inneren der Mutter mit auf« (Burchartz 2023, S. 423). Das sind unerträgliche, nicht symbolisierbare Elemente, die via *Exkorporation* herausgeschafft, herausgeschleudert werden müssen. Das Schreien eines Kindes als teleologischer Vorgang kann dann untermischt sein von einer Exkorporation. Ein Hinweis darauf kann sein, wenn es nicht beruhigt werden kann. Als eine andere Form der Exkorporation lässt sich das wiederholte Erbrechen verstehen. Eine traumatisch vorbelastete Mutter kann womöglich diese Vorgänge kaum mentalisieren und erlebt sie wiederum als Angriff auf ihr Selbst und die resultierende Verzweiflung wird kreislaufartig wiederum vom Kind inkorporiert. Regulationsstörungen, Fütter- und Gedeihstörungen lassen sich verstehen als frühe psychosomatische Störungen, die wiederum als nicht symbolisierbare Engravuren in der Psyche persistieren und einer psychischen Repräsentanzenbildung nicht zur Verfügung stehen.

Eine Repräsentanz ist im Wortsinne eine »Wiederaufführung«, also ein szenisches Geschehen. Aufgeführt wird ein Stück aus dem Repertoire des früheren Seelenlebens. Indem in diese Aufführung immer neue Modifikationen aus neuen Erfahrungen mit den Anderen Eingang finden, reifen die Repräsentanzen, werden vielfältiger, differenzierter und beweglicher. Aus sensomotorischen, körpernahen Handlungsschemata entstehen psychische Symbolisierungen, entwickelt sich der Sekundärprozess, Phantasietätigkeit, Spiel und schließlich reife Affektwahrnehmung und -steuerung. Das psychische Geschehen emanzipiert sich gleichsam von rein somatischen Vorgängen. Diese zunehmende »Psychisierung« verschafft dem Individuum sowohl eine enorme Erweiterung der Selbstwahrnehmung als auch Handlungsspielräume im sozialen Kontext.

In der Regel ist die Psychisierung – wenn sie nicht bereits in ihrem Entstehen durch traumatische Einflüsse defizitär bleibt – stabil genug, um äußere und innere Krisen und Konflikte mit Hilfe psychischer und sozialverträglicher Aktivität zu bewältigen und einen lebendigen und kreativen Dialog zwischen Soma und Psyche aufrechtzuerhalten. Unter traumatischem und dissoziativem Druck jedoch kann sie zusammenbrechen. Dann greift der Mensch zurück auf primäre körperliche Bewältigungsversuche oder unrepräsentierte Elemente des Unbewussten. Der Körper wird (wieder) zum Austragungsort des Schreckens, der Angst, der Wut und der Hilflosigkeit, Emotionen wandeln sich zu körperlichen Schmerzen, »somatosensorische Empfindungen, die zum größten Teil in der Amygdala gespeichert werden« (Bürgin & Steck 2019, S. 43). Wo die Verarbeitungsmöglichkeiten der Psyche überfordert sind, findet eine »Re-Somatisierung« statt, ein regressiver Vorgang.

> Eine 17-jährige Jugendliche ist unterwegs nach Hause. Plötzlich wird sie von einem Mann überfallen. Sie wird am Arm gepackt und in ein Gebüsch gezerrt, dann erhält sie einen Schlag auf den Kopf, sie wird bewusstlos. Sie kommt eine halbe Stunde später wieder zu sich. Was in der Zwischenzeit passiert ist, kann sie nur erahnen.
> In der Folgezeit stellen sich neben Ängsten, Konzentrationsschwächen und quälenden Flashbacks Schmerzen ein – insbesondere Schmerzen am Arm, dann generalisiert am ganzen Körper. Die Schmerzattacken halten oft stundenlang an.

6.10 Psychosomatische Störungen

Seit dem Überfall verletzt sich die Patientin selbst, indem sie sich am Arm schneidet.

Hier wird deutlich, dass nicht allein die Dissoziation, sondern auch die Bewusstlosigkeit dafür gesorgt haben, dass das Geschehen kaum in eine kohärente explizite Erinnerung zu bringen ist. Es ist der Körper, der sich erinnert, selbst als die Wunden längst verheilt sind. Der überwältigende psychische Schmerz wird verkörpert. Man spricht auch vom »Embodiment« (Leuzinger-Bohleber, Henningsen & Pfeifer 2008, S. 158 ff; Leuzinger-Bohleber 2009, S. 27 ff und 141 ff; Leuzinger-Bohleber 2017). Auch die Selbstverletzungen lassen sich als eine Verkörperung eines seelischen Schmerzes verstehen. Hier ist die Abwehr durch die Wendung vom Passiven ins Aktive erkennbar: Der körperliche Schmerz erscheint steuerbarer und besser zu handhaben zu sein als der diffuse seelische Schmerz. Daneben könnte die Verletzung an der Haut, dem frühesten extrauterinen Kontaktorgan zur Mutter, auch eine Sehnsucht nach der frühen Mutter ausdrücken, zumal diese Form der Selbstverletzung bei den Betroffenen eine kolossal beruhigende und spannungslösende Wirkung hat (▶ Kap. 5.1).

Jede somatische Krankheit hat auch einen psychischen Aspekt. Auch wenn die Ätiologie nicht genuin psychischen Ursprungs ist, so spielt doch die psychische Verarbeitung und Bedeutungsgebung für den Verlauf der Krankheit eine entscheidende Rolle. Ebenso ist zu berücksichtigen, dass schwere, v. a. chronische körperliche Erkrankungen die psychische Entwicklung eines jungen Menschen erheblich beeinträchtigen können. Das ist z. B. beim Diabetes mellitus der Fall, der vor allem Jugendliche vor enorme psychische Herausforderungen stellt. Unter Umständen lässt sich eine traumaspezifische Verarbeitung solcher körperlichen Krankheiten identifizieren.

Konversionsphänomene bedienen sich offensichtlich auch des »körperlichen Entgegenkommens«, d. h. das psychische Leiden manifestiert sich körperlich an den vererbten oder erworbenen »Schwachstellen« des biologischen Körpers. Das setzt jedoch bereits eine biologische Reifung voraus. Es muss also unterschieden werden, ob die »embodied memories« präsymbolische Gedächtnisspuren sind oder ob sie Regressionen von einem bereits entwickelten Niveau des Repräsentanzsystems sind. Mit anderen Worten: Hier ist der Entwicklungsaspekt zu berücksichtigen. Aufgrund der engen Verzahnung von körperlicher und psychischer Entwicklung ist zusammen mit der somatischen Medizin eine psychodynamische Betrachtungseise hilfreich (Bürgin & Steck 2019, S. 46).

Winnicott (2024) stellt psychosomatische Erkrankungen in einen Zusammenhang mit Ich-Schwäche, in deren Folgen Spaltungen und Dissoziationen das Ich vor weiterer Desintegration schützen. Dabei äußert er einen interessanten Gedanken: Jeder Mensch strebt nach Integration einer Psyche-Soma-Einheit. Die somatische Beteiligung an psychischen Erkrankungen weist daher auf diese Strebung hin, so wie jede Abwehr auf das Potential einer gesunden Bewältigung hinweist. »Psychosomatische Krankheit hat ebenso wie die antisoziale Tendenz den Hoffnungsaspekt, dass der Patient mit der Möglichkeit psycho-somatischer Einheit (oder Personalisierung) und Abhängigkeit in Verbindung ist, obwohl sein klinisches Bild durch Spaltung, durch verschiedene Dissoziationen, durch den hartnäckigen Versuch, die medizinische Versorgung zu spalten und durch omnipotente Selbstfürsorge mit Nachdruck das Gegenteil illustriert.« (Winnicott, 2024, S. 16f, vgl. auch v. Klitzing, 2024)

Zusammenfassung

Traumafolgestörungen sind Teil des traumatischen Prozesses. Infolge von Traumatisierungen kann eine große Bandbreite von psychischen und psychosomatischen Störungen entstehen; oft machen diese Störungsbilder den traumatischen Ursprung unkenntlich. Da Traumatisierungen im Kindes- und Jugendalter regelmäßig mit Defiziten in Objektbeziehungen und Bindung in Zusammenhang stehen, sind strukturelle Funktionsstörungen auf den unterschiedlichen Ebenen der Entwicklung die Regel. Solche Funktionsstörungen stellen ein hohes Risiko für die Herausbildung eines pathologischen Narzissmus dar.

In dem Kapitel wird erörtert, inwieweit die diagnostische Kategorie der Posttraumatischen Belastungsstörung im ICD 10 für ein Typ-2-Trauma bei Kindern und Jugendlichen brauchbar ist und es wird herausgestellt, dass die neu eingeführte Kategorie der »Komplexen Posttraumatischen Belastungsstörung« im ICD 11 B641 der Beziehungstraumatisierung eher gerecht wird. Als eine Traumafolge können Persönlichkeitsstörungen angesehen werden, im Kindes- und Jugendalter ist es sachgerechter, von einer *Persönlichkeits-Entwicklungsstörung* zu sprechen.

Weitere Traumafolgestörungen werden ausführlich dargestellt: Dissoziative Zustände und psychosomatische Erkrankungen; Intrusionen und Flashbacks; Wiederholungen des Traumas im Symptom, im Spiel, auf der Handlungsebene und im psychosozialen Agieren; Bindungsstörungen; Angststörungen; Depression und Suizidalität; narzisstische Probleme und Identitätsstörungen; Agieren der Täter-Opfer-Umkehr, Aggressivierung und Sexualisierung.

Literatur zur vertiefenden Lektüre

Brisch, K. H. (2017) (Hrsg.): *Bindung und emotionale Gewalt*. Stuttgart: Klett-Cotta.
Freud, S. (1917e): *Trauer und Melancholie*. GW X, S. 427–446.
Heinemann, E. & Hopf, H. (2012): *Psychische Störungen in Kindheit und Jugend. Symptome – Psychodynamik – Fallbeispiele – psychoanalytische Therapie*. (4., aktualisierte und erweiterte Auflage). Stuttgart: Kohlhammer.
Hopf, H. (2009): *Angststörungen bei Kindern und Jugendlichen. Diagnose, Indikation, Behandlung*. Frankfurt/M.: Brandes & Apsel.

Weiterführende Fragen

- Warum ist es sinnvoll, Traumafolgestörungen als Teil des traumatischen Prozesses zu verstehen?
- Gibt es eine bestimmte Symptomatik, die eindeutig auf eine zugrundeliegende Traumatisierung hinweist?
- Inwiefern lassen sich psychosomatische Erkrankungen auf dissoziative Vorgänge zurückführen?
- Warum haben traumatisierte Kinder und Jugendliche ein hohes Risiko zur Reviktimisierung?
- Wie kann man sich erklären, dass traumatisierte Menschen in ihren sozialen Bezügen die traumatische Ursprungsszene immer wieder herstellen?

6 Traumafolgestörungen

- Wie hängen Bindungsstörungen und Angststörungen bei traumatisierten Kindern und Jugendlichen miteinander zusammen?
- Ist selbstschädigendes Verhalten per se suizidal?
- Jeder Mensch hat in unterschiedlichen Ausprägungen auch ein »falsches Selbst«. Wozu dient es? Welche Funktionen übernimmt es im Fall von Traumatisierungen?
- Wie lassen sich kollektive Gewaltexzesse psychodynamisch verstehen?
- Sind Sexualisierungen immer Folge von sexuellen Traumata?

7 Die transgenerationale Weitergabe des Traumas

Die Assimilation des Introjekts kann zu zwei intrapsychischen Vorgängen führen: die sekundäre Identifikation mit dem Aggressor, wie sie Ferenczi beschrieben hat, und die Unterwerfung unter das Introjekt. Werden von Traumatisierungen Betroffene selbst Eltern, so besteht im ersten Fall ein hohes Risiko, dass sie die erlittene Gewalt, den sexuellen Missbrauch oder die Vernachlässigung als Täter an ihren Kindern wiederholen – nach den im vorherigen Kapitel beschriebenen Prinzipien (▶ Kap. 6). So kann es z. B. geschehen, dass das Schreien eines Säuglings für ein traumatisiertes Elternteil zum Trigger wird für dessen eigene kindliche Erfahrung der Überwältigung und Ohnmacht angesichts der destruktiven Durchbrüche der eigenen Eltern. Hinter dem schreienden Kind tauchen dann sozusagen die schreienden Eltern auf, gegen die man sich nicht wehren konnte. Nun aber bemächtigt sich das destruktive Introjekt der Situation und äußert sich – nun von der Position des Mächtigeren aus – in Gewalthandlungen gegen den Säugling. Im zweiten Fall können die Selbstentwertungstendenz, die existenziellen Zweifel, Schuld und Scham, Abstumpfung und die depressiven Passagen zu einem Entzug der elterlichen Liebe führen, die Eltern können nicht mit der nötigen emotionalen Präsenz und Feinfühligkeit ihren Kindern zur Verfügung stehen – es kommt wiederum zu Leerstellen im narzisstischen Gefüge der Kinder, die sekundär mit den beschriebenen Kompensationsmechanismen wie resignativer Rückzug oder grandiosem, oft wiederum gewalttätigem Agieren gefüllt werden.

Die Kinder werden genötigt, den Eltern zur Erfüllung ihres eigenen verlorenen Lebensglücks zu verhelfen, sie werden in das narzisstisch brüchige Gefüge des elterlichen Selbst eingebaut, passen sich dieser Okkupation durch die Herausbildung eines falschen Selbst an und entwickeln eine fürsorgliche Haltung den verletzten Eltern gegenüber – teils um sich gegen den möglichen Verlust der primären Objekte abzusichern, teils um wenigstens in dem Vermögen, sich um diese zu kümmern, eine gewisse narzisstische Gratifikation zu erleben. Die transgenerationelle Weitergabe des Traumas beruht hier auf pathologischen Objektbeziehungen (vgl. Leuzinger-Bohleber 2003; Rosenberg 2005; Kogan 2009, 2017; Traxl 2016). Die Rollen kehren sich im Sinne einer Parentifizierung um: Die Kinder werden zu Eltern, die Eltern werden zu Kindern, um die man sich sorgen muss. Ein solches Arrangement ist in hohem Maße anfällig für Schuldgefühle, gleichermaßen für Schamgefühle und Versagensängste, da das Kind an diesem hohen Selbst-Ideal früher oder später scheitern muss.

Die beiden Verarbeitungsrichtungen des Introjekts können sich auch in ein und derselben Person wiederfinden. Einmal tritt der Vater als gewalttätiger, strafender und herrischer Tyrann auf, dann wieder bricht er weinend und in Selbstanklagen zusammen. Einmal ist die Mutter in langanhaltender Depression unerreichbar versunken, dann wieder bricht die Destruktivität aus ihr heraus und sie prügelt auf ihre Kinder ein. Solche Wechsel der Identifikation mit dem Introjekt sind für Kinder kumulativ traumatisierend, wissen sie doch nie, woran sie sind. Ihr wütendes Aufbegehren wird sofort dissoziiert, Mitleid und Sorge und der Versuch, sich irgendwie in die Eltern einzufühlen, um sie erreichen zu können, treten an dessen Stelle.

Beide Formen der transgenerationellen Transmission evozieren beim Kind Traumatisierungen: Zum einen die überflutende Angst, welche die Ich- und Selbstentwicklung zerstört und zu den beschriebenen Abwehrformationen führt. Zum anderen die psychische Deprivation, das Verlassenwerden, die Entbehrung von Schutz und Sicherheit und das Fehlen fundamentaler Objekt-Selbst-Affekterfahrungen, ohne die ein Kind nicht gut gedeihen kann.

Es gibt noch eine dritte Form der Weitergabe der Traumatisierung, Hirsch hat sie sehr eindrücklich und plastisch anhand von Fallbeispielen beschrieben (Hirsch 2004, S. 60 ff). Sie besteht darin, dass Kinder einzelne unbewusste oder verschwiegene traumatische Elemente oder ganze Komplexe stellvertretend für die Eltern übernehmen und damit das Nicht-Repräsentierbare, das Nicht-Erzählbare symptomatisch – ihnen selbst unbewusst – zur Sprache bringen. Ein doppelter Vorgang:

7 Die transgenerationale Weitergabe des Traumas

Er lässt sich in der Begrifflichkeit der Delegation beschreiben: das Kind soll ein Problem bearbeiten, an dem die Eltern gescheitert sind. Solche Delegationen sind aus vielen Familien psychisch kranker Kinder bekannt (vgl. Richter 1962), das Kind wird in eine Rolle gedrängt, die es zur intrapsychischen Stabilisierung der Eltern und zu interpersonellen Regulation des Familiensystems ausfüllen soll. In einer *traumatischen Delegation* wird die traumatische Geschichte der Eltern in das Kind hineingezwängt mit der unbewussten Hoffnung, das Kind möge eine Lösung finden für die unerlösten traumatischen Einschlüsse in der Psyche der Eltern. »Die traumatischen Erfahrungen der Eltern ... bilden nun im Kind einen Fremdkörper, ein transgenerationales Introjekt... (Hirsch 2004, S. 60, Hervorhebg. M.H.). Den Vorgang, dass Kinder die Verarbeitung eines traumatischen Geschehens von den Eltern übernehmen und so weitgehende Einschränkung darin erleben, ein eigenes Leben führen zu dürfen, beschrieb Faimberg als »Telescoping of the generations«, ein Ineinanderschieben der Generationengrenzen (zit. nach Leuzinger-Bohleber 2003, S. 121).

In der unbewussten Delegation wird der nachfolgenden Generation auch das Schuldgefühl aufgedrängt – mit dem unbewussten Wunsch, diese soll die Schuld der Vorfahren abtragen und neutralisieren. Dieses »entlehnte Schuldgefühl« (Cournut 1988) weist auf nicht betrauerte Verluste in der vorigen Generation hin, aber auch auf verleugnete reale Schuld. So lässt sich die deutsche Nachkriegsgeschichte begreifen als eine kollektive Verleugnung der Schuld, die man als Täter oder »Mitläufer« des Naziterrors auf sich geladen hat. In der Protestbewegung der nachfolgenden Generation in den 1960er und 1970er Jahren versuchten die Söhne und Töchter der Täter sich gegen dieses schuldbeladene Schweigen aufzulehnen – die Schuld aber auch abzutragen in dem Versuch, die Welt von Krieg, Terror und Ausbeutung durch eine umfassende Revolution zu befreien. Dieser Versuch der »Entschuldung« endete für manche dieser Generation tragisch – wiederum in Terror, Töten, »Krieg« und Tod, als könne man anders nicht mit der entlehnten Schuld umgehen als in der psychischen Wiederholung.

Es ist aber nicht allein die Schuld der Täter, die der nachfolgenden Generation aufgepfropft wird. Auch das Opfer von Verfolgung erlebt eine Schuld – z. B. die Schuld, seine Angehörigen nicht genügend geschützt zu haben. Sehr eindrucksvoll schildert Ilany Kogan (2017) in einem Fallbericht, wie ein solcher Schuldkomplex in die nachfolgende Generation hineingezwängt wird, mehr noch wie die »Täter-Identifikation« des Opfers den Nachkommen aufgebürdet wird. Kogan spricht in diesem Zusammenhang von einem Enactment und definiert es als »Zwang, die Erfahrungen der Eltern in ihrem eigenen Leben nachzustellen« (2017, S. 125) Ein anderer Vorgang kommt der Delegation entgegen. Die traumatischen Einschlüsse, das Unsagbare oder Verschwiegene in den Eltern geben dem Kind Rätsel auf. Das Kind erlebt die Eltern nicht als kohärente Persönlichkeiten mit einer erzählbaren, zusammenhängenden Geschichte. In seiner Abhängigkeit muss es nun versuchen, das Unberechenbare zu berechnen, zu erforschen, zu verstehen. Das kann aber nicht sprachlich geschehen. So beginnt es sich in die Eltern einzufühlen, den Rätseln einen Sinn zu geben, Erklärungen zu suchen. Es wird – gemäß dem egozentrischen Denken – zunächst die Ursachen bei sich selbst suchen. Aber dabei bleibt es nicht. Um einen anderen Menschen zu verstehen, muss man Elemente seiner Psyche übernehmen, durchspielen, *imitieren*. Die Imitation folgt jedoch nicht einer eigenen Überarbeitung, vielmehr stellt sie ein rohes Äquivalent des traumatischen Elements dar, im Bion'schen Sinne ein misslungener Versuch, das von den Eltern übernommene unverdaute Beta-Element zu verdauen.

Der Vater eines achtjährigen Jungen liegt aufgrund einer schweren Erkrankung mehrere Wochen im Koma. Es ist ungewiss, ob er überlebt. Die Angst beherrscht in dieser Zeit die ganze Familie; es gibt niemanden, der das Kind beruhigen oder trösten könnte. Der Junge wird in der Schule auffällig. Der Vater ist inzwischen genesen. Die Verhaltensauffälligkeiten sind zwar verschwunden, stattdessen wird der Junge immer stiller und zieht sich von allen Kontakten zurück. Seine Mimik ist erstarrt, seine Bewegungen sind verlangsamt, von sich aus spricht er kein Wort, er ist bleich wie der Tod und kleidet sich schwarz. In der Therapie malt er Zombies. Das seien lebende Tote, die Menschen bedrohen.

Mit der überflutenden Angst vor dem Verlust des Vaters wurde der Junge nicht fertig. Niemand hat mit ihm gesprochen; das Koma, der Zustand zwischen Leben und Tod, blieb ein furchterregendes Rätsel, das er nun an der eigenen Person darstellt und das in seiner Phantasie als

Zombie, als Untoter auftaucht. Im Sinne einer Verdichtung erscheint in diesem Imitat auch die depressive, »tote« Mutter.

Auch Bindungsmuster werden transgenerational weitergegeben. Besonders desorganisierte Bindungsmuster wirken traumatisch auf die nachfolgende Generation. Bereits Bowlby (1969) zeigte, wie der Bindungsverlust zunächst zu Trotz, dann zur Verzweiflung und schließlich zur Psychopathie führen kann; ein normales Bindungsverhalten wird nicht wieder aufgenommen (Fonagy 1998, S. 101). Fonagy untersucht den Zusammenhang von Bindung und Verbrechen und stellt fest, dass Raub auf die pathologische Wiederherstellung der Nähe zum Objekt abzielt, affektive Gewalt hingegen scheint eine gefährliche Nähe zum Objekt durch eine gewalttätige Abwehrreaktion zerstören zu müssen (Fonagy 1998, S. 101 ff).

Es hängt von vielen Faktoren ab, ob Kinder diese Traumatisierungen wiederum an die nächste Generation weitergeben müssen – in der gleichen oder der komplementären Form der Identifizierung mit dem Introjekt. Es gibt in der Entwicklung traumatisierter Kinder nicht nur Risikofaktoren, sondern auch Schutzfaktoren (▶ Kap. 10, Resilienz).

Zusammenfassung

Gelingt eine Bearbeitung und Assimilation des traumatischen Introjekts nicht, geben traumatisierte Menschen das Trauma an die nachfolgende – u. U. auch nach-nachfolgende Generation weiter. Dem Kind tritt das Introjekt wiederum als traumatisierende Gewalthandlung oder als Vernachlässigung und Entwertung entgegen. Andere Formen der transgenerationalen Transmission sind Delegationen, die Tradition pathologischer Objektbeziehungen und Parentifizierung. Kinder unternehmen große Anstrengungen, die Rätsel hinter den ungesagten oder unsagbaren traumatischen Einschlüssen der Eltern zu lösen, wobei sie einzelne traumatische Elemente unbewusst in ihr Verhalten und ihren Habitus imitierend einbauen.

7 Die transgenerationale Weitergabe des Traumas

Literatur zur vertiefenden Lektüre

Hirsch, M. (2004): *Psychoanalytische Traumatologie – das Trauma in der Familie. Psychoanalytische Theorie und Therapie schwerer Persönlichkeitsstörungen.* Stuttgart: Schattauer.

Leuzinger-Bohleber, M. (2003): Transgenerative Weitergabe von Traumatisierungen. Einige Beobachtungen aus einer repräsentativen Katamnesestudie. In: Leuzinger-Bohleber, M., Zwiebel R.: *Trauma, Beziehung und soziale Realität* (S. 107–135). Tübingen: edition diskord.

Weiterführende Fragen

- Eigentlich müsste doch ein Mensch, der traumatisches Leid erfahren hat, alles daransetzen, dies der nachfolgenden Generation zu ersparen. Wie kann es dennoch zur »transgenerationalen Weitergabe« des Traumas kommen?
- Warum setzt sich das Trauma in der nachfolgenden Generation besonders nachhaltig dann fort, wenn es ein Geheimnis bleiben muss?
- Wie kann man diese Weitergabe unterbrechen?

8 Die Therapie des Traumas

Das Kapitel behandelt Grundsätze in der psychodynamischen Behandlung von Traumatisierungen im Kindes- und Jugendalter, die für die beiden psychodynamischen Verfahren Analytische und Tiefenpsychologisch fundierte Psychotherapie gelten. Unterschiede gibt es in Technik und Interventionsstrategien, die jedoch hier nicht detailliert dargestellt werden; ausführlich dazu: Burchartz (2021a).

8.1 Das Trauma in Übertragung und Gegenübertragung

Die Reinszenierung der traumatischen Szene betrifft auch die Beziehung zwischen Kind oder Jugendlichem und Therapeut.

Patienten bringen Beziehungserfahrungen mit früheren Objekten in die Beziehungsgestaltung mit dem Analytiker ein, sie *übertragen* diese früheren Muster. Der Analytiker erscheint dem Patienten nicht als der, der er ist, sondern als einer, der so ist, wie jener es entsprechend seiner Objektbeziehungen wünscht oder befürchtet. Freud erkannte bereits früh den ungeheuren *Wert der Übertragung:* Zum einen, weil sich solche früheren Beziehungserfahrungen anders nicht erinnern lassen – sei es, dass sie von vornherein dem noch kaum ausgebildeten Bewussten nicht zugänglich sind, sei es, dass sie verdrängt werden mussten. Sie kommen in Form der *Wiederholung* in der Übertragung zum Vorschein. Zum anderen, weil das, was sich zwischen Patient und Analytiker ereignet, von großer Evidenz ist, vor allem dann, wenn es affektiv besetzt ist – die Arbeit mit der Übertragung ist deshalb in allen psychodynamischen Verfahren zentral, freilich in unterschiedlicher Ausprägung.

Die Übertragung evoziert im Analytiker, im Therapeuten eine Reaktion. Sie umfasst alle kognitiven, affektiven und körperlichen Vorgänge, die sich, teils bewusst, teils unbewusst, auf die Übertragung beziehen. Diese *Gegenübertragung* empfand man in der frühen Geschichte der psychoanalytischen Technik als störend, man war der Ansicht, dass der klare analytische Blick des Therapeuten auf seinen Patienten durch diese Reaktionen getrübt werde. Eine Wende ergab sich durch den berühmten Vortrag von Paula Heimann »On Countertransference« (Heimann 1950, zit. nach Thomä & Kächele 1985, S. 88): »Es gibt keinen dynamischeren Weg, in welchem die Stimme des Patienten den Analytiker erreicht«.[8] Eine sorgfältige Analyse der Gegenübertragung eröffnet einen unmittelbaren Weg zum Unbewussten des Patienten.

Neuere psychoanalytische Auffassungen betonen, dass Übertragung und Gegenübertragung eine gemeinsame Schöpfung beider Partner im analytischen Feld sind, wobei darin auch Übertragungen des Analytikers auf den Patienten und dessen Gegenübertragungen enthalten sind – ein reziproker Vorgang. Die analytische Szene ist also auch von gegenwärtigen individuellen und einmaligen Beziehungsmodi geprägt (vgl. Mertens 2011).

Auch Kinder entwickeln eine Übertragung auf den Therapeuten. Übertragen werden neben Beziehungserfahrungen aus der Vergangenheit insbesondere solche, die gegenwärtigen Objektbeziehungen entstammen, ist doch das Kind – auch der Jugendliche – in erheblich größerem Ausmaß von den aktuellen Beziehungen abhängig.

---

8 Der Vortrag liegt in deutscher Übersetzung durch E. Vorspohl vor in: Heimann, P (2016), S. 111–117. Hier heißt es: Die »›Gegenübertragung‹ «...(ist) Ausdruck einer in höchstem Maß dynamischen Rezeption der Stimme des Patienten.«

> **Exkurs**
>
> Im Trauma fließen Vergangenheit und Gegenwart ineinander. Elemente der traumatischen Szene werden verdrängt oder abgespalten. Das Unbewusste aber ist zeitlos, so S. Freud, es kennt keine linearen Zeitvorstellungen. Das Problem aller psychischen Erkrankungen, insbesondere bei Traumatisierungen besteht darin, dass die Vergangenheit in vielfältiger, störender Form in der Gegenwart enthalten ist und das gegenwärtige Leben des Patienten beeinträchtigt. In psychodynamischen Psychotherapien bemühen wir uns darum, die *gegenwärtigen* inneren Objekt- und Selbstbilder der traumatisierenden Vergangenheit zu entreißen und zu transformieren, um eine kreative und lebensbejahende Einstellung zum Dasein zu ermöglichen. Wenn die Vergangenheit vergangen sein darf und der Patient zum Leben in der Gegenwart und für seine Zukunft befreit ist, haben wir das Ziel der Therapie erreicht.

Unerträgliche innere Zustände werden in der Übertragung auf den Therapeuten übertragen, in ihn hineingepresst, so wie das traumatische Introjekt in das Kind, den Jugendlichen hineingepresst wurden. Ein projektiver Vorgang, der begleitet wird von einer Identifikation – der Therapeut wird identifiziert mit dem überwältigten Kind und seinen Affekten, oder mit dem überwältigenden Aggressor und dessen sadistischen Impulsen. Entsprechend fühlt sich auch der Therapeut zwischen Hilflosigkeit und Aggression gefangen mit dem Wunsch, sich dieser Zumutungen zu erwehren. Der Gewalt solcher *projektiven Identifizierungen* kann man in einer Traumatherapie kaum entgehen. Darin konstelliert sich das Trauma in Übertragung und Gegenübertragung. Beide haben immer, neben allen beschriebenen Effekten der Wiederholung, einen *Mitteilungscharakter* – Mitteilung dessen, was nicht gesagt und gedacht werden kann (vgl. Herman, 1994, S. 187 ff).

Hans Holderegger hat dafür den Begriff der *traumatisierenden Übertragung* geprägt und beschrieben (Holderegger 2003). In der traumatisierenden Übertragung, im Wesentlichen eine sehr komplexe Spielart der projektiven Übertragung, wird das Trauma zugleich abgewehrt und mitgeteilt, indem die traumatische Szene wiederhergestellt wird. Das geschieht zunächst, indem der Analytiker in die Rolle des traumatisierten Kindes hineinmanövriert wird und damit all das spüren soll und muss, was das Kind gespürt hat und was zu spüren eine völlige Überforderung war, weshalb es seither nicht mehr selbst gespürt werden darf. Der Analytiker bekommt es also zu tun mit Gefühlen der Ohnmacht, der Bedrohung, der Wut, der Angst und mit Schuldgefühlen, heftige Affekte, die schwer auszuhalten sind und die mitunter das Denkvermögen lähmen. Während der Analytiker so identifiziert ist mit dem traumatisch überwältigten Kind, tritt ihm das Introjekt gegenüber, mit dem der Patient identifiziert ist. Man kann diese Szene auch so verstehen, dass der Patient dem Analytiker sein verängstigtes und ausgeliefertes Kind anvertraut, das sich nicht zu schützen weiß, das verunsichert ist und sich verachtet und entwertet fühlt von einem verfolgenden und bedrohlichen Introjekt.

> C., ein 14-jähriger Jugendlicher pflegte über viele Stunden mit dem Therapeuten ein Rollenspiel zu spielen: er war der Lehrer, der Therapeut sollte einen Schüler spielen, so einen mittelmäßigen Schüler. Als Schüler musste der Therapeut einen unaufhörlichen Strom von belehrenden Worten über sich ergehen lassen, Fragen durfte er nicht stellen bzw. sie wurden übergangen, jede Unbotmäßigkeit wurde mit strengen Strafen geahndet, verteidigen durfte er sich nicht, sofort wurde er mundtot gemacht, verlacht und gedemütigt. Er fühlte sich geradezu sadistisch gequält. Alle Versuche, das Geschehen von einer Metaebene aus zu betrachten, fanden kein Gehör. Der Therapeut wurde in seinen analytischen Funktionen lahmgelegt und ausgeschaltet, eigentlich zerstört. Es ging hier nicht allein Kontrolle und Verachtung des Objekts, es ging vielmehr um dessen Überwältigung und Vernichtung.

In der traumatisierenden Übertragung können sich die Dinge auch auf den Kopf stellen: Indem nämlich der Therapeut, wie erwähnt, mit dem destruktiven Introjekt projektiv identifiziert ist.

> Derselbe Patient pflegte den Therapeuten mit persönlichen Fragen zu bedrängen. Die Weigerung des Therapeuten, eine klare und eindeutige Antwort auf seine Fragen zu geben mit dem Hinweis auf mögliche Phantasien triggerte bei dem Jugendlichen eine Retraumatisierung an.

8.1 Das Trauma in Übertragung und Gegenübertragung

Der Therapeut wurde auf diese Weise zu einem verfolgenden Objekt, das ihn im Stich ließ, in völliger Unklarheit und Verwirrung. Es ereignete sich hier nicht einfach eine Unterbrechung der Empathie, es war eine äußerste Bedrohung der Integrität seines fragilen Selbst, eine aktive Bedrohung, die ihn mit ohnmächtiger Wut, Verzweiflung, Hass und Gefühlen von Einsamkeit, Verlorenheit und Orientierungslosigkeit überschwemmte.

Welche traumatische Szene ereignete sich hier? Die Eltern des Patienten hatten sich getrennt, als er 2,5 Jahre alt war, bald danach stellte sich bei der Mutter eine Schizophrenie ein. Der Junge konnte das natürlich nicht verstehen, die Mutter entfernte sich mehr und mehr von ihm in eine unzugängliche innere Welt, die bizarr, rätselhaft und bedrohlich erschien. Der elementare Mangel an ausreichend stimmigem emotionalem Austausch nahm nun kumulativ traumatisierende Ausmaße an. C. war ausgeliefert an eine verrückte Welt, und er verfügte noch nicht über ein sicheres Unterscheidungsvermögen zwischen Phantasie und Realität, zwischen verzerrter Wahrnehmung und einer realistischen Welterfahrung. Die Mutter musste immer wieder in eine psychiatrische Klinik, aber sie lehnte in ihrem Wahn die Einnahme von Medikamenten ab. Der Patient geriet in größte Angst um seine Mutter. Er war vom Vater verlassen, nun verließ ihn auch – innerlich – die Mutter. Wie das für Kinder kranker Eltern typisch ist, stellte er seine eigene kindliche Entwicklung ein und übernahm früh eine Verantwortung, der er überhaupt nicht gewachsen war. Er schlüpfte im Sinne einer Parentifizierung in die Elternrolle, kümmerte sich um seine kranke Mutter, wobei er letztlich natürlich überhaupt nicht verstand, was denn mit ihr los war. Seine Angst, seine Wut und Verzweiflung über das doppelte Verlassenwerden, seine Verwirrung, wurden dissoziiert. Schließlich, als C. knapp 8 Jahre alt war, begann die Mutter in paranoidem Wahn ihre Kinder zu misshandeln. Einem aufmerksamen Arzt ist es zu verdanken, dass schließlich das Jugendamt initiativ wurde. (Eine ausführliche Falldarstellung findet sich in: Burchartz 2019).

Wie arbeitet man mit einer solchen traumatisierenden Übertragung? Lässt sie sich durch Deutungen einem Verstehen und damit der Verfügbarkeit des Ich zuführen?

Hier ist Vorsicht geboten. Verbale Deutungen konstellieren im Erleben des kindlichen oder jugendlichen Patienten allzuleicht ein Machtverhältnis. In der Regel ist der Erwachsene gewandter im Gebrauch der Sprache. Seinen Worten hat man wenig entgegenzusetzen. So wird das Wort zur Waffe des Großen gegen den Kleinen. Sprache ist für traumatisierte Kinder nicht die liebevoll-verstehende und schützende Umhüllung einer wohltuenden Beziehungserfahrung – wie sie etwa in den Worten, Liedern und Sprüchen der Eltern aufscheint. Vielmehr wirkt das Wort intrusiv, eindringend, zurückweisend, überwältigend und beraubend, »deprivierend«. Die Deutung stellt dann wie in einer Mini-Szene das alte Gewaltverhältnis her. Entsprechend wehren sich Kinder und Jugendliche gegen das deutende Wort des Therapeuten. Entweder, indem sie sich taub stellen bzw. sich tatsächlich die Ohren zuhalten, oder den Therapeuten aktiv zum Verstummen bringen: »Halt doch den Mund mit deinem dauernden Gelaber«. Es kann auch vorkommen, dass sie einen Lehrer spielen, der die Deutungshoheit über das Wort behält.

Es gab in der Analyse mit C. einen Moment, als er dem Therapeuten gegenüber äußerst bedrohlich, fast handgreiflich auftrat. Ich diesem Moment war dieser mit dem destruktiven, gewalttätigen Introjekt identifiziert. Es war das lange zurückgehaltene und unterdrückte Aufbegehren des überwältigten Kindes, eine spontane Aggression. Freilich kam darin auch die Umkehr der traumatischen Szene zum Ausdruck. Gibt man dem »inneren Monster« recht, geht man vor ihm in die Knie – oder gibt es eine andere Möglichkeit? In dieser Szene antwortete der Therapeut ebenso spontan mit einer deutlich vorgetragenen Grenzziehung: »Genug, C., es reicht, hör jetzt auf«.

Aus dem Kreislauf der traumatisierenden Wiederholung in der Übertragung findet man heraus, indem beide Partner im analytischen Feld ihre Spontaneität wiederentdecken. So sehr das Spielen zu einer trostlosen Wiederholung des Traumas erstarren kann, so gewiss steckt in ihm auch das Potenzial spontaner Reaktion, eine Anknüpfung an die verschüttete Affektivität des wahren Selbst. Es geht hier um die Wiedergewinnung der affektiven Authentizität, das ist etwas anderes, als einfach »spontan seine Wut rauszulassen«, die oft genug gar nicht zu einem selbst gehört.

Diese affektive und vitale und vor allem authentische Subjektivität eines Anderen, hier des Analytikers ist der Weg, der es dem Patienten ermög-

8.1 Das Trauma in Übertragung und Gegenübertragung

licht, sich seiner eigenen verschütteten Affektivität zu bedienen und sich von der übermächtigen Herrschaft des Introjekts zu befreien.

»Der Umstand, daß es sich in der ›traumatisierenden‹ Übertragung also auch um die Provozierung einer (ursprünglich verhinderten und zu gefährlichen) Auseinandersetzung bzw ›Kampfsituation‹ handelt, in der es um die Rettung der Vitalität und psychischen Integrität des Patienten geht, weist darauf hin, daß der Analytiker ein aktives affektives Engagement für das ihm anvertraute Kind' entwickeln muß, das vielleicht zumindest in seiner Äußerungsform über das, was im Umgang mit der klassischen Übertragung zum Ausdruck kommt, hinausgeht« (Holderegger 2003, S. 26).

Angriffe auf das Setting gehören regelmäßig zu einer traumatisierenden Übertragung. Die Versuchung für den Therapeuten liegt nahe, diesen Angriffen aus falsch verstandener Schonung nachzugeben, die Frequenz zu ändern, die Stunden zu verschieben, ausfallende Stunden zu übergehen usw. Therapeut und Kind oder Jugendlicher verbindet dann die unbewusste Überzeugung, dem destruktiven Objekt ausgeliefert zu sein und es beschwichtigen zu müssen. Gegenübertragungsgefühle, die nicht dazu passen, müssen verdrängt oder abgespalten werden. »Die Angst vor ihr (der Gegenübertragung) kann den Analytiker zur Unterdrückung aller menschlicher Freiheiten bei den eigenen Reaktionen führen. ... Der Patient muss sich auf das »Menschsein« des Analytikers immer verlassen können« (Fenichel 2001, S. 78).

Mit einem grenzziehenden »Nein« zeigt der Therapeut, dass man dem Angriff des inneren Verfolgers etwas entgegensetzen kann, ohne das Objekt zu verlieren. Möglicherweise sind solche Angriffe auch verbunden mit dem tiefen unbewussten Wunsch, jemanden zu finden, der in der Lage ist, sich selbst zu behaupten – ein Versuch der »Meisterung«.

Racker (1997, S. 71) hat mit seiner Unterscheidung von »konkordanter Identifizierung« und »komplementärer Identifizierung« in der Gegenübertragung des Analytikers darauf hingewiesen, dass sich der Therapeut entweder mit dem Ich und dem Es des Patienten identifiziert oder mit dessen inneren Objekten. Im Fall der traumatisierenden Übertragung wäre dies die Identifikation mit dem überwältigten Selbst des Kindes, oder (komplementär) mit dem Introjekt. Entscheidend für die Therapie ist die Fähigkeit des Therapeuten, seine reflektierende Haltung gegenüber seiner Gegenübertragung zu erhalten oder zurückzugewinnen. Bei der unvermeidlichen Verwicklung in die traumatische Szene darf es nicht bleiben, sonst drohen endlose, nicht hilfreiche Wiederholungen. Der Therapeut trägt zur Überwindung des Traumas bei, indem er immer wieder aus der Unmittelbarkeit der Szene im Spiel, in den Narrativen des Kindes, des Jugendlichen, heraustritt und einen Raum des gemeinsamen Nachdenkens, gleichsam einen Übergangsraum eröffnet. Dies ist die Voraussetzung, dass sich Symbolisierungen entwickeln und Mentalisierungsprozesse gefördert werden.

8.2 Die Beziehung als therapeutisches Medium

Freud ging davon aus, dass eine anfängliche »mild positive Übertragung« eine wichtige Voraussetzung für jede Analyse sei. Man kann hinzufügen, dass dies auch für eine »mild positive Gegenübertragung« gilt. Es muss sich also eine gemeinsame Beziehungserfahrung herstellen, in der zunächst Gefühle der Sympathie ihren Platz haben, und seien es solche, die sich auf Teilaspekte der Persönlichkeit des Kindes, der Eltern oder des Jugendlichen beziehen. Aber das ist gar nicht so einfach. Gerade traumatisierte Menschen tragen ja die Gewalt, die negativen Selbstbilder und kompensierend die agierte Grandiosität in sich – Selbstaspekte, die sie nicht sympathisch machen. Schon in den ersten Begegnungen können sich sehr unangenehme Gefühle der Ablehnung und des Misstrauens breit machen, vor denen sich beide zu schützen trachten.

Andererseits trägt natürlich jeder Patient eine tiefe Sehnsucht in den therapeutischen Raum, verstanden und als ganze Person wertgeschätzt zu werden. Keinen Menschen wird man als »nur« unsympathisch oder »nur« sympathisch erleben. Es gilt also im Anfang der Therapie dasjenige zu entdecken, was am anderen liebenswert ist – und sei es noch so verschüttet. Wo und wie will der Patient den Therapeuten erreichen, wo erreicht der Therapeut den Patienten? Dem Therapeuten kann es helfen, in den Ab-

8.2 Die Beziehung als therapeutisches Medium

wehrmanövern des Patienten, die sich von Beginn an in der Übertragung manifestieren, eine kreative Leistung des Patienten zu sehen, mit der er die Reste seiner Integrität zu schützen trachtet. Dem Kind, dem Jugendlichen, kann es helfen, wenn es auf diese innere Haltung der *Anerkennung* im Therapeuten trifft. Sympathie ist ein Gefühl, das sich nicht erzwingen lässt. Anerkennung ist eine Haltung, die man einnehmen kann.

In der Traumatherapie herrscht weitgehend Übereinstimmung darin, dass die Grundlage aller Interventionen eine tragfähige therapeutische Beziehung sein muss (u. a. Garbe 2023). Dies ist natürlich ein Standard in allen psychodynamischen Therapien, hat aber für die Bearbeitung des Traumas eine besondere Bedeutung.

Traumatisierungen im Kindes- und Jugendalter bedeuten immer eine Erschütterung der Beziehung zu den wichtigsten Personen im Umfeld des Betroffenen. Daher muss am Anfang jeder Traumatherapie die Bereitstellung von äußerer und innerer Sicherheit stehen. Das betrifft zunächst den Rahmen. Die regelmäßige, wiederkehrende und verlässliche Begegnung mit dem Therapeuten an einem bestimmten Ort und zu einer bestimmten Zeit und in einer Frequenz, die für das Kind überschaubar ist, die Rituale des Übergangs, Beginn und Ende der Stunde – das alles vermittelt Sicherheit in der Beziehung. Auch deshalb ist es wichtig, dass der Therapeut Angriffen auf diesen Rahmen standhält. Der Rahmen vermittelt Halt im doppelten Wortsinn: er ist eine schützende Hülle, innerhalb derer das unbewusste Material in die Beziehung kommen kann – und er bedeutet ein »Halt!«, eine Grenze, die nicht überschritten werden darf, um die Integrität zweier Personen zu schützen. Zum Rahmen gehören auch die basalen Regeln für jede Psychotherapie: keine körperlichen oder psychischen Übergriffe, keine mutwilligen Zerstörungen oder Verletzungen, keine Beschämungen oder Herabsetzungen des Patienten usw.

Oft ist es schwer, einen solchen haltenden Rahmen überhaupt erst herzustellen.

Ein zehnjähriges Mädchen, mehrfach traumatisiert, lebt nach der Herausnahme aus der Familie und vielen Stationen der Jugendhilfe in einer Wohngruppe. In dieser Einrichtung gibt es eine hohe Personalfluktuation. Zu Beginn ihrer Therapie wurde sie sehr unregelmäßig gebracht, immer wieder wurden Stunden von den Betreuerinnen und Betreuern vergessen. Der Therapeut erlebte in dieser Anfangsphase fünf verschiedene Erzieherinnen, die allesamt über die äußeren Bedingungen der Therapie nicht informiert waren – wie lange die Stunde dauert, wann die Patientin wo abgeholt werden solle usw. Mal kam sie zu früh, mal zu spät, im Schlepptau der Pädagogin noch andere Kinder, die in die Praxis drängten, mal musste sie nach der Stunde lange warten, bis sie abgeholt wurde.

In diesem Fall war es wichtig, mit den Pädagoginnen und Pädagogen zunächst einmal ein Verständnis zu erarbeiten, wie wichtig ein konstanter Rahmen ist, möglichst mit konstanten Ritualen beim Bringen und Abholen.

Oft erlebt man, wie Eltern und Pädagogen in die Therapie eingreifen – ohne es bewusst zu intendieren. Da wird das Kind verabschiedet mit Bemerkungen wie: »Viel Spaß« oder: »Sei auch anständig«, oder hinterher ausgefragt: »Na, wie war's? Was habt ihr gemacht?«

Auch hier ist es wichtig, mit den Bezugspersonen zu erarbeiten, wie wichtig die Grenzen sind: Eine Therapie muss und kann durchaus nicht immer »Spaß« machen, und es muss dem Kind überlassen bleiben, was es spontan erzählen möchte.

Um die Herstellung einer inneren Sicherheit geht es im nächsten Kapitel.

8.3 Halten, Containing und Mentalisierung

Das Konzept des *Haltens* wurde bereits dargestellt (▶ Kap. 2.5). Die Mutter stellt dem Kind in dieser Funktion einen äußeren Reizschutz zur Verfügung, aber auch einen inneren Reizschutz vor überflutenden, nicht integrierbaren Affekten. Die psychotherapeutische Situation bildet die frühkindliche Mutter-Kind-Matrix des »Haltens« ab. Durch sein verstehendes

8.3 Halten, Containing und Mentalisierung

Aufnehmen der Affekte, Ängste und zersplitterten psychischen Fragmente »hält« der Therapeut das Kind, den Jugendlichen. Indem er vermittelt, dass er sieht und anerkennt, wie es um den Patienten steht und dass er seine Not, aber auch seine Abwehr nachvollziehen kann, stellt er eine haltende Beziehung zur Verfügung, innerhalb derer sich Ängste beruhigen lassen und affektive Spitzen abgefangen werden können. Ein emotionaler Austausch entsteht, in dem sich die Affekte nach und nach aus der spaltenden und externalisierenden oder internalisierenden Abwehr befreien können. Der Patient spürt, dass er den Therapeuten emotional erreicht und in ihm eine empathische Resonanz hervorrufen kann.

Insbesondere wenn dem Therapeuten seine eigene Destruktivität unzugänglich ist oder wenn er einseitig mit dem überwältigten Kind identifiziert ist, kann es geschehen, dass er dem Halten der Destruktivität, die dem traumatischen Introjekt entstammt, auszuweichen trachtet. Das Destruktive wird dann aus der therapeutischen Beziehung nach außen verlagert, kann dort nicht gehalten werden und führt eher zur Verstärkung destruktiven Agierens. Es ist daher für die Traumatherapie von großer Wichtigkeit, auch die Destruktivität des Patienten zu halten, mit ihm auszuhalten, ohne sie sogleich beseitigen oder entsorgen zu wollen.

Ein sexuell missbrauchter zehnjähriger Junge baut auf dem Tisch Soldaten, Panzer usw. auf. Es treten mehrere Armeen gegeneinander an, die Schlachten enden in einem fürchterlichen Gemetzel, bei dem die Figuren sadistisch abgeschlachtet werden. Das Spiel wiederholt sich viele Stunden, der Therapeut fühlt sich tief erschüttert, aber auch angewidert ob der konkretistischen Grausamkeit. Er kommentiert das Spiel: Wie furchtbar man sich fühlen muss, wenn man so vernichtet wird – aber auch, dass es den Soldaten vielleicht auch Lust bereitet, so grausam zu sein. Der Patient nimmt das anscheinend ungerührt hin. Erst nach dieser Phase ereignet sich etwas Neues: Das Spiel verlagert sich vom Soldaten-Schlachtfeld in eine Ritterburg. Bei den Kämpfen zwischen Angreifern und Verteidigern überleben immer einige Ritter, weil sie Schutz in den Mauern der Burg finden.

Im Rahmen einer haltenden Beziehung finden allmählich dissoziierte Elemente zusammen. In dem Beispiel wird die Vernichtung relativiert, indem eine Schutzfunktion errichtet werden kann.

Eine sorgfältige Gegenübertragungswahrnehmung und -analyse ermöglicht, dem Kind die Erfahrung zu vermitteln, dass der Therapeut es nicht für eigene Bedürfnisse ausnutzt. Das Abstinenzgebot ist als zentrale Anforderung an die Beziehung zwischen Patient und Therapeut für die Traumatherapie von besonderer Bedeutung.

Das Modell des *Containing* nach Bion (1962a; Hinshelwood 1993) geht noch einen Schritt weiter. Es zeichnet ebenfalls die frühe Mutter-Kind-Beziehung nach. Danach lässt sich die Mütterlichkeit verstehen als ein Behälter, der die für das Kind unverstehbaren und bedrohlichen Affekte aufnimmt und bewahrt. Der Container hat eine kreative Funktion: Die Mutter kann über diese Affekte nachdenken, sie kann ihnen in »träumerischer Reverie« nachspüren, sie verstehen, ihre Botschaften entschlüsseln und so gewissermaßen verdauen. Im Container werden rohe, unverdauliche psychische »Beta-Elemente« metabolisiert und in verträgliche »Alpha-Elemente« umgewandelt, die dem Kind in verträglicher Form zur rechten Zeit zurückgegeben werden können – ein Vorgang, der eine zunächst stellvertretende Symbolisierung enthält, die dann aber vom Kind introjiziert werden kann. »Damit gibt Bion uns den Schlüssel in die Hand ... zu einer Psychoanalyse, der es um die Entwicklung der Instrumente zu tun ist, die dem Individuum das Denken, Fühlen und Träumen ermöglicht«. (Ferro 2014, S. 822)

Auch dieser Vorgang bildet sich in der Psychotherapie ab. Die Containerfunktion des Therapeuten verhindert, dass Ängste, Destruktivität und Begehren in roher Form zurückgegeben werden. Vielmehr können die Affekte solange im Inneren des Therapeuten bewahrt werden, bis die Zeit reif ist, sie dem Patienten in annehmbarer Form als seine eigenen, verwandelten und von ihrem Schrecken befreiten Stücke seines Seelenlebens zur Verfügung zu stellen.

Die Heftigkeit, mit der in einer traumatisierenden Übertragung projektiv Destruktivität oder Sexualisierung usw. in den Therapeuten-Container hineingestoßen wird, kann diesen auch zerstören. Der Therapeut wird darum ringen, auch diese Elemente sich nicht einfach identifizierend zu eigen zu machen, sondern die metabolisierende Kapazität seiner Innenwelt immer wieder (zurück) zu gewinnen. Wenn Bion von »träumerischer Reverie« spricht, dann deutet das darauf hin, dass die Container-Funktion nicht allein eine kognitive ist. Vielmehr wirkt das vom Patienten Aufgenommene auf das Unbewusste, dessen Abkömmlinge sich in Emotionen, assoziativen Einfällen, Intuitionen und tagträumerischen Gedanken manifestieren und darin entschlüsselbar sind.

Projektive Identifizierungen sind nicht allein der Versuch des Patienten, Unerträgliches loszuwerden, indem es in den Anderen hineinverlagert wird. Sie sind auch ein kommunikativer Vorgang: Der Therapeut soll nicht nur theoretisch wissen, wie es um die Not des Patienten bestellt ist, er soll sie auch spüren, sonst kann er sie in der Tiefe nicht verstehen. Damit wird dem Therapeuten etwas zur Verarbeitung anvertraut, was man selbst (noch) nicht verarbeiten kann.

Die von Bion beschriebenen Vorgänge zeichnen ein ähnliches Bild, wie das später von Fonagy und Kollegen (2002) entwickelte Mentalisierungskonzept. In einer gelingenden frühen Mutter-Kind-Beziehung nimmt die Mutter die Affekte des Kindes auf und gibt sie in einer »markierten« Spiegelung zurück. Damit signalisiert sie dem Kind, dass es seine eigenen sind, nun aber ihrer Bedrohlichkeit entkleidet. »Das Ergebnis besteht darin, daß der Säugling den markierten Spiegelungsreiz *referenziell* als Ausdruck seines *eigenen* Selbstzustandes *verankert*« (S. 186, Hervorhebg. F. et al.). Vermittels dieses wiederholten Vorgangs bildet sich im Kind eine *Vorstellung* von Affekten und Emotionen, also von inneren, mentalen Vorgängen. Gefühle werden nicht mehr nur »gefühlt«, sie finden auch eine Repräsentation, es kann über sie phantasiert und nachgedacht werden, später können sie benannt werden und es entsteht eine Vorstellung von einem eigenen mentalen Funktionieren – im Unterschied zum mentalen Funktionieren des Anderen (vgl. Fonagy & Target 2011, S. 364–380).

Mentalisierungsvorgänge in der Psychotherapie tragen also dazu bei, die Selbstkohärenz wiederzugewinnen, eine Subjekt-Objekt-Differenzierung zu errichten und die affektive Steuerungsfähigkeit zu stärken.

Ein zehnjähriges Mädchen, das in ihrer Wohngruppe durch extremen zerstörerischen Neid gegen anderen Kinder auffällt, baut im Sandkasten einen großen Turm inmitten eines Sees, der mit einem Damm geteilt wird in eine überflutete und eine trockene Seite. Neben der unbewussten Bemühung des traumatisierten Kindes, mit Hilfe von Spaltungsvorgängen eine erste Ordnung in ihr Seelen-Chaos zu bringen und neben dem symbolischen Gehalt ihrer Darstellung hat ihre Gestaltung auch einen Beziehungsaspekt: Sie möchte, dass ihr Aufbau erhalten bleibt und sie ihn in ihrer nächsten Stunde wiederfindet. Der Therapeut sagt ihr, dass er spürt, wie sehr sie sich wünscht, einen sicheren und dauerhaften Platz bei ihm zu haben – dass er aber anderen Therapiekindern auch erlaubt, mit dem Sand zu spielen und er ihr deshalb nicht versprechen kann, dass sie alles wieder vorfindet. Die Patientin: Na gut, aber ich kann ja dann alles wieder aufbauen, wenn ich wiederkomme.

Das Mädchen hat ein erstes Vertrauen fassen können, die Aussicht, dass der Therapeut an sie denkt und ihre Schöpfung in sich bewahrt, auch wenn diese konkret verschwindet, gibt ihr Sicherheit – sie kann ihre Stunden miteinander verknüpfen und eine gewisse mentale Kontinuität erleben.

Halten, Containing und Mentalisierung sind die primären Grundlagen jeder psychodynamischen Traumatherapie. Sie stellen einem Patienten das zur Verfügung, was er vor allem braucht: emotionale Sicherheit, eine verlässliche, zugewandte, verstehende und einfühlsame Beziehung. Sicher wird im therapeutischen Prozess diese Sicherheit immer wieder verloren gehen, dann ist es primäre Aufgabe, sie zurückzugewinnen. Dabei kommt es weniger darauf an, was der Therapeut tut oder sagt oder welche Techniken er anwendet, viel wichtiger ist seine rezeptive, metabolisierende, mentalisierende und emotional resonante Haltung, also das, *wie er ist*.

8.4 Die Entwicklung und Stärkung der Symbolfunktion

Symbolisierung spielt in der seelischen Entwicklung des Menschen eine entscheidende Rolle. Wir verstehen darunter die Fähigkeit, Triebregungen, Affekte, Emotionen, Beziehungserfahrungen nicht nur unmittelbar zu

8.4 Die Entwicklung und Stärkung der Symbolfunktion

erleben und abzureagieren, sondern ihnen eine innere Bedeutung zu geben, sie zu einer psychischen Repräsentanz zu transformieren. Ist das frühe Erleben des Säuglings und Kleinkindes vor allem ein körperliches, so setzt die wachsende Symbolisierungsfähigkeit einen Prozess der De-Somatisierung in Gang – die unter traumatischem Druck freilich zusammenbrechen kann und dann zu regressiven Re-Somatisierungen etwa in psychosomatischen Phänomenen führt (▶ Kap. 6.10). Voraussetzung für die Repräsentanzenbildung ist ein mentaler innerer Raum, in dem die direkte Abfuhr unterbrochen wird und sich zunächst ein psychisches Erleben zum körperlichen gesellt – später aus dem Gefühlten ein emotionaler und präkognitiver Gedanke wird, der dann zu einer Begriffsbildung führt. Entscheidend dafür sind die Vorgänge von Halten, Containing, Mentalisierung und affektiver Spiegelung. Ohne die Symbolisierung wird das Ich zu einem hilflosen Spielball der Triebe, Affekte und Impulse – aber auch zu einem Spielball fremder Ansprüche und Übergriffe. Für gelingende Abwehr- und Bewältigungsvorgänge ist die Fähigkeit zur Symbolisierung entscheidend.

Symbolisierung entsteht mit Hilfe früher Beziehungserfahrungen, in denen die primären Bezugspersonen die Symbolisierung stellvertretend übernehmen, bis sie entwicklungsentsprechend internalisiert werden kann.

Eine zweite Quelle der Symbolisierung ist die Erfahrung, von den Beziehungspersonen getrennt zu sein. Ein Symbol lässt sich ohne eine verträgliche Unterbrechung der Fürsorge nicht verstehen, denn es ist die Repräsentanz von etwas Abwesendem. Bereits die Erfahrung, dass z. B. die Mutter nicht ständig und prompt anwesend sein *kann*, um von Bedürfnisspannungen zu entlasten, evoziert im Kind eine vermutlich zunächst halluzinierte Wahrnehmung dessen, was da fehlt. Die Befriedigung ist also als Möglichkeit psychisch präsent, auch wenn sie nicht unmittelbar eintritt. Steht dann die Mutter wieder zur Verfügung, entsteht eine Wahrnehmungsidentität (Freud) zwischen Phantasiertem und Realität – eine Stärkung dieser ersten Symbolisierungsvorgänge. Bleibt jedoch die befriedigende Situation zu lange aus, bricht die zunächst fragile Symbolisierung zusammen – das Kind wird von Ängsten überflutet (vgl. die Ausführungen über das kumulative Trauma). Im Symbol ist also etwas präsent, was konkret abwesend ist. Das Symbol verhilft zur Spannungsregulation, zur Etablierung des Realitätsprinzips, zur Bildung eines »wahren« Selbst und zu altersgerechten Separationsvorgängen.

In der Entwicklung des Kindes greifen zunehmende Trennungstoleranz und Stärkung der Symbolfunktion ineinander – das eine bedingt das andere. Das kindliche Spiel, kreative Gestaltungen, Übergangsobjekte, Geschichten und Verse, überhaupt Übergangsräume wie Phantasie und Tagträume, der nächtliche Traum – das alles bildet nicht nur die Symbolfunktion, sie sind auch Schöpfungen derselben. Sie verhelfen dem kindlichen Ich dazu, Frustrationsspannungen zu ertragen, Fremdes zu integrieren, sich ein grundlegendes Verständnis der Welt und der Objekte anzueignen und den eigenen mentalen Regungen und denen der Anderen eine Bedeutung zu geben.

Welch unschätzbaren Anteil die kollektiven Symbole in Märchen und Mythen an der Bildung der Symbolfunktion haben, hat C. Lutz anschaulich dargestellt. Sie haben nicht allein eine protektive, sondern auch eine prospektive Funktion, indem sie Entwicklungsvorgänge beschreiben, die intuitiv und nahe am Unbewussten verstanden werden (vgl. Lutz 2016). Sie schreibt: »Indem das Kind, der Jugendliche in den Mythen und Märchen sich und seine individuelle Situation ›wiedererkennt‹, verändert sich das Empfinden subjektiven und objektiven Mangels zugunsten von zunehmend belastbarer Ich-Integrität« (S. 12).

Im Trauma bricht die Symbolisierungsfähigkeit zusammen. Selbst- und Objektgrenzen verschwinden, Getrenntheit wird aufgehoben. Der Körper muss nun eine Ersatz-Symbolisierung übernehmen und das Unvorstellbare in Körperinszenierungen und Wiederholungen darstellen. Wenn wir dem Gedächtnis eine Symbolfunktion zuschreiben, so wird auch diese in der traumatischen Dissoziation zerschlagen. Das Trauma schiebt sich ins »implizite Gedächtnis«, das sich vor allem durch unbewusste, nicht repräsentierte, automatisierte Handlungsschemata auszeichnet. »Wo die Symbolisierung, die Sprache fehlt, muss agiert werden; das traumatische Gedächtnis führt, unbeeinflusst von den Ich-Funktionen der Realitätskontrolle und der sozialen Regulierung, auch der Über-Ich-Funktionen, zum habituellen oder impulsartigen destruktiven Agieren« (Hirsch 2004, S. 118).

Ähnlich hat es bereits Freud beschrieben: Der Analysierte »reproduziert (das Vergessene und Verdrängte) nicht als Erinnerung, sondern als Tat, er *wiederholt* es, ohne natürlich zu wissen, daß er es wiederholt« (Freud 1914 g S. 129; Hervorhebung S. F.).

Bei der Entwicklung der Mentalisierung kann das Kind seine inneren Erfahrungen auf zweierlei Weise zur äußeren Realität in Beziehung setzen: Zum einen erwartet es, dass sich innere Welt und äußere Realität gleichen, dies ist der Modus der psychischen Äquivalenz. Zum anderen kann es erleben, dass sich seine innere Welt in Phantasien und im Spiel in der äußeren Realität nicht wiederfinden – sein innerer Zustand hat dann keine Beziehung zur Außenwelt und auch keine Wirkung auf sie. Dies ist der Als-Ob-Modus.

Im Laufe der Entwicklung kann das Kind die beiden Modi integrieren und gelangt so – mit Hilfe einer passgenauen Spiegelung durch die Bezugspersonen – zu einer reifen Mentalisierung, in der sich Repräsentanzen von Innen und Außen bilden und miteinander in Beziehung gesetzt werden können. Das Kind erkennt dann, dass zwischen beiden Zusammenhänge bestehen, sie sich aber voneinander unterscheiden. Sie müssen weder gleichgesetzt noch voneinander dissoziiert werden (vgl. Fonagy et al. 2002, S. 65).

»Diese Integration ist bei traumatisierten Kindern aufgrund der intensiven Gefühle und damit verbundenen Konflikte möglicherweise partiell gescheitert« (ebd. S. 66). In der Therapie mit traumatisierten Kindern erlebt man auch deshalb entweder ein starkes Kontrollverhalten: Weil sich das Kind weder seinen mentalen Zustand noch den des Gegenübers *vorstellen* kann, vielmehr ihn konkretistisch verschmolzen erlebt, kann es dem Anderen keinen eigenen Denk-, Fühl- und Phantasieraum zugestehen. Der Therapeut muss dann 1:1 genau so funktionieren, wie das Kind meint, es zu brauchen (Äquivalenz-Modus). Oder man erlebt ein Kind, das in einem Spiel versunken ist und jegliche Verbindung zur Außenwelt, auch zum Therapeuten, gekappt hat. Es »hört« buchstäblich die Worte des Therapeuten nicht, Innen und Außen, Selbst und Anderer sind dissoziiert, meist erkennt man auch im Spiel des Kindes dissoziierte, nicht aufeinander bezogene Elemente (Als-Ob-Modus).

Was bedeutet das für die Therapie? Die Wiederherstellung und Stärkung sowohl der Symbolfunktion als auch der Mentalisierung erfolgt in einer Beziehung, in der dreierlei erlebbar ist.

1. Der Therapeut lässt sich zunächst auf die – angstregulierende – Kontrolle des Kindes ein und »spielt mit«. Es wird sich in ihm aber eine Unlust oder ein Unmut regen, sich in einer solchen Totalität »verwenden« zu lassen – im Grunde eine Gegenübertragungsreaktion, die etwas davon offenbart, wie es wohl dem traumatisch überwältigten Kind ergehen mag. Entscheidend ist nun, dies in verträglicher Form anzusprechen und ggf. das Spiel zu modifizieren.

G., ein elfjähriges Mädchen spielt im Puppenhaus. Dort lebt eine Familie, in der völlig chaotisch Grenzen verschwimmen. Dabei werden die Männer (die der männliche Therapeut spielen soll) ausgeschlossen: Der Vater wird als unbrauchbar weggeschickt, der Opa stirbt, ein Lehrer, der den Schulbesuch anmahnt, hat gar nichts zu sagen usw. Bei der kleinsten Abweichung vom Spielprogramm der Patientin wird der Therapeut streng zurechtgewiesen. Das geht viele Stunden so, bis der Therapeut bemerkt: »Irgendwie darf ich nie richtig mitspielen. Du fühlst dich nur sicher, wenn du alles bestimmen kannst. Aber ich möchte auch einmal eine eigene Idee ins Spiel einbringen.« Darauf kann sich die Patientin schließlich einlassen und allmählich erfährt das Spiel eine Erweiterung – durch eine andere, vom Therapeuten repräsentierte Position.

2. Der Therapeut *sieht* das Kind in seinem Spiel und nimmt die einzelnen Elemente nachfühlend auf. Er versucht, den einzelnen Bruchstücken kommentierend und verknüpfend eine Bedeutung zu geben, wobei er die Gefühle anspricht, die darin enthalten sind.

Ein achtjähriger Junge inszeniert einen Ritterkampf. Eine Gruppe von Rittern ist in der Burg, eine andere greift an und setzt dabei Stein-Katapulte ein. Alsbald aber verschwimmen die Grenzen zwischen Freund und Feind, zwischen Innen und Außen: Es entspinnt sich eine wirre Schlacht, in der wahllos – und auf magische Weise – einer den anderen abschlachtet. Die Ritter stürmen aus der Burg, fallen von den Mauern, in den Wassergraben usw. Ich bemerke, wie ungeschützt sich die Ritter nun fühlen müssen, wenn sie ihre Burg verlassen. Der Junge scheint das nicht zu hören. Endlich sind alle tot. Ich wiederhole meine

Bemerkung: Dass da keiner vor dem anderen sicher war, ja, dass die Verteidiger ihre eigene Sicherheit preisgegeben haben. »Die wollten halt kämpfen«. Aha – und du kannst dir nicht vorstellen, dass man sich auch im Kampf schützen kann? Usw.

3. Der Therapeut spricht die möglichen Gefühle des Patienten an, die in seinen Narrativen, seinem Spiel und seinen Gestaltungen erkennbar sind. Er tut dies analog zur »markierten Spiegelung«.

Eine Jugendliche, die an Bulimie leidet, erzählt, dass sie eine Schule besuchen möchte, die Schulgeld erhebt. Die Mutter ist dagegen und erklärt kategorisch, dass sie das nicht finanzieren wird. Dabei hat die Mutter ein sehr kostspieliges Hobby. Die Patientin gibt sich vernünftig: Wenn sie einen Job annehme, könne sie sich das schon finanzieren.

Therapeut: »Das klingt wie eine vernünftige Lösung. Ich frage mich allerdings, welche Gefühle das in Ihnen auslöst.«
Patientin: »Ich kenne das ja schon, meiner Mutter ist alles andere wichtiger als ihre eigene Tochter.«
Therapeut: »Kann es sein, dass da auch eine gewisse Wut mitschwingt – die Sie sich aber nicht recht zugestehen wollen?«
Patientin: »Ja, schon, aber das nützt ja nichts.«
Therapeut: »Sie haben da vielleicht eine andere Lösung gefunden: Wenn die Wut schon nicht raus darf, dann schlucken Sie sie runter«.

8.5 Die eigene Geschichte gewinnen: Ich-Stärkung und strukturelle Reifung

»Wo Es war, soll Ich werden.« Diese programmatische Formulierung S. Freuds lässt sich mutatis mutandis auch auf die Traumatherapie anwenden. Introjektbildung und Dissoziation sorgen dafür, dass wesentliche Teile der

8 Die Therapie des Traumas

Traumatisierung unbewusst bleiben und nur in der Form von Somatisierungen, wiederholtem Agieren, allenfalls in Flashbacks »erinnert« werden können. Freud: »... man versteht endlich, dies ist seine (des Patienten) Art zu erinnern« (1914 g, S. 130). Dabei verschwimmen Phantasie und Realität, Vergangenheit und Gegenwart – und die Unreife der kindlichen psychischen Organisation kommt dem entgegen. Es gibt kein kohärentes Narrativ des Traumas, keine Einordnung in die Lebensgeschichte und keine Bedeutungsgebung und auch keine klare Zuordnung von Verantwortlichkeiten. Das alles sind Ich-Leistungen, die unter der Wucht der Traumatisierung schwer beschädigt sind.

In der Gedächtnisforschung spricht man von einem »heißen« und einem »kühlen« Gedächtnissystem. Letzteres leistet eine geordnete, kontrollierte alltägliche Verarbeitung von Sinneseindrücken, durch den Hippocampus gesteuert. Wird es jedoch »heiß«, dann werden diese Funktionen von Affekten überschwemmt (durch die Aktivität der Mandelkernregion), die einzelne Elemente affektiv so aufladen, dass das »kühle« System überlastet ist. Derart,

> »dass keine geordneten Wahrnehmungsbilder mehr zustande kommen. Jetzt tritt ein raum- und zeitloses (›amygdaloides‹) Erinnerungsbild vorübergehend an die Stelle des ›kühlen‹ Gedächtnisses mit der Folge einer dissoziierten, akausalen, raum- und zeitlosen Repräsentation... Die traumatische Erinnerung nimmt die Form von aktuellem Erleben an, da eine zeitliche Lokalisation in der Vergangenheit möglicherweise schon aus hirnphysiologischen Gründen nicht möglich ist« (Fischer 2003, S. 285).

Es gilt also in der Therapie, dem Kind oder dem Jugendlichen seine eigene Geschichte zurückzugeben, oder besser: sie überhaupt erst zu gewinnen. Der »verkörperte Schrecken« (van der Kolk 2016) muss in die Sphäre der psychischen Repräsentanzen kommen, um dort bearbeitet zu werden und schließlich als *Vergangenheit* erinnernd abgelegt zu werden. Das wird in der Therapie zunächst dadurch erleichtert, dass das affektive Erregungsniveau in der sicheren Beziehung zum Therapeuten absinkt und einer anderen Informationsverarbeitung Platz macht – »mit der Folge, dass die bisher fragmentierten Erinnerungen jetzt auch sprachlich und kognitiv zugänglich werden« (Fischer 2003, S. 285).

Das ist freilich nicht so einfach, wie es sich anhört. Denn der Erinnerungsarbeit wird sich ein Widerstand entgegensetzen. Nicht ohne Sinn

8.5 Die eigene Geschichte gewinnen: Ich-Stärkung und strukturelle Reifung

setzt ja das furchtsame Ich all die traumaspezifischen Abwehrmanöver in Gang. In der Therapie muss man sich auf ein ständiges Ringen mit dem Widerstand gefasst machen, um die Realität und die daraus gewonnene eigene Geschichte (nicht diejenige, die unter dem Diktat introjektiver und projektiver Vorgänge steht!) anzuerkennen. Dabei kann die Bedingung der Sicherheit und des Halts in der Therapie auch einen unerwünschten Nebeneffekt haben: Erinnerungen tauchen zu schnell auf, werden bedrohlich, untergraben Abwehrarrangements und stellen Beziehungen in Frage – möglicherweise droht dann auch ein Abbruch der Therapie. Hier ist es Aufgabe des Therapeuten, keinesfalls intrusiv nachfragen oder gar »aufdecken« zu wollen, sondern eher die konflikthafte Situation, in der sich das Kind, der Jugendliche angesichts dieses zunächst neuartigen Erinnerungsprozesses befindet, anzuerkennen, zu halten und zu benennen. Die Entwicklung und Stärkung einer »Self-Agency«, dem Gefühl, etwas bewirken und Einfluss nehmen zu können auch und gerade auf inneres Geschehen, wirkt dem Zustand des Ausgeliefert-Seins entgegen und ist Grundlage und Ergebnis rekonstruktiver Prozesse von einer inneren Distanz aus.

Historisierung des Traumas

So unvermeidlich die Wiederholung des Traumas in der Übertragung ist, so chancenreich ist sie auch. Der Therapeut kann unterscheiden zwischen den traumatischen Szenen »damals« und ihrer Wiederbelebung im Hier und Jetzt der therapeutischen Beziehung. Neben einer unkonventionellen impliziten »Antwort« in Haltung und Verhalten des Therapeuten markiert er den Unterschied auch mit expliziten Antworten – indem er z. B. darauf hinweist, dass das ohnmächtige Ausgeliefertsein zwar der traumatischen Szene entspringt, in jetzigen Kontexten aber nicht den Möglichkeiten des Patienten entspricht. Oder indem er damit konfrontiert, dass etwa ein Jugendlicher gezielt so lange provoziert, bis er die demütigende Erfahrung des Ausschlusses, des Sündenbocks, des »Mobbings« wiederherstellt – und dass diese Erfahrung einer Vergangenheit angehört, die in der Gegenwart nicht wieder auftauchen muss. Hilfreich ist dabei eine Mikro-Untersuchung interaktioneller Szenen entweder im Alltag des Patienten oder in der Übertragung. Das hilft zur Differenzierung von Subjekt und Objekt, von Vergangenheit und Gegenwart. Die »Historisierung« des Traumas hilft zu einer inneren Distanzierung. »Damit werden Phantasie und traumatische Realität entflochten und das Ich erhält einen entlastenden Verstehensrahmen. Historisierung heißt auch Anerkennung des traumatischen Faktums und seine Einbindung in die lebensgeschichtlichen Kontexte (und) Verstehen des individuellen Erlebens …«. (Bohleber 2020, S. 64).

Differenzieren

Insbesondere bei destruktivem Agieren ist es wichtig, dass dies dem Kind oder Jugendlichen nicht in toto zugeschrieben wird. Vielmehr sollte man darauf hinweisen, dass dies nur ein Teil des Kindes ist, ein innerer, überwältigender Teil (Introjekt) – der den anderen Wunsch, sich die Beziehung zu erhalten, ständig überrollt. »Da gibt es etwas in dir, das einfach aus dir herausbricht und vieles kaputtmacht. Und ein anderer Teil will das gar nicht und ist ganz erschrocken – und dieser Teil braucht dann Trost.« Oder, zu einer Jugendlichen: »Ich frage mich, was das für eine mächtige innere Stimme ist, die Sie immer wieder so entwertet – und wie die in Sie hineingekommen ist.« Auch hier richtet man innere Grenzen auf und leitet ein trianguläres Geschehen ein: Ein gesunder Anteil des Patienten betrachtet zusammen mit dem Therapeuten diese inneren »Monster« – die ja stets auftauchen, im Verhalten, im Spiel, in kreativen Gestaltungen, in Phantasien… Mit Hilfe solcher Interventionen kann der Patient zunehmend zwischen sich und dem Täter, der eigenen und der fremden Innenwelt unterscheiden.

Vor einer besonderen Aufgabe steht die Differenzierung bei der Bearbeitung des bei traumatisierten Patienten allgegenwärtigen Schuldgefühls. Es hat eine große Variationsbreite: Vom Gefühl, daran schuldig zu sein, dass man überhaupt auf der Welt ist bis zum Gefühl, durch eigene Phantasien, Gedanken, Taten an der Traumatisierung »schuld« zu sein. Die reale Schuld dort zu lassen, wo sie hingehört – beim Täter – ist zu unterscheiden von dem Schuldgefühl, das dieser im Opfer evoziert.

Es gibt allerdings darüberhinaus strukturbildende, gleichsam »gesunde« Schuldgefühle, etwa bei der Bewältigung des ödipalen Konflikts, die aber

8.5 Die eigene Geschichte gewinnen: Ich-Stärkung und strukturelle Reifung

im Falle sexuellen Missbrauchs mit neurotischen Schuldgefühlen amalgamiert sind. Darüber hinaus machen sich Opfer von Traumatisierungen nicht selten wiederum schuldig, indem sie – reinszenierend – anderen oder sich selbst zufügen, was sie erlitten haben. Die therapeutische Arbeit wird also auch die Schuld des Opfers durcharbeiten müssen (vgl. Hirsch 2004, S. 143 ff).

Zur Mentalisierung, aber auch zur Differenzierung trägt auch bei, dem Kind, dem Jugendlichen begrenzt eigene Gefühlen mitzuteilen – natürlich nur dann, wenn man damit nicht Schuldgefühle schürt. Wenn z. B. bei einem notorischen Zuspätkommen über mehrere Stunden der Widerstand nicht zu bearbeiten ist, der Therapeut aber doch vermutet, dass ein aggressiver Impuls nicht anders unterzubringen ist, weil das Kind die depressive Reaktion des Therapeuten ähnlich wie das Verlorengehen der Mutter in der Depression fürchtet, kann der Therapeut – vorausgesetzt, er empfindet es so – damit konfrontieren, dass es ihn ärgerlich macht, wenn Vereinbarungen nicht eingehalten werden und dass er ein Interesse daran hat, die volle Zeit mit dem Kind zur Verfügung zu haben. Wenn das Kind erlebt, dass ein solcher Ärger geäußert werden kann, ohne dass die Beziehung gefährdet ist, wird es ermutigt, nun seinerseits eigene aggressive Impulse anzuerkennen und sich der Unterwerfung unter das strafende Introjekt zu entwinden.

Ähnlich verhält es sich mit Irrtümern und »Fehlern« des Therapeuten. Es kann ja nicht ausbleiben, dass es Unterbrechungen der Empathie gibt, Fehlinterpretationen, Deutungen, die unzutreffend sind usw. Keinesfalls dürfen solche eigenen Übertragungen als »Schöpfung des Patienten« gedeutet werden – das käme einer Retraumatisierung gleich. Auch dies muss offen angesprochen werden. Eine solche Klärung hat – ähnlich wie ein begrenztes Mitteilen der eigenen Gefühle – einen Effekt, den schon Ferenczi beschrieben hat:

»Die Freimachung der Kritik, die Fähigkeit, eigene Fehler einzusehen und zu unterlassen, bringt uns aber das Vertrauen der Patienten. *Dieses Vertrauen ist jenes gewisse Etwas, das den Kontrast zwischen der Gegenwart und der unleidlichen, traumatogenen Vergangenheit statuiert*, den Kontrast also, der unerläßlich ist, damit man die Vergangenheit nicht mehr als halluzinatorische Reproduktion, sondern als objektive Erinnerung aufleben lassen kann« (Ferenczi 1933/2004, S. 306; Hervorhebung S. F.).

Die sichere Unterscheidung zwischen Phantasie und Realität ist bei Kindern und Jugendlichen noch in der Entwicklung. Im Fall von Traumatisierungen ist diese Entwicklung gestört, u. U. verläuft sie rückwärts. Es kann daher Aufgabe in der Therapie sein, Realitäten zu benennen – ähnlich wie die Repräsentation der Realität dem Kind gegenüber Aufgabe des Erwachsenen ist. Dazu gehört z. B. zu gegebener Zeit auf die Verantwortung von Tätern hinzuweisen, auf die Bedingungen der Erkrankung der Eltern oder auf die objektiven Folgen von Verlusten usw. Wenn der Kern einer Traumatisierung z. B. die schizophrene Erkrankung der Mutter ist, die schließlich zu Gewalthandlungen geführt hat, kann eine Aufklärung über das Krankheitsbild sehr entlastend wirken und Schuldgefühle relativieren. In vielen Angstphantasien und Phobien mischen sich Realangst und neurotische Angst. Schon die »Pferdephobie« des kleinen Hans war ja nicht gänzlich aus der Luft gegriffen: Pferde sind starke Tiere und sie können ein Kind wirklich verletzen. Höhenangst, Dunkelangst, Angst vor Gewittern, auch manche paranoide Angst usw. haben einen Kern von Realangst: Sie sind archaische Ängste aus unserem phylogenetischen Erbe. Man sollte solche Realitätselemente anerkennen – erst dann dürfte sich die neurotische Angst bearbeiten lassen. Eine solche Arbeit an und mit der Realität fördert die differenzierenden Fähigkeiten des Ich.

Verknüpfen

In den Spielhandlungen, Gestaltungen und Narrativen des Kindes, in den Phantasien des Jugendlichen, tauchen traumatische Elemente dissoziiert auf. Eine wichtige Funktion der Therapie und des Therapeuten besteht deshalb darin, Verknüpfungen herzustellen – assoziativer Art, aber auch zeit-räumlicher und kausaler Art.:

> Therapeut zu G.: »Du willst, dass ich immer die Männer in der Familie spiele, die so zu gar nichts zu gebrauchen sind. Vielleicht vertraust du sie mir auch an, weil man sie später doch einmal brauchen könnte?«

> Therapeut zu einem 13-Jährigen: »Du machst dich über die Mädchen lustig, die weinen, weil deine Lieblings-Lehrerin die Schule verlässt.

8.5 Die eigene Geschichte gewinnen: Ich-Stärkung und strukturelle Reifung

Aber vielleicht gibt es da in dir auch eine Traurigkeit, die du dir nur abgewöhnt hast – bei den vielen Verlusten in deinem Leben«.

Aus solchen Verknüpfungen entstehen allmählich nonverbale und verbale Narrationen. Es bleibt nicht aus, dass kleine und größere Patienten anfangen, ihre Geschichte zu einer Erzählung zusammenzufügen. Das tun sie immer wieder, in der Wiederholung steckt dann eine Form der Bewältigung. Dabei durchlaufen die Narrationen Metamorphosen, Anreicherungen, Ergänzungen. Man kann solche Narrationen auch als Traumaexposition verstehen. Hier geht es um die Herstellung von identitätsstiftender Kontinuität und Kohärenz. Dies ist ebenfalls wiederum eine Ich-Leistung. Auch gesunde Menschen »konstruieren« ihre Geschichte, weil es ein elementares Bedürfnis nach Kohärenzerfahrungen gibt. Natürlich gehört die mit anderen geteilte Realität als unverzichtbarer Bestandteil einer solchen nicht-neurotischen Konstruktion dazu. Aber es werden sich immer subjektive, von Emotionen, Affekten, Wünschen, Phantasien usw. beeinflusste Aspekte einmischen. Genau dies ist das Ziel einer jeglichen Therapie und besonders der Traumatherapie: den Menschen zu befähigen, seine eigene Geschichte zu erzählen, eingebettet in seine Kulturgeschichte, frei von neurotischen Verzerrungen, aber mit einer eigenen, unverwechselbaren Bedeutungsgebung. Darin werden wir zu Individuen.[9]

---

9 Zu unterscheiden sind solche therapeutischen Narrationen von dem Versuch, den Berichten traumatisierter Kinder und Jugendlicher historische Plausibilität zu entnehmen, die in Glaubwürdigkeitsgutachten bei Gerichtsverfahren etwa bei Misshandlung und sexuellem Missbrauch eine Rolle spielen. Allerdings ist die Unterstellung, dass traumatisierte Kinder und Jugendliche dadurch unglaubwürdig werden, dass sie zeit-räumliche und kausale Inkohärenzen aufweisen oder Amnesien unterliegen, nicht gerechtfertigt. »Die Behauptung, dass postamnestische Erinnerungen *prinzipiell* unglaubwürdig seien, widerspricht unserem gegenwärtigen Wissensstand« (Fischer 2003, S. 286). Dazu auch Bohleber (2020, S. 62): »Kinder können sich nach dem dritten Lebensjahr gut an traumatische Ereignisse erinnern und ihre Darstellungen sind im Kern in der Regel zuverlässig.«

Zeugenfunktion

Eine zentrale Aufgabe des Therapeuten in dem Prozess von der Dissoziation mit ihren Flashbacks zur (re)konstruierenden Narration ist seine *Zeugenfunktion*. Ein wesentliches Element der Traumatisierung ist die Reduktion des Geschehens auf eine Dyade, das gilt nicht allein für Traumatisierungen durch Deprivation, Missbrauch und Misshandlung, sondern im Kindes- und Jugendalter (und vermutlich auch später) auch für alle anderen Traumatisierungen, auch die des Typs 1, weil jede Traumatisierung mit dem Verlust der schützenden Objekterfahrung einhergeht. Das Opfer eines Traumas ist immer einsam und an eine stärkere Macht ausgeliefert. Es gibt keinen Dritten, der beobachtet oder eingreift oder der wenigstens das Schreckliche und den Schrecken bestätigen kann. In der Therapie übernimmt der Therapeut diese Funktion. Er fragt nicht primär nach der »Glaubwürdigkeit«, sondern teilt die geäußerten Erfahrungen mit dem Patienten, indem er sie anerkennt und gemeinsam mit diesem aushält, anschaut und schließlich reflektiert. Er wird so nachträglich zum Zeugen für das Geschehen, das sich – nach Freud – ohnehin als nachträgliches manifestiert. Dabei geht es nicht allein um die Entlastung des Patienten, dass ihm »geglaubt« wird (er wird diesem »Glauben« ohnehin größtes Misstrauen entgegenbringen und es immer wieder »testen« müssen), sondern vielmehr, dass er »gesehen« wird. Die Anerkennung des Leids, das ihm zugefügt wurde, bedeutet einen Gegenpol gegen das entwertete Selbst und setzt etwas der sozialen Isolation entgegen, in die traumatisierte Menschen geraten, insbesondere wenn ihnen nicht geglaubt oder nicht zugehört wird (worin sich auch eine kollektive Abwehr zeigt) (Benjamin 2019). Das im prozeduralen Gedächtnis abgelegte Trauma kommt so in eine Triangulierung, erst die dritte Dimension eröffnet überhaupt einen Erinnerungs-, Denk- und Fühl-Raum, in dem das Unsagbare zur Sprache kommen kann. Der Therapeut tritt an die Seite des überwältigten Ich und hält an dieser Stelle den Angriffen des traumatischen Introjekts stand, er wird in diesem Vorgang via traumatisierender Übertragung selbst zum Betroffenen, der *spürt*, was der traumatische Angriff an Zerstörung anrichtet (Reitter 2020, S. 183 ff.).

Sowohl die bisher beschriebene *differenzierende* als auch die *verknüpfende* therapeutische Arbeit tragen dazu bei, Emotionen und Affekte zu klarifi-

8.5 Die eigene Geschichte gewinnen: Ich-Stärkung und strukturelle Reifung

zieren und einer psychischen Repräsentation zuzuführen. Wesentlich ist dabei die therapeutische Beziehung – sowohl in Übertragung und Gegenübertragung, als auch in basaler symbolisierender und mentalisierender »Antwort« des Therapeuten. Ohne die Einbettung in eine Beziehung bleiben Affekte in einem somatischen Rohzustand, sie werden nicht integriert; ebendies ist das Problem früher Störungen, die typisch sind für Kinder und Jugendliche, die Beziehungstraumata erlitten haben. Weil solche Kinder zu wenig die Erfahrung machen konnten, dass präsente und nicht-missbrauchende Bezugspersonen ihre unmittelbaren affektiven Zustände beruhigen, regulieren und wandeln konnten, haben sie diese Funktionen nicht verinnerlicht, sie sind weiterhin an überflutende unrepräsentierte Angst- und Affektzustände ausgeliefert. Sie bleiben also dauerhaft auf konkret anwesende Hilfspersonen angewiesen, die diese Aufgaben übernehmen. Damit einher gehen natürlich Trennungsängste, die wiederum abgewehrt werden durch den Versuch, die soziale Umgebung zu kontrollieren. Die Kontrolle dient aber auch der Abwehr der Angst, von den Menschen überwältigt oder manipuliert zu werden, die man so dringend braucht. Mit zunehmender Reifung der Symbolisierung und Mentalisierung, wenn also Emotionen und Affekte im Sinne einer psychischen Repräsentanz im Inneren »gehalten« und mit spezifischen Objektbeziehungserfahrungen verknüpft werden, lässt die Kontrolle über die Objekte nach und macht einer reiferen Beziehungsgestaltung Platz – der Andere wird nicht in seinen Teil-Funktionen, sondern als Ganzes wahrgenommen.

> Das oben erwähnte elfjährige Mädchen G. spielt in einem fortgeschrittenen Stadium der Therapie (sie ist inzwischen fast 13) mit dem Therapeuten »Mensch ärgere dich nicht«. Ein Spiel, das noch 1,5 Jahre zuvor undenkbar gewesen wäre. Der Therapeut schmeißt die Figur der Patientin dicht vor dem »Haus« raus. Die Patientin reagiert heftig: »Du bist ja so blöd und gemein, na warte, das zahl ich dir heim!« Sie spielt weiter, schmeißt mit Lust und Häme wiederum die Figur des Therapeuten raus. Schließlich akzeptiert sie die knappe Niederlage und will sich revanchieren.

Hier sind die Affekte unmittelbar an eine Objekterfahrung geknüpft. Sie können »gehalten« werden (die Patientin wischt nicht vor Wut das Spiel vom Tisch, wie das früher der Fall gewesen wäre), sie werden in der Psyche des Kindes gewandelt in einen Rachewunsch, der aber auf einer spielerischen Ebene bleibt. Sie akzeptiert aber auch, dass der Therapeut gewinnt, ohne dass sie ihn weiter unter Kontrolle halten muss, etwa durch Regelveränderungen oder Schummeln – der Wunsch nach einer »Revanche« leitet ja ein spielerisches Beziehungsangebot mit offenem Ausgang ein. Allein dass die Patientin dieses Spiel wählt (bei dem man sich natürlich ärgert!) und nach den Regeln spielen kann, zeigt, wie sie mit ihren Affekten »spielt« und offensichtlich in diesem Hin und Her der emotionalen Befindlichkeiten eine gewisse Lust erlebt.

Die beiden Pole der therapeutischen Arbeit *Differenzierung* und *Verknüpfung* tragen zur Reifung basaler psychischer Funktionen bei. Die *Fähigkeit zur Steuerung* der Affekte wächst, aber auch deren Einbettung in ein Beziehungsgeschehen, das durch eigenes Zutun mitgestaltet werden kann, ohne sich entweder zu unterwerfen oder manisch zu kontrollieren. Diese umfängliche Fähigkeit zur Regulierung der emotional-affektiven Innenwelt *und* des interaktionellen Geschehens wiederum geht einher mit der *Differenzierung zwischen inneren Objekt- und Selbstrepräsentanzen*, mit der Überarbeitung und Integration von Introjekten und Identifikationen, aber auch zwischen Selbst und Objekt. Schließlich reifen auch die *kommunikativen Fähigkeite*n, nicht allein der sozialen Umwelt gegenüber, sondern insbesondere nach innen: Introspektion und Selbstreflexion sind Fähigkeiten, die eines triangulären Raumes bedürfen, um sich ausbilden zu können – dieser wieder wird gefördert durch eine entsprechende Haltung des Therapeuten und durch die Entfaltung der individuellen Geschichtserzählung.

Hilfs-Ich, Beziehungsobjekt, Übertragungsobjekt

Die bisher diskutierten therapeutischen Haltungen und Interventionsmöglichkeiten stoßen Reifungsprozesse auf drei Ebenen an:

Sie sind auf eine Ich-Stärkung gerichtet. Das Ich ist zentraler Organisator differenzierter Austauschprozesse zwischen inneren Bedürfnissen und äußeren Anforderungen, zwischen Subjekt und Objekt, zwischen damals und heute, es ist diejenige Instanz, welche die eigene Geschichte

8.5 Die eigene Geschichte gewinnen: Ich-Stärkung und strukturelle Reifung

konstruiert und eine Kohärenz herstellt. In der Therapie übernimmt der Therapeut partiell die Funktion eines *Hilfs-Ich*, indem er zusammengebrochene oder in der Entwicklung blockierte Ich-Fähigkeiten stellvertretend übernimmt: Durch Differenzierungen und Verknüpfungen in Deutungen, Spielhandlungen, Kommentaren, Klarifikationen und Konfrontationen usw.

Sie sind auf eine Reifung psychischer Funktionen gerichtet, die bei traumatisierten Kindern und Jugendlichen zumeist erheblich angegriffen sind. Erst auf dem Boden einer altersentsprechend ausreichend stabilen Struktur (vgl. OPD-KJ) lassen sich Konflikte balancieren, Entwicklungsschritte bewältigen und die große Aufgabe meistern, das Trauma in die eigene Lebensgeschichte zu integrieren. Hier übernimmt der Therapeut die Funktion eines *haltenden (Beziehungs-)Objekts*.

Schließlich sind sie auf eine Konfliktbearbeitung gerichtet. Traumatisierte Kinder und Jugendliche können alterstypische Konflikte als solche nicht wahrnehmen, meist werden sie in der Form agiert, dass sich die psychische Verarbeitung auf einen Pol des Konflikts zurückzieht und diesen rigide verteidigt. Anstatt also z.B. eine Balance zwischen omnipotenter Kontrolle und Unterwerfung zu finden, wird entweder die eine oder die andere Position eingenommen, u. U. wechselnd. Hier übernimmt der Therapeut die Funktion eines *Übertragungs-Objekts* mit entsprechender Deutungsarbeit, die dem jeweiligen psychischen Zustand des Patienten angepasst sein muss. Es geht dabei nicht um die Vermittlung psychodynamisch »richtiger« Erkenntnisse. Deutung stellt »einen langfristigen Prozeß dar, in dem Patienten zurückgegeben wird, was er selbst einbringt. Psychotherapie hat im weitesten Sinn die Funktion des Gesichts, das widerspiegelt, was sichtbar ist« (Winnicott 1995, S. 134f.).

8.6 Spiel, Kreativität, Bilder, Metaphern, Imagination

Das zentrale Medium in psychodynamischen Kindertherapien sind das Spiel und kreative Gestaltungen. Das Spiel ist die Ausdrucksmöglichkeit des Kindes. Im Spiel verarbeitet das Kind seine Welt- und Objekterfahrungen.

»*Psychotherapie geschieht dort, wo zwei Bereiche des Spielens sich überschneiden: der des Patienten und der des Therapeuten. Psychotherapie hat mit zwei Menschen zu tun, die miteinander spielen. Hieraus folgt, daß die Arbeit des Therapeuten dort, wo Spiel nicht möglich ist, darauf ausgerichtet ist, den Patienten aus einem Zustand, in dem er nicht spielen kann, in einen Zustand zu bringen, in dem er zu spielen imstande ist*« (Winnicott 1995, S. 49, Hervorhebg. D.W.W.).

An anderer Stelle schreibt Winnicott: »*Dieses Spielen muß spontan sein, nicht angepaßt oder gefügig,* wenn die Psychotherapie gelingen soll« (ebd. S. 63, Hervorhebg. D.W.W.). In einem Gegensatz zur Anpassung sieht er auch die Kreativität »als Tönung der gesamten Haltung gegenüber der äußeren Realität« (ebd., S. 78).

Dies sind selbstverständliche Grundlagen einer jeden psychodynamischen Psychotherapie. Sie werden hier erwähnt, weil sie in der Arbeit mit traumatisierten Patienten eine besondere Bedeutung haben:

Die traumatische Überwältigung (in allen ihren Formen) raubt dem Betroffenen seine Spontanität, den Zugang zu seiner Vitalität. Sie beraubt ihn deshalb zumeist auch seiner Fähigkeit zu kreativem, spontanem, nicht angepasstem Spielen (▶ Kap 2.4, Sandor Ferenczi). Es ist in der Therapie deshalb von entscheidender Bedeutung, dem Patienten einen Raum zu eröffnen, in dem er zu spontanem Spiel finden kann. Das gelingt dann, wenn auch der Therapeut Zugang hat zu seiner spielerischen Spontanität. Der Therapeut wird sich hier von dem Prozess leiten lassen, der sich im Kind entfaltet. Spielen ist zwar nicht per se Therapie, vor allem dann, wenn es in einem zwanghaften Modus der Wiederholung immer der gleichen Anpassung (etwa an ein destruktives Introjekt) verharrt, aber es ist elementarer Teil einer psychodynamischen Psychotherapie. *Spontanes,* unangepasstes Spiel fällt traumatisierten Patienten u. a. deshalb so schwer, weil

8.6 Spiel, Kreativität, Bilder, Metaphern, Imagination

es mit der Entbindung von Affekten zu tun hat – und diese werden in ihrer Destruktivität gefürchtet und sind deshalb durch Dissoziationen entschärft. Deshalb ist der *haltende Rahmen* in der Therapie so bedeutend. Er wirkt dem Anwachsen der Angst und entsprechender Abwehren entgegen. Als Beispiel sei hier nochmals die Patientin G. angeführt:

> Von einem Spiel, in dem die manische Kontrolle der Patientin durchgearbeitet werden musste, hat sie (über viele Zwischenstufen) zu einem Spiel gefunden, bei dem zwei spielende Subjekte gleichermaßen beteiligt waren und das spontane affektive Äußerungen erlaubte. Sie wählte ein Regelspiel. Die Regel hat hier nicht mehr etwas Überwältigendes an sich, sondern etwas Haltgebendes und hilft damit, Ängste zu bewältigen. Eine weitere Entfaltung des Spiels stellte dann das Spielen im Sand dar, wo sie – nach lustvollem Wühlen im Sand – ein Sandbild aufbaute. Aber auch hier gibt es einen haltenden Rahmen: Der Sandkasten hat Grenzen, die – ähnlich wie eine Regel – dem spontanen Geschehen einen Halt geben.

Unaussprechliches findet häufig in Bildern und Metaphern eine Sprache. Dies ist eine reifere Stufe der Symbolisierung als etwa die Somatisierung. Kinder und Jugendliche greifen oft spontan zum Malen oder kreativen Gestaltungen mit Knete und Ton oder im Sand o. ä. Ähnlich wie im Spiel werden mit diesen Medien psychische Inhalte, Phantasien, Ängste, Affekte usw. dargestellt und durchgearbeitet. Bisweilen entstehen Serien von Bildern, in denen ein Entwicklungsprozess zu beobachten ist. Der Therapeut begleitet diese Prozesse, indem er sie sieht, darüber nachdenkt, gelegentlich kommentiert und sie ermutigt. Deutungen sind hier nur vorsichtig anzubringen, der Therapeut nimmt dem Patienten seinen eigenen Raum der Bedeutungsgebung, wenn er vorschnell zu wissen glaubt, worum es geht. Aus Bildern werden Metaphern, also sprachliche Bilder, die Eingang finden in die Kommunikation zwischen Patient und Therapeut. So kann z. B. ein Drache Sinnbild werden für einen inneren Anteil, der bedroht, überwältigt und alles verbrennt. Er kann sich aber auch zu einem Symbol innerer Stärke wandeln.

Über die Arbeit mit Mythen und Märchen sowie mit Symbolen sind in dieser Reihe profunde Werke erschienen, die zur vertiefenden Lektüre empfohlen werden (Lutz, 2016; Lutz & Wurster, 2018; Becker, von Maltzahn & Lutz, 2019). Hier sei nur darauf hingewiesen, dass sie in der Arbeit mit traumatisierten Patienten deshalb so bedeutend sind, weil sie einen Raum eröffnen, sich mit Hilfe der Identifikation mit ihren Protagonisten einem eigenen Entwicklungsweg anzuvertrauen und zugleich einen allgemein gültigen haltenden Rahmen skizzieren, in dem sich unbewusste Prozesse entfalten. Sie helfen, die eigene Geschichte (wieder) zu finden. Viele Märchen und Mythen handeln von Traumatisierungen und ihrer Heilung. Bereits der zentrale Mythos der Psychoanalyse, Ödipus, erzählt ein transgenerational weitergegebenes Trauma, das die existenzielle Ablehnung des Kindes durch die Eltern und dessen Aussetzung in Tötungsabsicht nach sich zieht. Ähnliche Trennungstraumata sowie Ablehnungs- und Aussetzungsgeschichten beggnen uns in »Schneewittchen« oder »Hänsel und Gretel«. Im »Mädchen ohne Hände« wird symbolisch eine Missbrauchsgeschichte zwischen Vater und Tochter erzählt.

Wie viel Trost und Ermutigung in Mythen und Märchen zu finden ist, mag jeder ermessen, der sich je auf sie eingelassen hat.

Zusammenfassung

Die psychodynamische Psychotherapie des Traumas fußt auf Prinzipien, die auch sonst in Therapien Standard sind, erfahren jedoch eine besondere Gewichtung.

Kern der Therapie ist die Beachtung von Übertragung und Gegenübertragung als Schlüssel zum Verstehen der inneren Welt des Patienten. Die Übertragung nimmt meist eine traumatisierende Qualität an. Die therapeutische Beziehung ist Grundlage und therapeutisches Agens zugleich. Sie schafft die notwendige Sicherheit durch Halten und Containing und ist die Grundlage für Prozesse des Mentalisierens. Entscheidend für jede Traumatherapie ist die Entwicklung und Stärkung der Symbolfunktion, die unter dem Druck der Traumatisierung zusammengebrochen ist. Die Wiederherstellung des episodischen Gedächtnisses, Ich-Stärkung und strukturelle Reifung sind weitere Schritte auf der Basis von wachsender Sicherheit und Regulierungsfähigkeit des Patienten. Der Therapeut unterstützt durch seine Interventionen so-

8.6 Spiel, Kreativität, Bilder, Metaphern, Imagination

wohl Prozesse der Differenzierung als auch der Verknüpfung. Wesentliche Elemente der Therapie sind Historisierung des Traumas, Differenzieren verschmolzener Subjekt-Objekt-Konstellationen und von Selbst und Introjekt, Verknüpfen dissoziierter Elemente, die Zeugenfunktion, die Hilf-Ich-Funktion des Therapeuten, der Therapeut als Beziehungsobjekt und als Übertragungsobjekt. Schließlich sind Spiel, kreative Gestaltungen, Bilder, Metaphern, Imaginationen, Mythen und Märchen nicht nur kommunikative Medien, sondern fördern insbesondere Spontanität, Kreativität und Vitalität.

Literatur zur vertiefenden Lektüre

Becker, E.-C., v. Maltzahn, G. & Lutz, C.: *Symbolik in der psychodynamischen Therapie von Kindern und Jugendlichen.* Stuttgart: Kohlhammer.
Burchartz, A., Kallenbach, G. & Ondracek, I. (2023): Traumatisierung. In: Adler-Corman, P., Röpke, C. & Timmermann, H. (Hrsg): *Psychoanalytische Leitlinien der Kinder- und Jugendlichen-Psychotherapie.* (2., überarbeitete und stark erweiterte Auflage. Frankfurt a. M.: Brandes & Apsel. S. 459–522
Fischer G. & Riedesser P. (2003): *Lehrbuch der Psychotraumatologie* (3. Auflage). München: Reinhardt.
Fonagy, P., Gergely G., Jurist E. L. & Target M. (2002): *Affektregulierung, Mentalisierung und die Entwicklung des Selbst.* Stuttgart: Klett-Cotta.
Freud, S. (1914 g): *Erinnern, Wiederholen und Durcharbeiten.* GW X, S. 126–136.
Hirsch, M. (2004): *Psychoanalytische Traumatologie – das Trauma in der Familie. Psychoanalytische Theorie und Therapie schwerer Persönlichkeitsstörungen.* Stuttgart: Schattauer.
Holderegger, H. (2003): *Der Umgang mit dem Trauma.* (3. Auflage). Stuttgart: Klett-Cotta.
Lutz, C. (2016): *Mythen und Märchen in der psychodynamischen Therapie von Kindern und Jugendlichen.* Stuttgart: Kohlhammer.
Lutz, C. & Wurster, G. (2018): *Kinderzeichnung, Sandspiel und Gestaltung. Verstehen und anwenden in der psychodynamischen Therapie von Kindern und Jugendlichen.* Stuttgart: Kohlhammer.
Racker, H. (1997): *Übertragung und Gegenübertragung. Studien zur psychoanalytischen Technik.* (5. Auflage). München, Basel: Ernst Reinhardt.
Winnicott, D.W. (1995): *Vom Spiel zur Kreativität.* (8. Auflage). Stuttgart: Klett-Cotta.

8 Die Therapie des Traumas

Weiterführende Fragen

- Sicherheit ist unabdingbare Grundlage jeder Traumatherapie. Wie wird sie in psychodynamischen Therapien hergestellt?
- Welche Bedeutung hat die Entwicklung und Stärkung der Symbolfunktion bei traumatisierten Patienten?
- Wie lassen sich Prozesse der Mentalisierung anstoßen und unterstützen?
- Warum muss der Therapeut in der Traumatherapie sowohl eine differenzierende als auch eine verknüpfende Haltung einnehmen?
- Welche Gründe sprechen für, welche gegen die Übernahme von Hilfs-Ich-Funktionen durch den Therapeuten?
- Wie kann man traumatisierten Kindern und Jugendlichen helfen, zu einer eigenen Spontanität und Vitalität zu finden?

9 Spezifische traumatherapeutische Techniken

In der Traumatherapie wurden eine Reihe spezifischer therapeutischer Techniken entwickelt und hinsichtlich ihrer Wirksamkeit evaluiert, die auch im Rahmen psychodynamischer Psychotherapien angewandt werden (vgl. Sachsse 2018). Beispielhaft seien hier drei verbreitete Ansätze genannt. Imaginative Techniken, z. B. das Kathatyme Bilderleben nach Leuner (KB), heute Kathatym Imaginative Psychotherapie (KIP) (vgl. Steiner & Krippner 2006) oder die »Psychodynamisch Imaginative Traumatherapie« (PITT) nach Luise Reddemann (Krüger & Reddemann 2017; Reddemann & Sachsse 1998; Reddemann 2004) werden zum Erwerb von Sicherheit, Emotionsregulation, Traumaexposition und zur »Ausdifferenzierung von Ich-Funktionen, Arbeit an Konflikten, Stärkung des Selbst und Erprobung von Neuem« (Faber-Haarstrick 2018, S. 39) eingesetzt. In einer sorgfältig durchgeführten Kinder- und Jugendlichenpsychotherapie sind viele dieser Techniken implizit enthalten, sind doch Spiel, kreative Gestaltungen usw. ohne Imagination nicht denkbar. Wer sich als Therapeut die Grundlagen dieser imaginativen Methoden zu eigen macht, wird sie in den Stunden und in dem Material, das die Patienten bringen, wiederfinden und zwanglos aufgreifen können. »Zielvorstellung ist nicht die kontinuierliche Anwendung von KB, sondern seine gelegentliche Anwendung als Medium der tiefenpsychologisch fundierten Psychotherapie« (ebd.). Einen guten Überblick bietet auch Wöller (2011, insbesondere Kapitel 22 und Kapitel 24.).

Weit verbreitet ist auch EMDR (Eye Movement Desensitization and Reprocessing) (Hensel 2007), ein Verfahren, das eine rasche Symptomreduktion einer Posttraumatischen Belastungsstörung erlaubt. Die Aufmerksamkeit des Patienten wird gleichzeitig auf ein traumatisches Element und auf Handbewegungen gerichtet, dies löst eine veränderte Reizverarbeitung, eine Dekonditionierung bzw. eine kognitive Umstrukturierung aus.[10]

Sowohl PITT als auch EMDR erfordern eine qualifizierende Fortbildung und sollten ohne eine solche keinesfalls angewandt werden, da sie auch eine Reihe von Risiken beinhalten. Sie sind in sich geschlossene Methoden und entfalten daraus ihre Wirksamkeit. Insbesondere bei Typ 1-Traumata haben sie sich gut bewährt.

Eine dritte Interventionstechnik beruht auf der Ego-State-Theorie (Watkins & Watkins 1997, 2003). Hier werden bestimmte psychische Zustände Persönlichkeitsanteilen zugeschrieben, mit denen ein intakter Teil des Ich in Verbindung treten kann. Ego-States lassen sich auch beschreiben als Objekt- und Selbstrepräsentanzen, als Introjekte, als Reaktionsmuster aus Angst und Abwehr usw. Dem Ego-State-Modell entstammt die Arbeit mit dem »inneren Kind«.

Daran angelehnt und basierend auf der Tiefenpsychologsch fundirten Psychotherapie hat Garbe (2023) die »tiefenpsychologisch fundierte Traumatherapie« entwickelt, die sowohl mit Symbolen für innere Anteile und Ressourcen als auch für äußere Prozesse arbeitet. Es geht dabei um die Integration dissoziierter Fragmente durch dialogische Symbolisierung.

Sollen diese Techniken in psychodynamische Psychotherapien integriert werden, sind folgende Überlegungen unabdingbar:

- Traumatisierung ist ein Prozess, ebenso ist eine psychodynamische Traumatherapie ein Prozess, der im Wesentlichen vom Patienten induziert und gesteuert wird. Was bedeutet es, wenn der Therapeut zu Interventionen greift, die sich nicht aus dem Prozess selbst ergeben, sondern ihm als Element von außen eingefügt werden?
- Der Therapeut muss bei Anwendung dieser Techniken eine aktive und steuernde Haltung einnehmen. Welchen Einfluss hat dies auf Übertragung und Gegenübertragung? Besonders sorgfältig muss darauf geachtet werden, dass nicht aus einer Gegenübertragungsreaktion heraus Methoden eingesetzt werden, die einen momentan schwierigen Abschnitt

---

10 Die Anwendung von EMDR ist im Rahmen psychodynamischer Psychotherapien mit Kindern und Jugendlichen gemäß Psychotherapierichtlinien und Psychotherapie-Vereinbarung nicht zugelassen.

im therapeutischen Prozess vermeiden oder unterbinden. Wird der Therapeut aktiv, weil ihn Gefühle von Hilflosigkeit quälen? Weil er das Stocken des therapeutischen Prozesses nicht erträgt? Weil er traumatischen Übertragungskonstellationen entkommen will? Weil er seinem eigenen Verfahren nicht traut? Usw. Eine psychodynamische Traumatherapie ist oft mühsam und bringt beide Partner, Kind bzw. Jugendlichen und Therapeut, in affektive Zustände, die man lieber vermeiden möchte. Dies aber wäre das Ende einer wirksamen Therapie.

- Eine große Gefahr besteht darin, dass der Therapeut dem Kind oder Jugendlichen eine (»gut gemeinte!«) Technik aufnötigt, der sich der Patient willig unterwirft, in der Annahme, dass der Erwachsene am besten weiß, was für ihn gut ist. Damit aber nähert man sich dem Wesen der ursprünglichen traumatischen Situation und ohne es bewusst zu wollen, bereitet man einer Retraumatisierung die Bahn.

> **Zusammenfassung**
>
> Die Integration spezifischer Techniken der Traumatherapie erfordert eine sorgfältige Beachtung des therapeutischen Prozesses, der Übertragung und Gegenübertragung und der Intention des Therapeuten. Meist genügt eine sorgfältig durchgeführte psychodynamische Psychotherapie, um Traumatisierungen im Kindes- und Jugendalter erfolgreich zu bearbeiten.

Literatur zur vertiefenden Lektüre

Hensel, T. (Hrsg) (2007): *EMDR mit Kindern und Jugendlichen.* Göttingen: Hogrefe.
Krüger, A. & Reddemann, L. (2017): *Psychodynamisch Imaginative Traumatherapie für Kinder und Jugendliche. PITT-KID – Das Manual.* Stuttgart: Klett-Cotta.
Wöller, W. (2011): *Trauma und Persönlichkeitsstörungen. Psychodynamisch-integrative Therapie.* Stuttgart: Schattauer.

9 Spezifische traumatherapeutische Techniken

Weiterführende Fragen

- Welche Überlegungen sollte ein Therapeut anstellen, wenn er spezifische traumatherapeutische Techniken in eine analytische oder tiefenpsychologisch fundierte Psychotherapie integrieren will?

10 Resilienz, Ressourcenaktivierung und Posttraumatisches Wachstum

Der Begriff der Resilienz entspringt der Physik und bezeichnet die Eigenschaft eines Stoffes, nach Verformung in den Ausgangszustand zurückzukehren, in einem weiteren Sinne die Fähigkeit eines technischen Systems, trotz bestimmter Ausfälle weiter zu funktionieren. In der Psychologie bezeichnet er die psychische Widerstandskraft.[11] Eng damit verbunden ist der Begriff der »Salutogenese«, der von dem Medizinsoziologen Aaron Antonovsky (1979/1997) geprägt wurde. Antonovsky ging in seinen Forschungen der Frage nach, warum manche Überlebende des Holocaust trotz schwerster traumatischer Belastungen psychisch gesund bleiben konnten. Ein Faktor war die Fähigkeit, das eigene Schicksal verstehend einordnen zu können. Antonovsky nannte sie den »Kohärenzsinn« (vgl. Burchartz 2007). Was trägt zur Resilienz bei?

Unter psychodynamischen Gesichtspunkten lassen sich innere und äußere Faktoren identifizieren.

Innere Faktoren

Stabil verankerte und positive Objektrepräsentanzen, altersangemessene Selbstrepräsentanzen, die Überzeugung einer Selbstwirksamkeit, Bindungssicherheit, darauf aufbauend der Zugang zu Affekten wie Freude,

---

11 Der Begriff der Resilienz ist eigentlich irreführend. Bei Traumatisierungen ist – auch im Fall, dass der Betroffene psychisch gesund bleibt – nichts mehr wie vorher. Das Bild eines Systems, dass trotz Ausfalls einzelner Elemente weiter funktioniert, entspricht nicht der psychischen Gesundheit, sondern den traumatischen Abwehrvorgängen, die dazu dienen, ein leidliches »Funktionieren« aufrechtzuerhalten – freilich unter erheblichem Leiden.

Hoffnung und Zuversicht, Objektkonstanz und ausreichende Trennungstoleranz, Konflikttoleranz und trianguläre Fähigkeiten wie Symbolisierungs- und Mentalisierungsfähigkeit, Selbstreflexion, Affektdifferenzierung, Subjekt-Objekt-Differenzierung, das Nutzen von Übergangsräumen und -objekten und nicht zuletzt ein stabiles Ich, das für einen ausreichenden Reizschutz sorgen kann und restitutive Prozesse wie Angst- und Affektregulierung einleiten sowie einen möglichst wenig verzerrten Bezug zur Realität herstellen kann. Letztere Ich-Fähigkeiten decken sich weitgehend mit der (Rück-)Gewinnung von Bedeutungsgebungen, mithin einer subjektiven Kohärenz des Selbst.

Äußere Faktoren

Sicherheit in familiären Beziehungen, in denen gegenseitige Wertschätzung vorherrscht, ein stabiler pädagogischer Rahmen mit einer kindgerechten Strukturierung des Alltags, eine stabile und liebevolle Elternbeziehung, Beziehungsfähigkeit und Konfliktfähigkeit der Bezugspersonen, wechselseitige Unterstützung bei Krisen, Respekt vor Begrenzungen des Daseins, die gemeinsame Überzeugung, für schwierige Lebensumstände Lösungen finden zu können. Schließlich ist auch eine ausreichende sozioökonomische Sicherheit zu nennen.

»Soziales Kapital«: Ein Netz von Beziehungen innerhalb und außerhalb der Familie und damit eine Vielfalt von Beziehungserfahrungen, welche Sicherheit vermitteln, erweitern die »triadische Kompetenz.«

Soziales und emotionales Lernen in sekundären Sozialisationsinstanzen, Möglichkeiten der Beteiligung und Einflussnahme von Kindern und Jugendlichen, und schließlich alle politischen und gesellschaftlichen Bemühungen um eine kinderfreundliche Gestaltung des Zusammenlebens tragen dazu bei, dass Kinder und Jugendliche in ihrer psychischen Widerstandskraft gestärkt werden.

Resilienzfaktoren sind eigentlich Schutzfaktoren und ergeben sich aus den Ressourcen eines Menschen (vgl. Hanswille & Kissenbeck 2010, S. 126 ff). Jeder Mensch verfügt über Ressourcen, die ihm das (Über-)Leben ermöglichen; angefangen von basalen Möglichkeiten der Kommunikation, wie sie bereits ein Baby hat bis hin zu speziellen Fähigkeiten, die innere

Welt zu ordnen und in der äußeren Welt erfolgreich zu sein. Das zentrale Problem im Falle von Traumatisierungen ist jedoch, dass die Resilienz durchbrochen wird und dem Betroffenen seine Ressourcen zerstört bzw. sie durch pathologische Abwehrformationen überformt werden, die dann sekundär Leiden erzeugen, das der Mensch nicht mehr allein »lösen« kann. Man kann eine solche Bewältigungsstrategie durchaus als Ressource sehen, wie ja jede Abwehr eine höchst kreative Leistung der Psyche ist; unter diesem Gesichtspunkt gilt es dann, die Ressourcen aus ihrer Verschmelzung mit der Krankheit freizusetzen.

Freilich gibt es auch Stolpersteine in der Resilienzdebatte. Insbesondere bei traumatisierten Kindern und Jugendlichen, die unter dem Druck von Parentifizierungen bestimmte Entwicklungslinien forciert ausgebildet haben, ist man leicht verführt, diese früh erworbenen Fähigkeiten für ein Zeichen der Resilienz zu halten – und nicht etwa für einen Abwehrvorgang, der unter dem Anpassungsdruck enorme psychische Einschränkungen nach sich zieht. Bei der Identifikation von Resilienzen und Ressourcen ist also gerade im Falle von Traumatisierungen größte Sorgfalt geboten!

So betrachtet ist jede psychodynamische Psychotherapie per se eine Ressourcenaktivierung (vgl. Burchartz 2021 S. 192 ff). Sie lässt sich aber auch als Aktivität des Therapeuten begreifen: Es gilt, aus dem assoziativen und spielerischen Material des Kindes, des Jugendlichen dasjenige wertschätzend herauszugreifen, in dem sich die Stärke des Patienten manifestiert. Das kann eine innere Haltung sein, eine gelungene Bewältigungsstrategie, auf die der Patient zurückgreifen kann, eine besondere Fähigkeit, eine Möglichkeit, sich Beruhigung, Entspannung und Erholung zu schaffen usw.

Ein 4;5-jähriger Junge erfindet ein »Angstbewältigungsspiel«. Er baut verschiedene Stationen auf, die man durchlaufen muss, mit jeder Station wird die Angst ein wenig geringer. Therapeut: »Du könntest ja, wenn du Angst bekommst, dir in deiner Phantasie dein Angstbewältigungsspiel vorstellen. Vielleicht klingt dann die Angst ab.«

Ein Jugendlicher, in dessen Familie seit Wochen eine höchst angespannte Streit-Atmosphäre vorherrscht: »Ich gehe dann einfach spazieren. Das hilft, die Gedanken zu ordnen.«

Eine Jugendliche in einer schweren depressiven Krise: »Ich schreibe Geschichten. Darf ich Ihnen mal eine vorlesen?«

Ein Elfjähriger: »Wenn es mir schlecht geht, gehe ich in den Wald und klettere auf einem Baum. Da muss ich mich konzentrieren, das macht den Kopf frei. Außerdem hat man von da oben einen wunderbaren Überblick.«

Ein Neunjähriger, der nachmittags auf sich gestellt ist: Therapeut: »Zu wem könntest du denn gehen, damit du Hilfe bei den Hausaufgaben bekommst?« Dem Patienten fällt sein Opa ein – aber da dürfe er nicht fernsehen. Therapeut: »Da müsstest du dann alle deine innere Kraft zusammennehmen, um aufs Fernsehen zu verzichten. Was kann dir dabei helfen?« Patient: »Vielleicht, wenn ich mir vorstelle, einmal keinen Ärger in der Schule zu bekommen.«

Gelegentlich muss man auch einer Familie aktiv helfen, für einen Patienten soziale Ressourcen zu erschließen. Kinder- und Jugendlichenpsychotherapeuten sollten deshalb eine gute Kenntnis über die Angebote von Vereinen, Kinder- und Jugendgruppen usw. in der Umgebung ihrer Praxis haben.

Psychodynamischen Psychotherapien wird oft vorgeworfen, sie seien defizitorientiert und zu wenig ressourcen- und lösungsorientiert. Diese Ansicht ist nicht sachgerecht, denn erstens sind der Psychoanalyse entstammende Verfahren nicht defizitorientiert, sondern konfliktorientiert, und zweitens verschränken sich immer, bereits in der Diagnostik, die Zusammenschau von Belastungen und Ressourcen innerhalb eines entwicklungspsychologischen Bezugsrahmens. Ohne einen »gesunden Anteil« des Ich ließe sich ja schon kein Arbeitsbündnis herstellen.

»Aufgrund ihres Wissens um die innerpsychische Konfliktdynamik können Kinderanalytiker hier einen spezifischen Beitrag leisten, wenn sie Risikosymptome, traumatische Ereignisse, Risikobelastung und elterliche Konstellationen einerseits, psychosoziale Kompetenzen, stabilisierende Ereignisse, die Qualität familiärer und sozialer Bindungen andererseits sowie den Stand der psychischen Entwicklung synoptisch betrachten und auf ihre psychische Verarbeitung hin untersuchen« (Burchartz 2007, S. 73).

Im Erstarken der Resilienz-Debatte ist aber im Zusammenhang mit Traumatisierungen auch eine große Gefahr zu sehen: Mit dem Anwachsen von politisch und sozial verursachten Traumatisierungen von Kindern und Jugendlichen verführt sie, die Verarbeitung der Traumata zu individualisieren. Man nimmt z. B. eben hin, dass weltweite ökonomische Krisen, Klimaveränderung etc. enorme Fluchtbewegungen verursachen, die sich meist bei den Schwächsten, den Kindern und Jugendlichen, als Traumatisierungen niederschlagen – und bürdet dem Individuum auf, damit durch »Resilienzen« fertigzuwerden. Gelingt ihm das nicht – ist er dann irgendwie selbst verantwortlich für sein Trauma? Wird hier nicht die ohnehin hohe Anfälligkeit von Traumaopfern für Schuldgefühle noch verstärkt?

Posttraumatisches Wachstum

Wie jedes menschliche Leid hat auch das Trauma zwei Gesichter. Das eine ist die grässliche Fratze der existenziellen Bedrohung, das andere ist die Möglichkeit, daran innerlich zu wachsen und das Leben zu vertiefen. Die amerikanischen Psychologen Richard Tedeschi und Lawrence Calhoun prägten dafür den Begriff »Posttraumatic growth« (Tedeschi et al. 1998).

Man kann aus einer Traumatisierung, möglichst mit therapeutischer Hilfe, gestärkt hervorgehen. Tedeschi führt fünf Bereiche auf: Menschen »seien sich ihrer eigenen Stärke bewusst geworden, hätten tiefere Beziehungen zu anderen Menschen entwickelt, neue Lebensperspektiven entdeckt, wüssten das Leben stärker zu schätzen oder hätten eine intensivere Spiritualität entwickelt« (Haas 2015). Der Bericht des Psychoanalytikers Hans Hopf über seine Traumatisierungen als Flüchtlingskind und seinen langen Weg der Heilung legt anrührend Zeugnis ab von »Posttraumatischem Wachstum« (Hopf 2017).

Man kann daraus natürlich keine Rechtfertigungen für Kindern und Jugendlichen zugefügte Traumatisierungen ableiten – wohl aber eine generelle, auf lange zeitliche Perspektiven angelegte Hoffnung, die alle, Kinder, Jugendliche, Eltern und Therapeuten brauchen, um den langen Weg in die Freiheit gehen zu können.

> **Zusammenfassung**
>
> Resilienz bezeichnet die psychische Widerstandsfähigkeit des Menschen. Der Begriff ist assoziiert mit der Salutogenese, der Frage, welche Faktoren zur Aufrechterhaltung der Gesundheit beitragen. Dabei spielen die Ressourcen eines Patienten eine große Rolle. Es können innere und äußere Faktoren und Ressourcen identifiziert werden. In psychodynamischen Psychotherapien werden Belastungsfaktoren und Ressourcen des Patienten synoptisch im Rahmen der Entwicklungspsychologie betrachtet. Vielen Menschen gelingt es auch, aus einer traumatischen Krise gestärkt hervorzugehen, sie erleben ein »posttraumatisches Wachstum«.

Literatur zur vertiefenden Lektüre

Barwinski, R. (2016): *Resilienz in der Psychotherapie*. Stuttgart: Klett-Cotta.
Burchartz, A. (2007): Prävention und Rehabilitation psychischer Erkrankungen im Kindes- und Jugendalter. In: Hopf, H., Windaus E. (Hrsg): *Lehrbuch der Psychotherapie Bd.5: Psychoanalytische und tiefenpsychologisch fundierte Kinder- und Jugendlichenpsychotherapie* (S. 63–82). München: CIP-Medien.
Hopf, H. (2017): *Flüchtlingskinder gestern und heute*. Stuttgart: Klett-Cotta.

Weiterführende Fragen

- Warum ist es wichtig, sich in psychodynamischen Psychotherapien einen sorgfältigen Überblick über die Ressourcen des Patienten und seiner Familie zu verschaffen?
- Welche Kritik am Resilienzkonzept lässt sich äußern?

Literatur

Antonovski, A. (1997): *Salutogenese. Zur Entmystifizierung der Gesundheit.* Tübingen: DGVT. (Original erschienen 1979: Health, Stress and Coping).

Ardjomandi, M. E. & Streek, U. (2002): Migration: Trauma und Chance. In: Bell, K., Holder, A., Janssen, P. & van de Sande, J. (Hrsg.): *Migration und Verfolgung. Psychoanalytische Perspektiven* (S. 37–52). Gießen: Psychosozial.

Barwinski, R. (2016): *Resilienz in der Psychotherapie. Entwicklungsblockaden bei Trauma, Neurosen und frühen Störungen auflösen.* Stuttgart: Klett-Cotta.

Becker, E.-C., v. Maltzahn, G. & Lutz, C.: *Symbolik in der psychodynamischen Therapie von Kindern und Jugendlichen.* Stuttgart: Kohlhammer.

Beiderwieden, J., Windaus, E. & Wolff, R. (1986): *Jenseits der Gewalt. Hilfen für das mißhandelte Kind.* Basel, Frankfurt/M.: Stroemfeld/Roter Stern.

Benjamin, J. (2019). *Anerkennung, Zeugenschaft und Moral. Soziale Traumata in psychoanalytischer Perspektive.* Gießen: Psychosozial.

Bion, W. (1962): Eine Theorie des Denkens. In: Bott Spillius, E. (Hrsg.): *Melanie Klein heute. Entwicklungen in Theorie und Praxis. Band 1: Beiträge zur Theorie* (S. 225–235). Stuttgart: Verl. Int. Psychoanalyse (2. Auflage 1995).

Blos, P. (1973 [1962]). *On adolescence. A psychoanalytic interpretation.* Dt: Adoleszenz. Eine psychoanalytische Interpretation. Stuttgart: Klett.

Bohleber, W. (2012): *Was Psychoanalyse heute leistet.* Stuttgart: Klett-Cotta.

Bohleber, W. (2020): Psychotraumatologie – Psychodynamische Psychotherapie – Psychoanalyse. Ein nicht immer leichtes Verhältnis. *Psychodynamische Psychotherapie 1/2020, 51–70.* DOI 10.21706/pdp-19-1-51.

Bowlby, J. (1975/1969). *Bindung. Eine Analyse der Mutter-Kind-Beziehung.* München: Kindler. (Original erschienen 1975: Attachment and loss. Vol. 1: Attachment.).

Bowlby, J. (1976). *Trennung. Psychische Schäden als Folge der Trennung von Mutter und Kind.* München: Kindler.

Bowlby, J. (1983). *Verlust, Trauer und Depression.* Frankfurt/M.: Fischer.

Brisch, K.-H. (2000): *Bindungsstörungen. Von der Bindungstheorie zur Therapie.* (3. Auflage). Stuttgart: Klett-Cotta.

Brisch, K.-H. (2003): Bindungsstörungen und Trauma. In: Brisch, K.-H., Hellbrügge, T. (Hrsg.): *Bindung und Trauma. Risiken und Schutzfaktoren für die Entwicklung von Kindern* (S. 105–131). Stuttgart: Klett-Cotta.

Literatur

Brisch, K.-H. (2017) (Hrsg.): *Bindung und emotionale Gewalt.* Stuttgart: Klett-Cotta.
Brisch, K.-H. (2024): Die frühkindliche außerfamiliäre Betreuung von Säuglingen und Kleinstkindern aus der Perspektive der Säglingsforschung. In: *Kinder- und Jugendlichen-Psychotherapie (Hrsg): Psychodynamische Kinder- und Jugendlichen-Psychotherapie, Band 1: Grundlagen.* Frankfurt a.M.: Brandes & Apsel. S. 91–107.
Burchartz, A. (2007): Prävention und Rehabilitation psychischer Erkrankungen im Kindes- und Jugendalter. In: Hopf, H., Windaus E. (Hrsg.): *Lehrbuch der Psychotherapie, Bd.5: Psychoanalytische und tiefenpsychologisch fundierte Kinder- und Jugendlichenpsychotherapie* (S. 63–82). München: CIP-Medien.
Burchartz, A. (2008): Verwöhnung. Eine psychoanalytische Annäherung. *AKJP 138, 34,* S. 207–239.
Burchartz, A. (2019): Übertragungs-Objekt und Beziehungs-Subjekt. Eine Gratwanderung. *KJP 181, 50,* S. 87–106. DOI 10.30417/kjp50–181–87.
Burchartz, A. (2021a): *Psychodynamische Psychotherapie bei Kindern und Jugendlichen. Das tiefenpsychologisch fundierte Verfahren: Basiswissen und Praxis.* (3., erweiterte und aktualisierte Auflage). Stuttgart: Kohlhammer.
Burchartz, A. (2021b). Das Trauma als Prozess. *KJP 189, 52, 7–21.* DOI 10.30417/kjp-52–189–7.
Burchartz, A. (2022). Normal? Pathologisch? Konzeptionelle und klinische Betrachtungen zur Adoleszenz. *Psychodynamische Psychotherapie 3/2022, 221–232.* DOI 10.21706/pdp-21–3–221.
Burchartz, A. (1923). Frühe Deprivation und Enuresis. *KJP 200, 54, S. 419–438.* DOI 10.30417/kjp-54–200–419
Burchartz, A., Kallenbach, G. & Ondracek, I. (2023). Traumatisierung. In: *Adler-Cormann, P., Röpke, C., Timmermann, H.: Psychoanalytische Leitlinien der Kinder- und Jugendlichen-Psychotherapie.* (2., überarbeitete und stark erweiterte Auflage). Frankfurt a.M.: Brandes & Apsel. S. 459–522
Bürgin, D. & Steck, B. (2019): *Psychosomatik bei Kindern und Jugendlichen. Psychoanalytisch verstehen und behandeln.* Stuttgart: Kohlhammer.
Cohen, Y. (2004): *Das mißhandelte Kind. Ein psychoanalytisches Konzept zur integrierten Behandlung von Kindern und Jugendlichen.* Frankfurt/M: Brandes & Apsel.
Cournut, J. (1988): Ein Rest, der verbindet. Das unbewusste Schuldgefühl, das entlehnte betreffend. *Jahrbuch Psychoanalyse 22,* S. 67–98.
Diepold, B. (1997): *Der Gewaltzirkel. Wie das Opfer zum Täter wird.* Zusammen mit Manfred Cierpka. Zugriff unter: www.diepold.de/barbara/gewaltzirkel.pdf
Diepold, B. (2002: Schwere Traumatisierungen in den ersten Lebensjahren. Folgen für die Persönlichkeitsentwicklung und Möglichkeiten psychoanalytischer Behandlung. In: Endres, M. & Biermann G. (Hrsg): *Traumatisierung in Kindheit und Jugend.* (2. Auflage), S. 131–141. München: Ernst Reinhardt.
Dilling, H., Mombour, W., Schmidt, M.H. (2010): *Internationale Klassifikation psychischer Störungen. ICD-10 Kapitel V (F). Klinisch-diagnostische Leitlinien.* (7., überarbeitete Auflage). Bern: Huber.

Einnolf, U. (2018): Flüchtlingskinder nach dem Ankommen in Deutschland. *KJP 179*, 49, S. 463–477.

Endres, M. & Moisl, S. (2002): Entwicklung und Trauma. In: Endres, M. & Biermann G. (Hrsg): *Traumatisierung in Kindheit und Jugend*. (2. Auflage), S. 11–27. München: Ernst Reinhardt.

Engfer, A. (2016): Formen der Misshandlung von Kindern – Definition, Häufigkeiten, Erklärungsansätze. In: Egle U. T., Joraschky P., Lampe, A., Seiffge-Krenke I. & Cierpka, M.: *Sexueller Missbrauch, Misshandlung, Vernachlässigung. Erkennung, Therapie und Prävention der Folgen früher Stresserfahrungen* (S. 4–23). (4., überarbeitete und erweiterte Auflage). Stuttgart: Schattauer.

Erdheim, M. (1988). *Psychoanalyse und Unbewußtheit in der Kultur*. Frankfurt a. M.: Suhrkamp.

Erdheim, M. (2016): Migration, Trauma und die soziokulturelle Integration von Flüchtlingen. In: Burkhardt-Mußmann, C., Dammasch, F. (Hrsg.): *Migration, Flucht und Kindesentwicklung. Das Fremde zwischen Angst, Trauma und Neugier* (S. 138–149). Frankfurt: Brandes & Apsel.

Fenichel O. (2001): *Probleme der psychoanalytischen Technik*. Bibliothek der Psychoanalyse. Gießen: Psychosozial.

Ferenczi, S. (1999/1932): *Ohne Sympathie keine Heilung. Das klinische Tagebuch von 1932*. Frankfurt/M.: Fischer.

Ferenczi, S. (2004/1933): Sprachverwirrung zwischen den Erwachsenen und dem Kind. Die Sprache der Zärtlichkeit und der Leidenschaft. In: Ferenczi, S: *Schriften zur Psychoanalyse Bd. II* (S. 303–313). Gießen: Psychosozial.

Ferro, A. (2014): Unrepräsentierte psychische Zustände und das Generieren von Bedeutung. *Psyche, 68*, S. 820–839

Fischer G. & Riedesser P. (2003): *Lehrbuch der Psychotraumatologie* (3. Auflage). München: Reinhardt.

Flatten, G., Gast, U., Hofmann, A., Knaevelsrud, C., Lampe, A., Liebermann, P., Maercker, A., Reddemann, L. & Wöller, W. (2013): *Posttraumatische Belastungsstörung. S3-Leitlinie und Quellentexte*. Stuttgart: Schattauer.

Fonagy, P. (1998): Frühe Bindung und die Bereitschaft zu Gewaltverbrechen. In: Streeck-Fischer, A. (Hrsg): *Adoleszenz und Trauma*. Göttingen: Vandenhoeck & Ruprecht.

Fonagy, P., Gergely G., Jurist E. L. & Target M. (2002): *Affektregulierung, Mentalisierung und die Entwicklung des Selbst*. Stuttgart: Klett-Cotta.

Fonagy, P. (2002): Bindung, Holocaust und Ergebnisse der Kinderpsychoanalyse: Die Dritte Generation. In: Bell, K., Holder, A., Janssen, P. & van de Sande, J. (Hrsg.): *Migration und Verfolgung. Psychoanalytische Perspektiven* (S. 53–84). Gießen: Psychosozial.

Fonagy, P. & Target, M. (2011): *Psychoanalyse und die Psychopathologie der Entwicklung*. (3. Auflage). Stuttgart: Klett-Cotta.

Freud, A. (1936): *Das Ich und die Abwehrmechanismen*. Schriften I, S. 191–335.

Freud, A. (1942): *Kriegskinder*. Zusammen mit D. Burlingham. Schriften II, S. 496–561.

Literatur

Freud, A. & Burlingham D. (1944/1943): *Anstaltskinder.* Schriften III, S. 877–1003.

Freud, A. (1958b): *Kinderbeobachtung und klinische Prognose.* Vortrag zum Gedächtnis von Ernst Kris. Schriften VI, S. 1707–1738.

Freud, A. (1967/1964): *Anmerkungen zum psychischen Trauma.* Schriften VI, S. 1819–1838.

Freud, S. (1893 h): *Über den psychischen Mechanismus hysterischer Phänomene.* GW Nachtragsband, S. 181–195

Freud, S. (1895d): *Studien über Hysterie.* GW I, S. 75–312.

Freud, S. (1896c): *Zur Ätiologie der Hysterie.* GW I, S. 423–459.

Freud, S. (1899/1900a). *Die Traumdeutung.* GW II/III, S. 1–642.

Freud, S. (1905e): *Bruchstück einer Hysterie-Analyse.* GW V, S. 161–286.

Freud, S. (1914 g): *Erinnern, Wiederholen und Durcharbeiten.* GW X, S. 126–136.

Freud, S. (1917e): *Trauer und Melancholie.* GW X, S. 427–446.

Freud, S. (1920 g): *Jenseits des Lustprinzips.* GW XIII, S. 1–69.

Freud, S. (1921c): *Massenpsychologie und Ich-Analyse.* GW XIII, S. 71–161.

Freud, S. (1923b): *Das Ich und das Es.* GW XIII, S. 235–289.

Freud, S. (1926d): *Hemmung, Symptom und Angst.* GW XIV, S. 111–205.

Freud, S. (1930a): *Das Unbehagen in der Kultur.* GW XIV, S. 419–506.

Freud, S. (1939a): *Der Mann Moses und die monotheistische Religion.* GW XVI, S. 101–246.

Freud, S. (1985/1950a): *Entwurf einer Psychologie.* GW Nachtragsband. Texte aus den Jahren 1885 bis 1938, S. 375–486.

Freud, S. (1986): *Briefe an Wilhelm Fließ. Hrsg. von Jeffrey Moussaieff Masson.* Frankfurt/M.: Fischer.

Fritzemeyer, K. (2017): Auswirkungen unverarbeiteter Traumatisierungen im Kontext von Verfolgung und Zwangsmigration auf die frühe Mutter-Kind-Interaktion. *KJP 175,* 48, S. 331–357.

Garbe, E. (2023): *Trauma und Lebenswege. Über die Wirksamkeit tiefenpsychologisch fundierter Traumatherapie.* Stuttgart: Klett-Cotta.

Garstick, E. (2019): *Väter in der psychodynamischen Psychotherapie mit Kindern und Jugendlichen. Die Triangulierung und das väterliche Prinzip.* Stuttgart: Kohlhammer.

Gay, P. (1999/1989): *Freud. Eine Biographie für unsere Zeit.* (3. Auflage). Frankfurt/M: Fischer.

Green, A. (2004): *Die tote Mutter. Psychoanalytische Studien zu Lebensnarzissmus und Todesnarzissmus.* Gießen: Psychosozial.

Grossmann, K. & Grossmann, K. E. (2014): Trennung, Tod und Trauer in den ersten Lebensjahren: Die bindungstheoretische Sicht. In: Kißgen, R., Heinen, N. (Hrsg.): *Trenung, Tod und Trauer in den ersten Lebensjahren. Begleitung und Beratung von Kindern und Eltern* (S. 36–53). Stuttgart: Klett-Cotta.

Gurschler, F. (2021). Wenn Leben mit einer vorzeitigen Trennung beginnt – das frühgeborene Kind. *KJP 189,* 52, 23–52. DOI 10.30417/kjp-52-189-23.

Gysi, J. (2018): Veränderungen im ICD-11 im Bereich Trauma & Dissoziation. https://www.nischak.com/fileadmin/nischak/Trauma___Dissoziation_im_ICD-11_1.pdf. Letzter Zugriff: 02.04.2024

Haas, M. (2015): Am Trauma wachsen. *Zeit Online*. Abgerufen von https://www.zeit.de/2015/36/psychologie-trauma-krieg-therapie. [6.8.2018].

Hanswille, R. & Kissenbeck, A. (2010): *Systemische Traumatherapie. Konzepte und Methoden für die Praxis*. (2. ergänzte Auflage). Heidelberg: Carl Auer.

Heimann, P. (1949/1950/2016): Zur Gegenübertragung. In: *Heimann, P.: Gegenübertragung und andere Schriften zur Psychoanalyse. Vorträge und Aufsätze aus den Jahren 1942 bis 1980*. Stuttgart: Klett-Cotta, S. 111–117.

Heinemann, E. & Hopf, H. (2012): *Psychische Störungen in Kindheit und Jugend. Symptome – Psychodynamik – Fallbeispiele – psychoanalytische Therapie*. (4., aktualisierte und erweiterte Auflage). Stuttgart: Kohlhammer.

Hellbrügge, T. (2003): Risiko- und Schutzfaktoren in der kindlichen Entwicklung. Mit einer Hommage an den Kinderforscher René Spitz. In: Brisch, K.-H., Hellbrügge, T. (Hrsg.): *Bindung und Trauma. Risiken und Schutzfaktoren für die Entwicklung von Kindern* (S. 34–51). Stuttgart: Klett-Cotta.

Hensel, T. (Hrsg.) (2007): *EMDR mit Kindern und Jugendlichen. Ein Handbuch*. Göttingen: Hogrefe.

Herman, J. L. (1994): *Die Narben der Gewalt. Traumatische Erfahrungen verstehen und überwinden*. München: Kindler.

Hinshelwood, R. D. (1993): *Wörterbuch der kleinianischen Psychoanalyse*. Stuttgart: Verl. Int. Psychoanalyse.

Hirsch, M. (2002): »Gibt es die kleinen Lolitas denn?« Auswirkungen inzestuösen Missbrauchs auf die sexuelle Entwicklung im Kindes- und Jugendalter. *AKJP 113, 33*, S. 61–73.

Hirsch, M. (2004): *Psychoanalytische Traumatologie – das Trauma in der Familie. Psychoanalytische Theorie und Therapie schwerer Persönlichkeitsstörungen*. Stuttgart: Schattauer.

Hirsch, M. (2011): *Trauma*. Gießen: Psychosozial.

Hirsch, M. (2013): *Realer Inzest. Psychodynamik des sexuellen Missbrauchs in der Familie*. (3. Auflage der Neuausgabe von 1999) Gießen: Psychosozial.

Hirsch, M. (2012): »*Mein Körper gehört mir ... und ich kann mit ihm machen, was ich will!« Dissoziation und Inszenierungen des Körpers psychoanalytisch betrachtet*. (2. Auflage). Gießen: Psychosozial.

Hirsch, M. (2017): *Mütter und Söhne – blasse Väter. Sexualisierte und andere Dreiecksverhältnisse*. (2. Auflage). Gießen: Psychosozial.

Hirsch, M. (2018): Schuld der Mütter? Und die Väter? Zur transgenerationalen Dynamik sexueller Perversion. *KJP 178, 49*, S. 213–231.

Holderegger, H. (2003): *Der Umgang mit dem Trauma*. (3. Auflage). Stuttgart: Klett-Cotta.

Hopf, H. (2009): *Angststörungen bei Kindern und Jugendlichen. Diagnose, Indikation, Behandlung*. Frankfurt/M.: Brandes & Apsel.

Hopf, H. (2017): *Flüchtlingskinder gestern und heute*. Stuttgart: Klett-Cotta.
Horzetzky, F-A. (2009): Die Wende in Ostdeuschland für die Generation der damals Jugendlichen. Trauma und nachhaltig prägende Erfahrung. In: Seidler, C., Froese M.J. (Hrsg.). *Traumatisierungen in (Ost-)Deutschland*. Gießen: Psychosozial. S. 245–266.
Hüther, G. (2003): Traumatische Erfahrungen und Hirnentwicklung. In: Brisch, K.-H., Hellbrügge, T. (Hrsg.): *Bindung und Trauma. Risiken und Schutzfaktoren für die Entwicklung von Kindern* (S. 94–102). Stuttgart: Klett-Cotta.
Hüther, G. (2002): Und nichts wird fortan so sein wie bisher… Die Folgen traumatischer Kindheitserfahrungen für die weitere Hirnentwicklung. *AKJP 116*, 33, S. 461–476.
Jovic, V. (2017): Kriegstrauma, Migration und ihre Konsequenzen. In: Leutinger-Bohleber, M., Bahrke, U., Fischmann, T., Arnold, S., Hau, S. (Hrsg): *Flucht, Migration und Trauma. Die Folgen für die nächste Generation*. Göttingen: Vandenhoeck & Ruprecht, S. 175–195.
Jung, C. G. (1954/1921): Der therapeutische Wert des Abreagierens. In: C. G. Jung, Gesammelte Werke Bd. 16, S. 137–147. Olten und Freiburg i. Br.: Walter.
Jung, C. G. (1969/1926): Analytische Psychologie und Erziehung. In: C. G. Jung, Gesammelte Werke Bd. 17, S. 77–153. Olten und Freiburg i. Br.: Walter. 1972
Jung, C. G. (1971/1913): *Versuch einer Darstellung der psychoanalytischen Theorie*. In: C. G. Jung, Gesammelte Werke, Bd. 4, S. 107–255. Olten und Freiburg i. Br.: Walter.
Keilson, H. A. (2017/2005): Entwicklung des Traumabegriffs. *KJP 175*, 48, S. 293–329.
Kernberg, O. F. (1974): *Borderline-Störungen und pathologischer Narzißmus*. (3. Auflage). Frankfurt/M.: Suhrkamp.
Kernberg, O. F. (1997): *Objektbeziehungen und die Praxis der Psychoanalyse*. Stuttgart: Klett-Cotta.
Kernberg, P., Weiner, A. & Bardenstein, K. (2005): *Persönlichkeitsstörungen bei Kindern und Jugendlichen*. (2. Auflage). Stuttgart: Klett-Cotta.
Khan, M. R. (1977/1963): Das kumulative Trauma. In: ders., *Selbsterfahrung in der Therapie. Theorie und Praxis* (S. 50–70). München: Kindler. (Originalarbeit erschienen 1963: The Concept of Cumulative Trauma).
Kittel, C. (2014): Kinder in der deutschen Heimerziehung: Anmerkungen zur Aufarbeitung der Situation in »Ost« und »West«. In: Kißgen, R., Heinen, N. (Hrsg.): *Trennung, Tod und Trauer in den ersten Lebensjahren. Begleitung und Beratung von Kindern und Eltern* (S. 125–140). Stuttgart: Klett-Cotta.
Klein, M. (2000/1928): *Frühstadien des Ödipiskomplexes und der Über-Ich-Bildung*. Gesammelte Schriften Bd. II (S. 163–193). Stuttgart: frommann-holzboog.
Klein, M. (2000/1935): *Beitrag zur Psychogenese der manisch-depressiven Zuständen*. Gesammelte Schriften Bd. I, Teil 2 (S. 29–75). Stuttgart; Frommann-holzboog.
Klinger-König, J., Erhardt, A., Streit, F., Völker, MP., Schulze, MB., Keil, T., Fricke, J., Castell, S., Klett-Tammen, CJ., Pischon, T., Karch, A., Teismann, H., Michesl, KB., Greiser, KH., Bescher, H., Karrasch, S., Ahrens, W., Meinke-Franze, C.,

Schipf, S., Micolajczyk, R., Führer, A., Brandes, B., Schmidt, B., Emmel, C., Leitzmann, M., Konzok, J., Peters, A., Obi, N., Brenner, H., Holleczek, B., Moreno Velàsquez, I., Deckert, J., Baune, BT., Rietschel, M., Berger, K., Grabe, HJ. (2024): Childhood trauma and somatic and mental illness in adulthood – findings of the NAKO health study. *Dtsch Ärzebl Int 2024, 121: 1–8.* DOI 10.3238/arztebl.m2023.0225

Kogan, I. (2009): *Der stumme Schrei der Kinder. Die zweite Generation der Holocaust-Opfer.* (2. Auflage). Gießen: Psychosozial.

Kogan, I. (2017): Mein Vater und ich. Die Weitergabe eines Traumas von einer Generation an die nächste. In: Leuzinger-Bohleber, M., Bahrke, U., Fischmann, T., Arnold, S., Hau S. (Hrsg.): *Flucht, Migration und Trauma: Die Folgen für die nächste Generation* (S. 105–129). Göttingen: Vandenhoeck und Ruprecht.

Kohut, H. (1979). *Die Heilung des Selbst.* Frankfurt/M.: Suhrkamp.

Krüger, A. & Reddemann, L. (2017): *Psychodynamisch Imaginative Traumatherapie für Kinder und Jugendliche. PITT-KID – Das Manual.* (4. Auflage). Stuttgart: Klett-Cotta.

Krüger-Degenkolbe, U. (2018): Zum Glück gibt es Reißverschlüsse. Wenn Löcher und Knöpfe Angst machen. *KJP 180, 49,* S. 599–616.

Lang, H. (2011): *Die strukturale Triade und die Entstehung früher Störungen.* Stuttgart: Klett-Cotta.

Leuzinger-Bohleber, M. (2003): Transgenerative Weitergabe von Traumatisierungen. Einige Beobachtungen aus einer repräsentativen Katamnesestudie. In: Leuzinger-Bohleber, M., Zwiebel R.: *Trauma, Beziehung und soziale Realität* (S. 107–135). Tübingen: edition diskord.

Leuzinger-Bohleber, M. (2009): *Frühe Kindheit als Schicksal? Trauma, Embodiment, Soziale Desintegration. Psychoanalytische Perspektiven.* Stuttgart: Kohlhammer.

Leuzinger-Bohleber, M. (2017): Embodied memories – Enactments – szenisches Verstehen. Annäherungen an transgenerative Mechanismen bei der Weitergabe schwerer Traumatisierungen. In: Leuzinger-Bohleber, M., Bahrke, U., Fischmann, T., Arnold, S., Hau S. (Hrsg.): *Flucht, Migration und Trauma: Die Folgen für die nächste Generation* (S. 197–233). Göttingen:Vandenhoeck und Ruprecht.

Leuzinger-Bohleber, M., Henningsen, P. & Pfeifer, R. (2008): Die psychoanalytische Konzeptforschung und die Gedächtnisforschung der Embodied Cognitive Science. In: Leuzinger-Bohleber, M., Roth, G. & Buchheim, A. (Hrsg.) (2008): *Psychoanalyse, Neurobiologie, Trauma.* Stuttgart: Schattauer. S. 157–171.

Lissner, C. (2023): Erzählte Lebensgeschichte und die Frage, wer zuhört. Die Kindertransporte 1938/1939. In: Stambolis, B. & Lamparter, U. (Hrsg). (2023): *Folgen sequenzieller Traumatisierung. Zeitgeschichtliche und psychotherapeutische Reflexionen zum Werk von Hans Keilson.* Buchreihe: Forum Psychosozial. Gießen: Psychosozial. S. 117–136

Lutz, C. (2016): *Mythen und Märchen in der psychodynamischen Therapie von Kindern und Jugendlichen.* Stuttgart: Kohlhammer.

Lutz, C. & Wurster, G. (2018): *Kinderzeichnung, Sandspiel und Gestaltung. Verstehen und anwenden in der psychodynamischen Therapie von Kindern und Jugendlichen.* Stuttgart: Kohlhammer.

Mahler, M. (1968): *Symbiose und Individuation. Band1: Psychosen im frühen Kindesalter.* Stuttgart: Ernst Klett.

Mahler, M., Pine, F. & Bergmann, A. (1980): *Die psychische Geburt des Menschen. Symbiose und Individuation.* Frankfurt/M.: Fischer.

Mertens, W. (2011). *Psychoanalytische Schulen im Gespräch. Bd. 2: Selbstpsychologie, Post-Selbstpsychologie, relationale und intersubjektive Kritik.* Bern: Huber.

Nienstedt, M. & Westermann, A. (2008): *Pflegekinder und ihre Entwicklungschancen nach frühen traumatischen Erfahrungen.* (2. Auflage). Stuttgart: Klett-Cotta.

Nitschke, B. (1998): Hat Freud die Verführungstheorie aufgegeben? Trauma, Konflikt und Freud-Kritik. In: Streek-Fischer, A. (Hrsg): *Adoleszenz und Trauma.* S. 21–32. Göttingen: Vandenhoeck & Ruprecht.

Papousek, M. (1994): *Vom ersten Schrei zum ersten Wort: Anfänge der Sprachentwicklung in der vorsprachlichen Kommunikation.* Bern: Huber.

Parens, H. (2017). *Heilen nach dem Holocaust. Erinnerungen eines Psychoanalytikers.* Gießen: Psychosozial.

Perry, B. D., Pollard, R. A., Blakley, T. L., Baker, W. L. & Vigilante, D. (1998): Kindheitstrauma. Neurobiologie der Anpassung und »gebrauchsabhängige« Entwicklung des Gehirns: Wie »Zustände« zu »Eigenschaften« werden. *AKJP 99, 29,* S. 277–307.

Portmann, A. (1958/1952). *Zoologie und das neue Bild des Menschen. Biologische Fragmente zu einer Lehre vom Menschen.* Hamburg: Rowohlt.

Quindeau, I. (2020). Trauma als Übersetzung. In: *Baumann, J., Grabska, K. & Wolber, G. (Hrsg.). Wenn Zeit nicht alle Wunden heilt. Trauma und Transformation.* Stuttgart: Klett-Cotta, S. 47–61.

Rachman, A. W. (2012/1989): Sprachverwirrung: Ferenczis Metapher für Kindesverführung und emotionales Trauma. *AKJP 156, 43,* S. 439–463.

Racker, H. (1997): *Übertragung und Gegenübertragung. Studien zur psychoanalytischen Technik.* (5. Auflage). München, Basel: Ernst Reinhardt.

Rauchfleisch, U. (2006): Narzisstische Persönlichkeitsstörungen bei dissozialen Patienten. In: Kernberg O. F., Hartmann, H-P. (Hrsg.): *Narzissmus. Grundlagen – Störungsbilder – Therapie.* Stuttgart, New York: Schattauer.

Rauchfleisch, U. (2008): Dissozialität, Delinquenz. In: Mertens, W., Waldvogel B. (Hrsg.): *Handbuch psychoanalytischer Grundbegriffe* (S. 141–145). (3., überarbeitete und erweiterte Auflage). Stuttgart: Kohlhammer.

Rauwald, M. (2018): Liebe in Zeiten der Flucht. Psychodynamische Überlegungen zur Bedeutung von Familie im Kontext von Flucht. *KJP 179, 49,* S. 405–420.

Reddemann, L. & Wöller, W. (2019): *Komplexe Posttraumatische Belastungsstörung.* (2., unveränderte Auflage). Göttingen: Hogrefe.

Reitter, T. (2020): Ein anderer Blick auf die negative therapeutische Reaktion und den Wiederholungszwang – warum bessere Erfahrungen vermieden und negative wiederholt werden. In: *Baumann, J., Grabska, K. & Wolber, G. (Hrsg.). Wenn Zeit nicht alle Wunden heilt. Trauma und Transformation.* Stuttgart: Klett-Cotta, S. 173–187.

Richter, H. E. (1962): *Eltern, Kind und Neurose. Psychoanalyse der kindlichen Rolle.* Reinbek bei Hamburg: Rowohlt.

Riggs, S. A. (2017): Der Zyklus des emotionalen Missbrauchs im Bindungsnetzwerk. In: Brisch, K.H. (Hrsg.): *Bindung und emotionale Gewalt* (S. 59–97). Stuttgart: Klett-Cotta.

Rosenberg, F. (2005): Das Extrem-Trauma, die transgenerationale Weitergabe und die Umkehrung der Container-Contained-Beziehung am Beispiel der Shoah. *AKJP 128, 36,* S. 527–559.

Rosenberg, F. (2010): *Introjekt und Trauma. Einführung in eine integrative psychoanalytische Traumabehandlung.* Frankfurt am Main: Brandes & Apsel.

Sachsse, U. (2002): Trauma, Trauma-Coping und Posttraumatische Belastungsstörung. Geschichte, aktuelle Theorie und therapeutische Ansätze. *AKJP 116, 33,* S. 477–513.

Sachsse, U. (2018): Traumazentrierte Psychotherapie. (3. Auflage). Stuttgart, New York: Schattauer.

Spitz, R. A. (1996/1965): *Vom Säugling zum Kleinkind. Naturgeschichte der Mutter-Kind-Beziehungen im ersten Lebensjahr.* (11. Auflage). Stuttgart: Klett-Cotta.

Stambolis, B. & Lamparter, U. (Hrsg) (2023): *Folgen sequenzieller Traumatisierung. Zeitgeschichtliche und psychotherapeutische Reflexionen zum Werk von Hans Keilson.* Buchreihe: Forum Psychosozial. Gießen: Psychosozial.

Steiner, B. & Krippner, K. (2006): *Psychotraumatherapie. Tiefenpsychologisch-imaginative Behandlung von traumatisierten Patienten.* Stuttgart, New York: Schattauer.

Streek-Fischer, A. (2006): *Trauma und Entwicklung. Frühe Traumatisierungen und ihre Folgen in der Adoleszenz.* Stuttgart: Schattauer.

Streek-Fischer, A. (2015): Traumafolgestörungen bei Kindern und Jugendlichen. In: Seidler, H., Freyberger H. H., Maercker, A. (Hrsg.): *Handbuch der Psychotraumatologie* (S. 470–488). (2. überarbeitete und erweiterte Auflage). Stuttgart: Klett-Cotta.

Sturm, E. (2018): Behandlung in sieben Stunden? Gedanken zu analytischen Gesprächen mit einem jungen Geflüchteten. *KJP 179, 49,* S. 383–404

Teckentrup, G. (2017): Flucht und Trauma. *KJP 175, 48,* S. 359–379.

Tedeschi, R. G., Park C. L. & Calhoun, L. G. (1998): *Posttraumatic growth: Positive Changes in the aftermath of crisis.* New York, London: Lawrence Erlbaum.

Thomä, H. & Kächele, H. (1985). *Psychoanalytische Therapie. Grundlagen.* Heidelberg: Springer.

Traxl, B. (2016): Der Schrecken im Auge der Mutter. Zur transgenerationalen Transmission von Traumata. *Kinderanalyse 2, 24,* S. 144–169.

Utari-Witt, H. & Walter, A. (2019). Annäherungen und Erkundungen. Gedanken du Suchbewegungen im Kontext psychoanalytisch-psychodynamischer Arbeit mit Kindern und Jugendlichen nach Migration und Flucht. In: Utari-Witt, H. Walter,

A. (Hrsg.): *Wege aus dem Labyrinth des Traumas*. *Psychoanalyische Betrachtungen zu Entwicklungsprozessenbei Kindern und Jugendlichen nach Flucht und Migration*. Gießen: Psychosozial.

van der Kolk, B. A. (2016): *Verkörperter Schrecken. Traumaspuren in Gehirn, Geist und Körper und wie man sie heilen kann*. (2. Auflage). Lichtenau/Westfalen: G. P. Probst.

v. Klitzing, K. (2024). Psycho-somatische Symptome als Zeichen von Hoffnung? Gedanken zu Winnicotts Arbeit »Psycho-somatische Erkrankung in ihren positiven und negativen Aspekten«. *Kinderanalyse 32(1), 20–39*. DOI 10.21706/ka-32-1-20.

Vogel S. & Fitte, K. (2018): Wenn es um Gefühle geht, ist das Fremde plötzlich weg. Aus der Arbeit mit Geflüchteten – eine Praxisreflexion. *KJP 179, 49*, S. 357–382.

Watkins, J. & Watkins H. H. (1997): *The Nature nad Function of Ego States*. New York: Norton.

Watkins, J. & Watkins H. H. (2003): *Ego States – Theeorie und Therapie. Ein Handbuch*. Heidelberg: Carl Auer.

Wieland, S. (2014): Dissoziation bei Kindern und Jugendlichen: Symptomatik, Störungsbild und Implikationen. In: Wieland, S. (Hrsg.): *Dissoziation bei traumatisierten Kindern und Jugendlichen. Grundlagen, klinische Fälle und Strategien* (S. 17–49). Stuttgart: Klett-Cotta.

Wilken, M. (2021). Traumatisierung von Früh- und Risikogeborenen. Dissoziation, Affektregulation und affektive Reanimation. *KJP 189, 52, 53–76*. DOI 10.30417/kjp-52-189-53.

Winkelmann, K. (2007): Posttraumatische und akute Belastungsstörungen bei Kindern und Jugendlichen. In: Hopf, H., Windaus, E. (Hrsg): *Psychoanalytische und tiefenpsychologisch fundierte Kinder- und Jugendlichen-Psychotherapie. Lehrbuch der Psychotherapie Bd. 5* (S. 443–459). München: CIP-Medien.

Winnicott, D. W. (1974): *Reifungsprozesse und fördernde Umwelt*. München: Kindler.

Winnicott, D. W. (1995): *Vom Spiel zur Kreativität*. (8. Auflage). Stuttgart: Klett-Cotta.

Winnicott, D. W. (2024). Psycho-somatische Erkrankungen in ihren positiven und negativen Aspekten. *Kinderanalyse, 32(1), 1–18*. DOI 10.21706/ka-32-1-1.

Wirtz, U. (1992): *Seelenmord. Inzest und Therapie*. (5. Auflage). Zürich: Kreuz.

Wöller, W. (2011): *Trauma und Persönlichkeitsstörungen. Psychodynamisch-integrative Therapie*. (2. Auflage). Stuttgart: Schattauer.

Wöller, W. (2020): *Dissoziation*. Reihe Analyse der Psyche und Psychotherapie, Band 21. Gießen: Psychosozial.

Yendell, A., Clemens V., Schuler, J. & Decker, O. (2023): What makes a violent mind? The interplay of parental rearing, dark triad personality traits and propensity for violence in a sample of German adolescents. https://www.fgz-risc.de/publikationen/details/what-makes-a-violent-mind-the-interplay-of-parental-rearing-dark-triad-personality-traits-and-propensity-for-violence-in-a-sample-of-german-adolescents. Letzter Zugriff: 02.04.2024.

Zulic, J. (2018): Kulturelle Unterschiede und menschliche Begegnungen. *KJP 179*, *49*, S. 447–462.

Zurbriggen, E. L. & Ben Hagai, E. (2017): Die Folgen frühen emotionalen Missbrauchs für das Leben und die Beziehungen der erwachsenen Person. In: Brisch, K. H. (Hrsg.): *Bindung und emotionale Gewalt* (S. 226–242). Stuttgart: Klett-Cotta.

Zwiebel, R. (2003): Vorwort in: *Leuzinger-Bohleber, M., Zwiebel R.: Trauma, Beziehung und soziale Realität* (S. 7–10) Tübingen: edition diskord.

Zwiebel, R. (2003): Traum und Trauma. In: *Leuzinger-Bohleber, M., Zwiebel R.: Trauma, Beziehung und soziale Realität* (S. 81–106). Tübingen: edition diskord.

Stichwortverzeichnis

A

Abwehr 21, 25, 38, 87
Abwehrschranke 87
Affekt 16
– Steuerung 168
Aggressivierung 61, 124, 125
Agieren
– destruktives 82
Akute Belastungsreaktion 105
Akuttraumatisierung 46, 47
Als-Ob-Modus 157
Amnesie 38
andauernde Persönlichkeitsveränderung 106
Anerkennung 149
Angst 87, 117
– Existenzangst 23
– paranoide 67
– Signalangst 20, 36
– traumatische 20, 36
Angstbereitschaft 20
Angststörung 61, 117
Anna Freud 27, 50
Anorexie 63
Äquivalenz 157
Assimilation 122
Authentizität 146
Autoaggression 119, 121

B

Bedeutung 21, 35, 160
Bedeutungsgebung 165
Bedrohung 40
Beziehung 148
– Beziehungsaspekt 49
– therapeutische 167
Beziehungserfahrung 39
– traumatische 40
Beziehungsobjekt 168, 173
Beziehungstrauma 21, 106
Bilder 171
Bindung 30, 94, 115
– desorganisierte 94
– sichere 47
Bindungsbedürfnisse 76
Bindungskonflikt 116
Bindungsmuster 30
Bindungsstörung 30, 94, 115
Bindungstheorie 30, 94, 117
Bindungstraumatisierung 30, 117
blanc spells 109
Borderline-Störung 58, 93
Bowlby 30, 50

C

C. G. Jung 18
Container 152
Containing 150, 152

D

Delegation 137
- traumatische 137
Depersonalisation 88
Depression 56, 119, 136
- anaklitische 28, 54
- postpartale 29, 57
Deprivation 28, 51, 54, 62
Deprivationssyndrom 28
Derealisation 89
Destruktivität 97, 136, 151, 152
Deutungen 42, 127, 145
Deutungsarbeit 169
Differenzieren 162
Differenzierung
- Selbst-Objekt 27, 92, 154
Dissoziation 38, 40, 67, 88, 99, 101, 108
- des Körperselbst 62
- Körperdissoziation 90
- motorische 44

E

Ego-State-Theorie 176
Elterlichkeit 70
Embodiment 131
EMDR 175
Emotionen
- abgespaltene 89
Entgegenkommen, körperliches 131
Erinnern 21, 141, 160
Erinnerung 112, 166
Existenzbedrohung 87
Exkorporation 129

F

Fähigkeiten
- kognitive 82
Ferenczi 23, 116, 163

Flashback 45, 89, 110
Flüchtlingskinder 80, 81
Fragmentierung 26, 69
- der Realität 89
Frühgeburt 50
Fürsorge 31, 76

G

Gedächtnis
- implizites 89
- prozedurales 39, 112
Geschichte 160, 165
Gewalt 68, 69, 94, 116, 125
Gewaltexzesse 125
Grandiosität 64, 67
Green 29, 50, 56

H

Halten 31, 76, 150
Hilflosigkeit 70, 71
Hilfs-Ich 22
Historisierung 161
Hoffnung 113
Hoffnungslosigkeit 121
Hospitalismus 55

I

Ich 20
- Entwicklung 72
- Hilfs-Ich 168
- Ich-Entwicklung 60
- Ich-Funktionen 22
- Ich-Schwächung 32
- Ich-Stärke 21, 32
- Ich-Stärkung 159, 168
Ich-Ideal 96
Ich-Psychologie 20
Identifikation 39, 97

Stichwortverzeichnis

– mit der toten Mutter 57
Identifikation mit dem Aggressor 24, 37, 41, 95, 97, 135
Identifizierung
– komplementäre 147
– konkordante 147
– projektive 39, 143
Identitätsstörungen 122
Imitation 138
Inkorporation 129
Inszenierung 113
– Körperinszenierung 112, 156
Integration 82
Intellektualisierung 58
Internalisierung 98
Introjekt 28, 40, 98, 99, 135
– Assimilierung 135
– destruktives 67
– Täterintrojekt 61, 99
– traumatisches 97
Introjektion 28, 29, 39, 98
– der Schuld 41
– des Angreifers 25
– des Schuldgefühls 25
– traumatische 39
Introspektion 168
Intrusionen 110
Inzestfamilie 62, 64
Inzestschranke 59

K

Kathatym Imaginative Psychotherapie 175
Kathatymes Bilderleben 175
Keilson 79
Kernberg 92
Khan 76
Kind
– imaginäres 68
Klein 92
Kohärenz 101, 165, 169, 180

Kohärenzsinn 179
kommunikativen Fähigkeiten 168
Komplex der toten Mutter 56
Komplexe posttraumatische Belastungsstörung 46, 107
Konflikt
– Konfliktbearbeitung 169
Kontrolle 67, 158, 167
– des Objekts 61

L

Lernstörungen 109, 116

M

man-made disaster 79, 106
Mangel 66
Märchen 171
Masochist 101
masochistischer Triumph 101
Meisterung 113, 147
Mentalisierung 61, 114, 150, 157
Metapher 171
Missbrauch
– emotionaler 78
– sexueller 59, 126
Misshandlung 65
– chronische 72
– körperliche 69
– psychische 69, 74
Misstrauen 61
Mütterlichkeit
– primäre 77
Mythen 171

N

Nachträglichkeit 16, 166
Narrationen 165

Narrativ 160, 164
Narzisstische Probleme 122

O

Objekt
- Kontrolle des - 57
Objektbeziehung 28
Objekte
- innere 53
Objektrepräsentanzen 92
Ohnmacht 60, 71
Ohnmachtserfahrung 61
Opferintrojekt 101

P

Parentifizierung 60, 61, 136, 181
Persönlichkeitsentwicklungsstörung 105
Persönlichkeitsspaltung 25
Persönlichkeitsstörung 107
Perversion 64, 74
Phantasie 164
Phantasien
- ödipale 60
Phobie 118
Posttraumatische Belastungsstörung 46, 105
Posttraumatisches Wachstum 179, 183
Primärprozess 52
Progression
- traumatische 26
Projektion 67
Psychisierung 129, 130
Psychodynamisch Imaginative Traumatherapie 175
Psychosomatik 127
psychosomatische Phänomene 109
psychosomatische Symptome 127

R

Rahmen 149
Realität 164
Regression 40, 96
Reifung 159
Reinszenierung 112, 141
Reizschutz 20, 22, 76
Reizüberflutung 31
Reizüberschwemmung 21
Reminiszenzen 16
Repräsentanz 91, 130
Resilienz 21, 69, 105, 179
Ressourcen 60, 180
Ressourcenaktivierung 179
Restituierung 73
Restitution 76
Reviktimisierung 111, 114, 117
Rückzug 120

S

Sadismus 74
Salutogenese 179
Schamgefühle 61
Schmerz 130
Schuld 96
- -übernahme 101
Schuldgefühl 137, 162
- entlehntes 137
Schuldgefühle 183
Schutzfaktoren 180
Schutzlosigkeit 37
Sekundärprozess 52
Selbst
- elterliches 70, 71
- falsches 68, 69, 123, 135
- Fragmentierung des - 71
- kindliches 72
- wahres 123
Selbst-Objekt-Affekt-Einheiten 92
Selbstentwertung 96

Selbstkohärenz 153
Selbstreflexion 168
Selbstrepräsentanzen 92
Selbstverletzung 62, 131
Selbstwert 120
Selbstwertproblem 41
Selbstwertregulation 114
Selbstwertschädigung 61
Selbstwirksamkeit 120
sensomotorische Schemata 128
Sexualisierung 60, 124, 126, 127
Sicherheit 90, 149
Sinn 72, 96
Somatisierung 61, 155
- Re-Somatisierung 130
Spaltung 67
Spiel 164, 170
Spitz 28, 50, 54
Spontanität 96, 97, 146, 170
Stressachse 44
Stressreaktion 44
Struktur 169
Strukturmodell 20
Subjekt-Objekt-Differenzierung 153
Suizidalität 67, 119, 121
Symbolfunktion 154
Symbolisierung 91, 154
Sympathie 148
Szene
- traumatische 143, 148

T

Täter-Opfer-Umkehr 124
Teilobjekt 99
Trauer 58, 82, 120
Trauma 14, 35
- Beziehungs- 37
- Definition 44
- der Eltern 73
- Kindheitstrauma 17
- kumulatives 32, 46, 56, 76

- Mutter- 62
- sequenzielles 76, 79
- Therapie 141
- transgenerationale Weitergabe 61, 135
- Trennungstrauma 50
- Typ I-Trauma 46
- Typ II-Trauma 46
- Typ III-Trauma 46
- Vater- 62
- Wiederholungen des - 111
Trauma-Exposition 165
Traumafolgestörungen 38, 46, 104
Traumaschema 45
Traumatherapie 15, 16, 175
- tiefenpsychologisch fundierte 176
- traumatherapeutische Techniken 175
Traumatisierung
- chronische 50
- Formen 44
- sequenzielle 46
Traumatisierungen
- reale 18
Traumaverarbeitung 87
Trennungsängste 167
triadische Kompetenz 180
Triangulierung 52, 168
Triebtheorie 17
Trigger 73, 110

U

Über-Ich 67, 96
Überlebensmuster 60
Übertragung 141
- positive 148
- traumatisierende 143
Übertragungsobjekt 168
Unterwerfung 61, 101
Urvertrauen 47, 48

V

Verfolgung 79
Verführung 75
Verführungstheorie 16
Verknüpfen 164
Vernachlässigung 65
Verrat 60
Verschiebung 74
Vertrauen 48, 82
Verwöhnung 32
Vitalität 170

W

Weiblichkeit 63
Widerstand 160
Wiederholung 141, 143
Wiederholungszwang 20, 61, 98, 112
Winnicott 31
Wut 71
– narzisstische 72

Z

Zeugenfunktion 166
Zwang
– psychischer 68